2024

見て覚える、

ケアマネジャー

試験ナビ

いとう総研資格取得支援センター 編集

中央法規

はじめに

　本書を手に取っていただきありがとうございます。

　いとう総研資格取得支援センターでは、毎年、介護支援専門員実務研修受講試験（以下、ケアマネジャー試験）、社会福祉士、精神保健福祉士、介護福祉士などの受験対策講座を開催しています。本書は、いとう総研主催のケアマネジャー講座のテキストを書籍にしたものです。

　本書は、忙しい社会人が効率よく学習できるように、過去問を徹底的に分析し、体系的に整理しました。また、全体像を見失うことなく達成感を感じられるように、分野を通じて「63」単元に整理しました。
　また、記憶に残りやすいように、それぞれの単元は、図表と条文を見開きで整理できるように工夫しています。

　介護保険制度は3年ごとに改正が行われ、介護報酬も改定されます。今年は、第9期（8回目の改定）の最初の年度の試験となります。

　本書を通じて、少しでも受験生のお役に立てることができれば幸いです。皆様が、「合格」の喜びを手にできますことを心よりお祈りしております。

　最後に、本書の刊行にあたり、中央法規出版の方々には大変お世話になりました。心より感謝申し上げます。

2024年2月

編集代表　伊東 利洋

第2章 **保健医療福祉サービス分野** サービス事業所

第3章　保健医療サービス分野 医療・介護

第4章　福祉サービス分野 社会福祉

第5章　問題形式の分析

出題形式の分析／選択肢の形式の分析／難易度の分析／正答番号の分析／問題作成の過程／「誤り」問題のパター
ン／×の選択肢の形式／～ケアマネジャー試験の全体像～○の選択肢に多い表現（黄金の法則）／○に多い表現／
入れ替え問題対策：数字編

索引

本書の使い方

ケアマネジャー試験は、60問中8割以上は、過去に出題されたことがある内容から出題されています。試験に合格するには7割程度の得点が必要ですので、出題傾向をよく確認し、出題数の多い単元からポイントを押さえていくと効果的です。

1 出題傾向の確認

63単元

4ステップで効果的な学習！

		支援分野			サービス事業所
		単元			単元
全般	1	統計データ	訪問サービス	23	訪問介護
	2	介護保険の変遷		24	（介護予防）訪問入浴介護
	3	制度全般		25	（介護予防）訪問看護
保険者	4	国・都道府県・市町村の役割		26	（介護予防）訪問リハビリテーション
	5	介護保険事業計画		27	（介護予防）居宅療養管理指導
	6	保険財政		28	定期巡回・随時対応型訪問介護看護

- 全体像を確認し、各単元の意味を確認する
- 単元別の出題傾向を確認する

- 全体像を常に確認しながら学習をすすめると効果的！

2 テキストで重要事項を確認

 フィードバック

- 単元別の重要ポイントを整理する

- 毎年必ず出題される単元から整理すると効果的！

3 WEB講座〈別売〉を繰り返し視聴

 セットで学ぶ

- 著者が解説するWEB講座「見て覚える！ ケアマネジャー試験ナビ2024」で理解を深める

- 本書を元にポイントを解説！
- チャプターで気になる単元の講義をすぐに視聴できるので効果的！
- 「よく出る」マークで試験に出るところが押さえられる！

詳細・お試し動画はこちら▶

※2024年版は、2024年4月頃よりアップ予定。

4 問題を解いて演習

- 『過去問解説集』『合格問題集』『でる順一問一答』『ポイントまる覚えドリル』や『ワークブック』の「基礎理解度 CHECK!!」などで繰り返し問題を解き、演習する

- インプットとアウトプットを繰り返し、理解を深めていく！

※本書の各章末にも一問一答形式の「**過去問チェック**」を収載しています。ぜひご活用ください。

序章

ケアマネジャー試験の
概要

ケアマネジャー試験の全体像を
つかみましょう!

1 介護支援専門員になるための道のり

 介護支援専門員は、国家資格ではなく都道府県知事が登録・任用する公的資格です。ケアマネジャー試験や介護支援専門員証の交付、更新研修などは厚生労働省令に基づき「都道府県」ごとに実施されます。

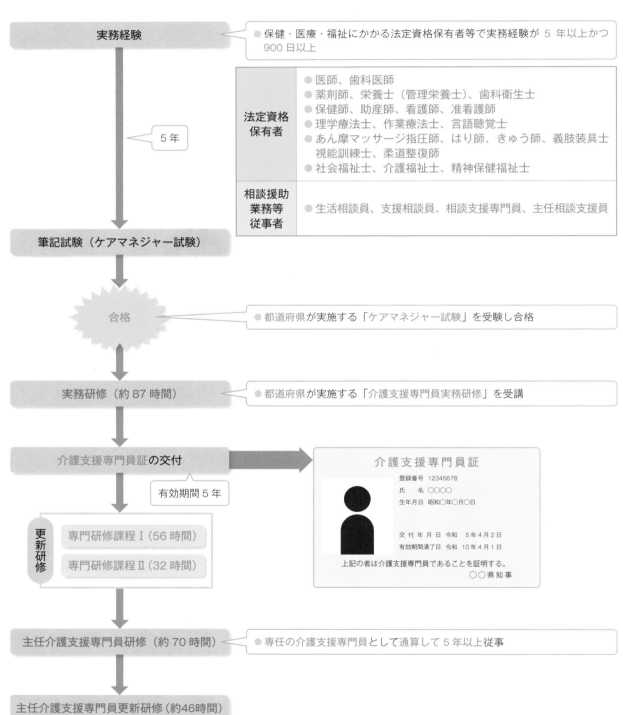

実務経験 ← ● 保健・医療・福祉にかかる法定資格保有者等で実務経験が 5 年以上かつ 900 日以上

法定資格保有者	● 医師、歯科医師 ● 薬剤師、栄養士（管理栄養士）、歯科衛生士 ● 保健師、助産師、看護師、准看護師 ● 理学療法士、作業療法士、言語聴覚士 ● あん摩マッサージ指圧師、はり師、きゅう師、義肢装具士 　視能訓練士、柔道整復師 ● 社会福祉士、介護福祉士、精神保健福祉士
相談援助業務等従事者	● 生活相談員、支援相談員、相談支援専門員、主任相談支援員

5 年

筆記試験（ケアマネジャー試験）

合格 ← ● 都道府県が実施する「ケアマネジャー試験」を受験し合格

実務研修（約 87 時間） ← ● 都道府県が実施する「介護支援専門員実務研修」を受講

介護支援専門員証の交付

介護支援専門員証
登録番号 12345678
氏　名 ○○○○
生年月日 昭和○年○月○日
交 付 年 月 日 令和　5 年 4 月 2 日
有効期間満了日 令和 10 年 4 月 1 日
上記の者は介護支援専門員であることを証明する。
○○県知事

有効期間 5 年

更新研修
専門研修課程Ⅰ（56 時間）
専門研修課程Ⅱ（32 時間）

主任介護支援専門員研修（約 70 時間） ← ● 専任の介護支援専門員として通算して 5 年以上従事

主任介護支援専門員更新研修（約46時間）

2 受験者数と合格率

1997（平成9）年に介護保険法が成立し、1998（平成10）年に第1回のケアマネジャー試験が行われ、今年は第27回試験が行われます。

受験者数と合格率の推移

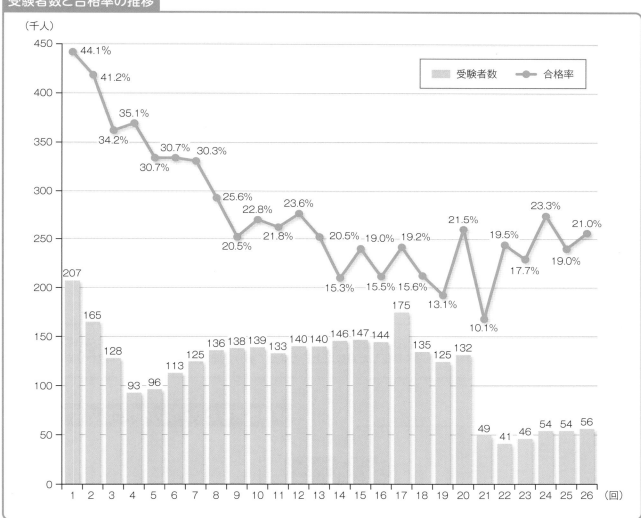

第26回試験の職種別合格者

相談援助業務等従事者 2%

合格者の所有資格	介護福祉士 62%	看護師、准看護師保健師 18%	社会福祉士、精神保健福祉士 9%	理学療法士作業療法士言語聴覚士 8%	

医師・薬剤師・栄養士などその他の医療資格者 8%

※複数の法定資格の取得者を含むため、構成比は100%とはならない

3 試験の概要と合格基準

試験の概要

ケアマネジャー試験は、合計60問を120分で解く試験（五肢複択方式）です。分野ごとの問題数は次のとおりです。

区　　　分		問題数	試験時間	
介護支援分野	介護保険制度の基礎知識 要介護認定等の基礎知識 居宅・施設サービス計画の基礎知識等	25問	10時～ 12時 （120分）	1問あたり 2分
保健医療福祉サービス分野	保健医療サービスの知識等	20問		
	福祉サービスの知識等	15問		
合　　　計		60問		

○点字受験者は、上記時間の1.5倍、弱視受験者は、1.3倍の時間になります

合格基準

「介護支援分野」と「保健医療福祉サービス分野」の「それぞれの分野」で、「総得点の70%程度を基準として、問題の難易度で補正した点数以上」となっており、問題の難易度等で毎年変わります。

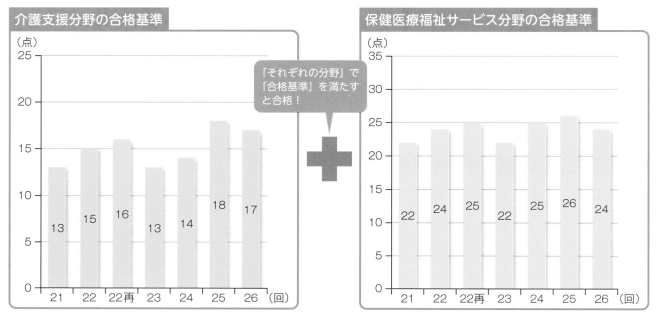

介護支援分野の合格基準
（点）
回	点
21	13
22	15
22再	16
23	13
24	14
25	18
26	17

「それぞれの分野」で「合格基準」を満たすと合格！

保健医療福祉サービス分野の合格基準
（点）
回	点
21	22
22	24
22再	25
23	22
24	25
25	26
26	24

4 ケアマネジャー試験の4つのカテゴリー

過去の出題傾向を分析してみると、保健医療福祉サービス分野でもサービス事業所問題が出題されるので、全60問中、介護保険制度に関連した出題が約63%と高いのが特徴です。

	出題分野	平均出題数	第21回 (2018年)	第22回 (2019年)	第22回 再試験 (2020年)	第23回 (2020年)	第24回 (2021年)	第25回 (2022年)	第26回 (2023年)
介護支援分野 (25問)	介護保険問題	25	25	25	25	25	25	25	25
保健医療 サービス分野 (20問)	介護保険問題 (サービス事業所)	5	6	4	3	5	5	5	5
	医療・介護問題	15	14	16	17	15	15	15	15
福祉 サービス分野 (15問)	介護保険問題 (サービス事業所)	8	8	8	8	8	8	8	8
	社会福祉問題	7	7	7	7	7	7	7	7
介護保険問題の占める割合		63%	65%	62%	60%	63%	63%	63%	63%

6割以上を占める

上記の出題傾向をもとに整理すると、ケアマネジャー試験は、大きく「4つのカテゴリー」に分けることができます。本書では、この4つのカテゴリーで整理していきます。

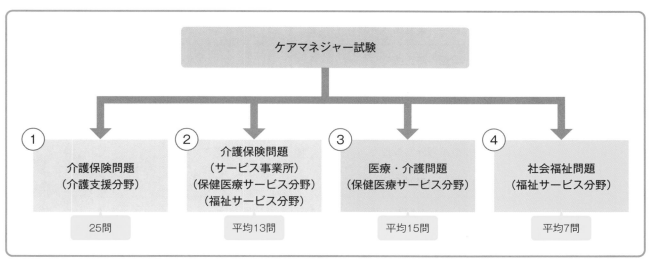

ケアマネジャー試験

① 介護保険問題 (介護支援分野) ── 25問

② 介護保険問題 (サービス事業所) (保健医療サービス分野) (福祉サービス分野) ── 平均13問

③ 医療・介護問題 (保健医療サービス分野) ── 平均15問

④ 社会福祉問題 (福祉サービス分野) ── 平均7問

5 介護支援分野の出題傾向

大区分		中区分		第21回 (2018年)	第22回 (2019年)	第22回 再試験 (2020年)	第23回 (2020年)	第24回 (2021年)	第25回 (2022年)	第26回 (2023年)	平均
1	全般	1	統計データ				2	1	1	1	3
		2	介護保険の変遷		1		1	1			
		3	制度全般	2	1	2	1	2	3	3	
2	保険者	4	国・都道府県・市町村の役割	1		1	2	1			3
		5	介護保険事業計画		1	1	1	1		2	
		6	保険財政	2	1	1	1	2	1		
3	被保険者	7	被保険者の要件	1	1	2		1	1	2	3
		8	保険料の納め方	1	2	2	1		1	1	
4	認定	9	要支援・要介護認定	3	4	4	3	3	4	2	3
5	保険給付	10	保険給付の概要	1		1	2	1		2	3
		11	支給限度基準額	1				1			
		12	介護サービス情報の公表	1	1		1	1	1	1	
		13	サービス事業所	3	1	1	1	1	1	1	
6	地域支援事業	14	地域支援事業	1	1	1	1	1	2	2	1
		15	地域包括支援センター								
7	ケアマネジメント	16	ケアマネジメントの概要		2			1	1		7
			事例問題	2	2	2	2	3	3	3	
		17	居宅介護支援	2	3	2	3	3	3	2	
		18	介護予防支援	1	2	2	1		1		
		19	施設介護支援	1	1	1		1		1	
8	その他	20	国民健康保険団体連合会	1	1				2		2
			介護保険審査会			1	1			1	
		21	低所得者対策				2				
		22	ほかの制度との関係	1						1	
介護支援分野 合計				25	25	25	25	25	25	25	25

6　保健医療福祉サービス分野の出題傾向

大区分			中区分		第21回(2018年)	第22回(2019年)	第22回再試験(2020年)	第23回(2020年)	第24回(2021年)	第25回(2022年)	第26回(2023年)	平均
サービス事業所	1	訪問サービス	23	訪問介護	1	1	1	1	1	1	1	4
			24	(介護予防)訪問入浴介護	1	1	1	1	1	1	1	
			25	(介護予防)訪問看護	1		1	1	1	1	1	
			26	(介護予防)訪問リハビリテーション					1			
			27	(介護予防)居宅療養管理指導		1	1					
			28	定期巡回・随時対応型訪問介護看護	1					1		
			29	夜間対応型訪問介護	1	1			1			
	2	通所が中心のサービス	30	通所介護、地域密着型通所介護	1	1	1	1	1	1	1	3
			31	(介護予防)通所リハビリテーション	1			1		1	1	
			32	(介護予防)認知症対応型通所介護		1	1		1			
			33	(介護予防)小規模多機能型居宅介護	1			1		1	1	
			34	看護小規模多機能型居宅介護	1	1					1	
	3	短期入所	35	(介護予防)短期入所生活介護	1	1	1	1	1	1	1	1
			36	(介護予防)短期入所療養介護		1				1	1	
	4	福祉用具・住宅改修	37	(介護予防)福祉用具貸与、特定(介護予防)福祉用具販売	1		1	1		1		1
			38	(介護予防)住宅改修		1			1		1	
	5	入居	39	(介護予防)特定施設入居者生活介護、地域密着型特定施設入居者生活介護								1
			40	(介護予防)認知症対応型共同生活介護			1	1		1		
	6	入所	41	介護老人福祉施設、地域密着型介護老人福祉施設入所者生活介護	1	1	1	1	1	1	1	3
			42	介護老人保健施設	1		0.5	1	1	1	1	
			43	介護医療院	1	1	0.5	1	1		1	
サービス事業所　合計					14	12	11	13	13	13	13	13

大区分			中区分		第21回 (2018年)	第22回 (2019年)	第22回 再試験 (2020年)	第23回 (2020年)	第24回 (2021年)	第25回 (2022年)	第26回 (2023年)	平均
医療・介護	1	高齢者の特徴	44	高齢者の身体的・精神的特徴		3	1	2	2		1	3
			45	バイタルサインと検査	2	2	1	1	2	2	2	
	2	高齢者に多い疾病	46	高齢者に多い疾患	3	1	3	1	2	3	2	5
			47	認知症	1	1	1	1	1	1	1	
			48	精神障害		1	1	1	1	1	1	
			49	感染症	1	1		1	1		1	
	3	高齢者に対する支援	50	リハビリテーション			1			1	1	7
			51	栄養・食生活	1		1	1	1	1	1	
			52	薬剤管理			1			1		
			53	介護技術の展開		2	1	2	2	2	1	
			54	在宅医療管理	3	2	3	2	2	2	2	
			55	急変時の対応	2	2	1	2			1	
			56	ターミナルケア	1	1	2	1	1	1	1	
医療・介護　合計					14	16	17	15	15	15	15	15
社会福祉	1	ソーシャルワーク	57	高齢者ケアの基本理念とソーシャルワーク	4	4	4	4	4	4	4	4
	2	社会福祉制度	58	生活保護	1	1	1	1	1	1	1	3
			59	障害者総合支援法			1			1		
			60	成年後見制度	1	1		1	1	1	1	
			61	日常生活自立支援事業								
			62	高齢者虐待					1		1	
			63	その他の関連制度	1	1	1		1			
社会福祉　合計					7	7	7	7	7	7	7	7
保健医療福祉サービス分野　合計					35	35	35	35	35	35	35	35

7 本書の構成

本書は、ケアマネジャー試験の出題傾向をもとに、63単元に整理してまとめています。

序章　ケアマネジャー試験の概要

介護支援分野

		単元
全般	1	統計データ
	2	介護保険の変遷
	3	制度全般
保険者	4	国・都道府県・市町村の役割
	5	介護保険事業計画
	6	保険財政
被保険者	7	被保険者の要件
	8	保険料の納め方
認定	9	要支援・要介護認定
保険給付	10	保険給付の概要
	11	支給限度基準額
	12	介護サービス情報の公表
	13	サービス事業所
地域支援事業	14	地域支援事業
	15	地域包括支援センター
ケアマネジメント	16	ケアマネジメントの概要
	17	居宅介護支援
	18	介護予防支援
	19	施設介護支援
その他	20	国保連と審査会
	21	低所得者対策
	22	ほかの制度との関係

サービス事業所

		単元	分野
訪問サービス	23	訪問介護	福祉
	24	（介護予防）訪問入浴介護	
	25	（介護予防）訪問看護	医療
	26	（介護予防）訪問リハビリテーション	
	27	（介護予防）居宅療養管理指導	
	28	定期巡回・随時対応型訪問介護看護	
	29	夜間対応型訪問介護	福祉
通所が中心のサービス	30	通所介護、地域密着型通所介護	福祉
	31	（介護予防）通所リハビリテーション	医療
	32	（介護予防）認知症対応型通所介護	福祉
	33	（介護予防）小規模多機能型居宅介護	
	34	看護小規模多機能型居宅介護	医療
短期入所	35	（介護予防）短期入所生活介護	福祉
	36	（介護予防）短期入所療養介護	医療
福祉用具・住宅改修	37	（介護予防）福祉用具貸与、特定（介護予防）福祉用具販売	
	38	（介護予防）住宅改修	
入居	39	（介護予防）特定施設入居者生活介護、地域密着型特定施設入居者生活介護	福祉
	40	（介護予防）認知症対応型共同生活介護	
入所	41	介護老人福祉施設、地域密着型介護老人福祉施設入所者生活介護	
	42	介護老人保健施設	医療
	43	介護医療院	

医療・介護／社会福祉

		単元
高齢者の特徴	44	高齢者の身体的・精神的特徴
	45	バイタルサインと検査
高齢者に多い疾病	46	高齢者に多い疾患
	47	認知症
	48	精神障害
	49	感染症
高齢者に対する支援	50	リハビリテーション
	51	栄養・食生活
	52	薬剤管理
	53	介護技術の展開
	54	在宅医療管理
	55	急変時の対応
	56	ターミナルケア
ソーシャルワーク	57	高齢者ケアの基本理念とソーシャルワーク
社会福祉制度	58	生活保護
	59	障害者総合支援法
	60	成年後見制度
	61	日常生活自立支援事業
	62	高齢者虐待
	63	その他の関連制度

63単元

第 1 章

介護支援分野

22単元

介護支援分野の22単元を整理しましょう！

介護支援分野の全体像

介護支援分野は、介護保険について25問出題されます。介護保険は、「保険の仕組み」に沿って関連づけながら理解するとわかりやすいです。

介護保険制度の仕組み

① 保険者	② 被保険者	③ 保険事故	④ ケアマネジメント	⑤ 保険給付
保険を実施する人（保険料を集める人）	←（保険料）保険に加入する人（保険料を支払う人）→	要支援・要介護認定（保険給付を受けるための条件）	←ケアプランの作成・事業者と連絡調整	条件を満たすと給付される。保険給付と地域支援事業がある

⑥ 保険給付の支払 →

①	保険者	● 介護保険の保険者は、「市町村および特別区（以下、市町村）」 ● 介護保険に関する収入および支出について、市町村は「特別会計」を設ける
②	被保険者	● 第1号被保険者は、市町村に「住所」を有する「65歳以上」 ● 第2号被保険者は、市町村に「住所」を有する「40歳以上65歳未満の医療保険加入者」
③	保険事故	● 保険給付を受けるために、市町村に申請し、「要支援・要介護認定」を受ける ● 「非該当」「要支援1・2」「要介護1・2・3・4・5」の認定を受ける
④	ケアマネジメント	● 介護予防・生活支援サービス事業対象者は、地域包括支援センターが担当 ● 要支援者は、「介護予防支援事業者（地域包括支援センター・居宅介護支援事業者）」が担当 ● 要介護者は、「居宅介護支援事業者」が担当
⑤	保険給付	● 保険給付は、「介護給付」「予防給付」「市町村特別給付」の3種類 ● 介護予防・生活支援サービス事業対象者は、「介護予防・生活支援サービス事業」を利用 ● 要支援者は「予防給付」、要介護者は「介護給付」を利用
⑥	保険給付の支払	● 市町村は、介護給付費の支払を「国民健康保険団体連合会」に委託

介護保険の全体像

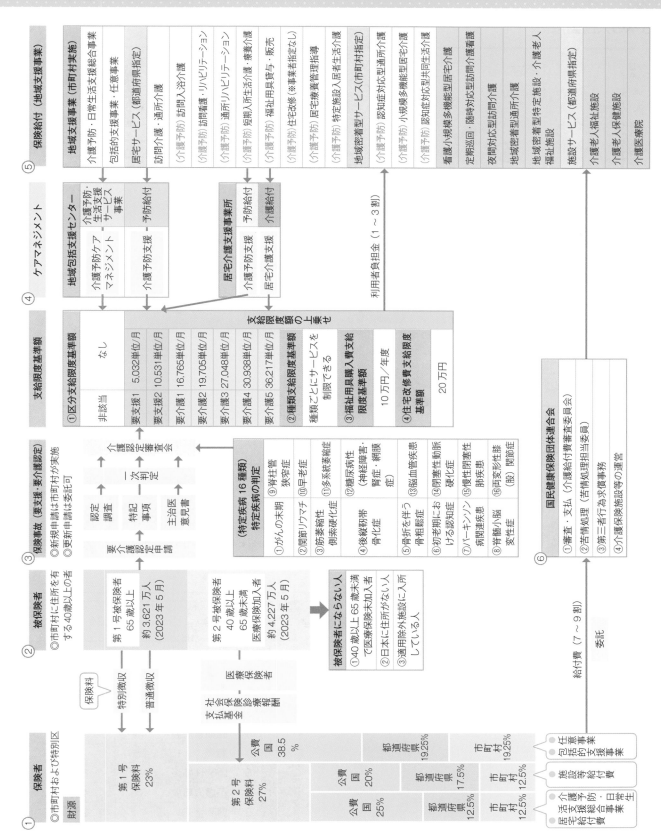

統計データ

● 日本の人口動態

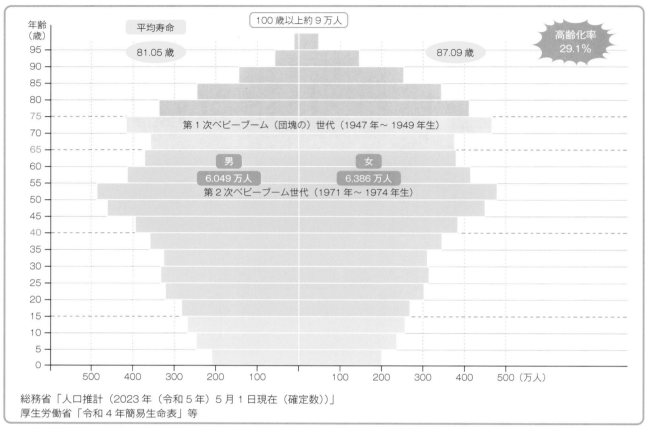

総務省「人口推計（2023年（令和5年）5月1日現在（確定数））」
厚生労働省「令和4年簡易生命表」等

日本の総人口 （2023年5月現在）	内　訳				
	年少人口 0〜14歳	生産年齢人口 （15〜64歳）		老年人口 （65歳〜）	
		15〜39歳	40〜64歳	65〜74歳	75歳〜
1億2,448万人	1,431万人	3,168万人	4,227万人	1,639万人	1,982万人
	12%	25%	34%	13%	16%

令和4年出生数	77万人	➡	合計特殊出生率	1.26

※「15〜49歳」までの女性の年齢別出生数の合計

令和4年死亡数	157万人	➡			

死因	1	悪性新生物	39万人
	2	心疾患	23万人
	3	老衰	18万人
	4	脳血管疾患	11万人
	5	肺炎	7万人
	6	誤嚥性肺炎	6万人
	7	不慮の事故	4万人
	8	腎不全	3万人

厚生労働省「令和4（2022）年人口動態統計（確定数）」
総務省「人口推計(2023年(令和5年)5月1日現在(確定数))」
厚生労働省「令和4年簡易生命表の概況」

● 年齢階級（4区分）別将来推計人口

日本の総人口は、長期の減少過程に入っており、2070年には8,700万人まで減少することが見込まれています。

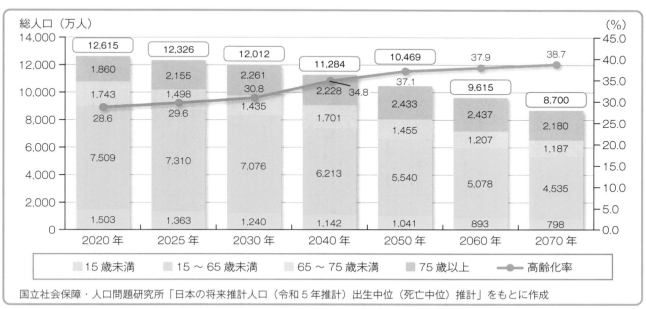

国立社会保障・人口問題研究所「日本の将来推計人口（令和5年推計）出生中位（死亡中位）推計」をもとに作成

● 第1号被保険者数の推移

第1号被保険者は、2,242万人（平成12年度）→ 3,589万人（令和3年度）と「約1.6倍」に増加。特に後期高齢者の増加が著しくなっています。

第1号被保険者数の推移

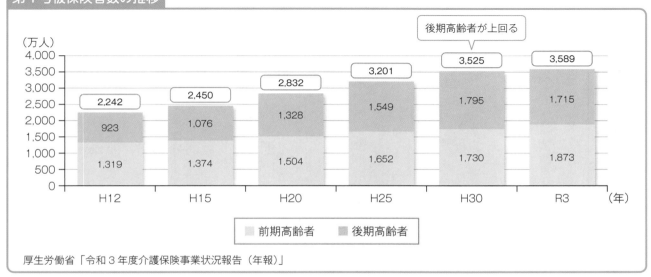

厚生労働省「令和3年度介護保険事業状況報告（年報）」

● 世帯数と平均世帯人員の推移

平均世帯人員は、1953（昭和28）年には5.0人であったものが、2022（令和4）年には「2.25人」まで減少しました。

世帯数と平均世帯人員の推移

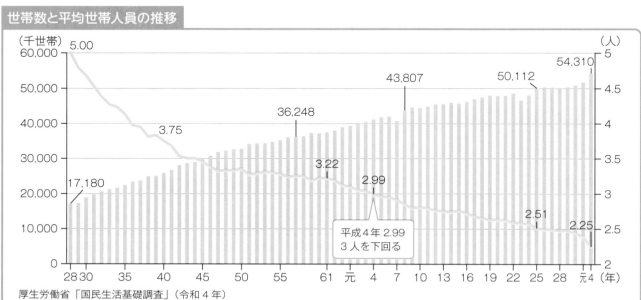

厚生労働省「国民生活基礎調査」（令和4年）

● 世帯類型別将来推計

世帯主の年齢階級別の将来推計では、75歳以上世帯数が増加すると見込まれています。そのなかでも、単独または夫婦のみの増加が顕著にみられます。

国立社会保障・人口問題研究所「日本の世帯数の将来推計」（平成30年推計）

● 65 歳以上の者のいる世帯の状況

高齢化に伴い、65 歳以上の者のいる世帯は年々増加傾向で、2022（令和 4）年は、約 2,747 万世帯となっています。

65 歳以上の者のいる世帯数

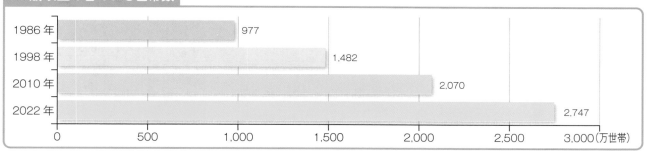

年	万世帯
1986 年	977
1998 年	1,482
2010 年	2,070
2022 年	2,747

65 歳以上の者のいる世帯構造は、単独世帯と夫婦のみの世帯が増加しています。

65 歳以上の者のいる世帯の世帯構造の推移

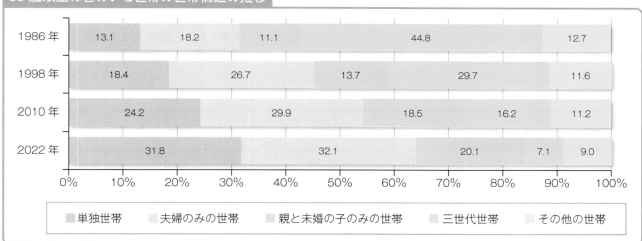

年	単独世帯	夫婦のみの世帯	親と未婚の子のみの世帯	三世代世帯	その他の世帯
1986 年	13.1	18.2	11.1	44.8	12.7
1998 年	18.4	26.7	13.7	29.7	11.6
2010 年	24.2	29.9	18.5	16.2	11.2
2022 年	31.8	32.1	20.1	7.1	9.0

● 高齢者世帯の世帯構造

65 歳以上の者のいる世帯（約 2,747 万世帯）のうち、高齢者世帯（※）は、約 1,693 万世帯で、単独世帯が約 52％、夫婦のみの世帯が約 45％となっています。

（※）高齢者世帯とは、65 歳以上の者のみで構成するか、またはこれに 18 歳未満の未婚の者が加わった世帯をいう

単独世帯　51.6%		夫婦のみの世帯　44.7%	その他
男　18.5%	女　33.0%		

単独世帯は女性が多い

● 要介護（要支援）認定者数の推移（第2号被保険者を含む）

要介護者（要支援者）は、256万人（平成12年度）→ 690万人（令和3年度）と「約2.7倍」に増加。
特に要支援、要介護1の認定者の増加率が高くなっています。

認定者数の推移（第2号被保険者を含む）

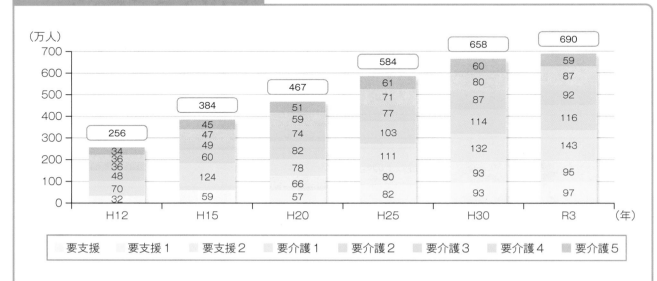

厚生労働省「令和3年度介護保険事業状況報告（年報)」

認定者数の推移（第2号被保険者）

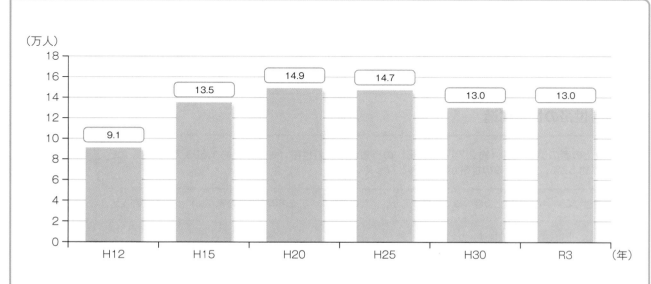

厚生労働省「令和3年度介護保険事業状況報告（年報)」

● 要支援・要介護者数

2021（令和3）年度末現在、約3,589万人の高齢者の内訳

高齢者 約3,589万人の内訳

要支援・ 要介護者等の 割合	元気な高齢者 （約80%）	要支援・要介護者 （約18.9%） 約690万人

└ 介護予防・生活支援
サービス事業対象者

要支援・要介護者（第2号被保険者を含む） 約690万人の内訳

要介護度別	要支援1	要支援2	要介護1	要介護2	要介護3	要介護4	要介護5
	14%	14%	21%	17%	13%	13%	9%

要介護1が最も多い

被保険者の内訳

第1号被保険者 98%

65歳以上 75歳未満 11%	75歳以上85歳未満 33%	85歳以上 55%

85歳以上が半数以上

第2号被保険者2%

利用者負担

第2号被保険者2%

第1号被保険者 98%

2割または3割負担者は60万人

2%	1割負担 89%	2割 負担 5%	3割 負担 4%

1割負担

第2号被保険者は1割負担のみ

施設入所者の割合

居宅86%　　施設14%

居宅（サービス利用） 約70%	居宅 （サービス 利用なし）	施設サービス 利用 約14%

介護老人福祉施設 59%		介護老人保健施設 36%

介護老人福祉施設が最も多い

介護医療院4%
介護療養型医療施設1%

厚生労働省「令和3年度介護保険事業状況報告（年報）」をもとに作成

● 要介護者等の状況

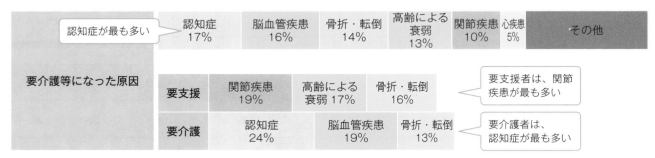

厚生労働省「国民生活基礎調査」（令和4年）

● 介護者の状況

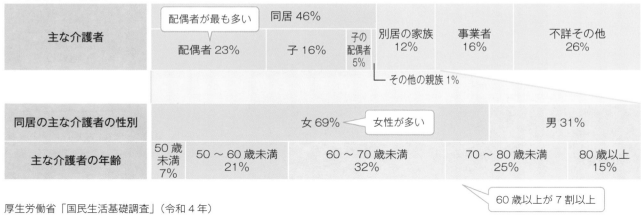

厚生労働省「国民生活基礎調査」（令和4年）

● 近年の高齢者や介護に関する状況

老老介護	● 介護を要する高齢者を 65 歳以上の高齢者が介護すること
認認介護	● 認知症高齢者の介護を認知症である高齢の家族が行うこと
8050 問題	● 80 代の親が 50 代の子どもを支えている状況であり、ひきこもりなどの困難を抱えつつ社会的に孤立している問題
ダブルケア	● 1 人の人や 1 つの世帯が同時期に介護と育児の両方に直面すること
介護離職	● 家族を介護するために仕事を辞めること
限界集落	● 人口の 50% 以上を 65 歳以上の者が占める集落

● サービス受給者数の推移

サービス受給者数は、184万人（平成12年度）→ 589万人（令和3年度）と「約3.2倍」に増加。特に居宅サービスの受給者の増加が著しくなっています。

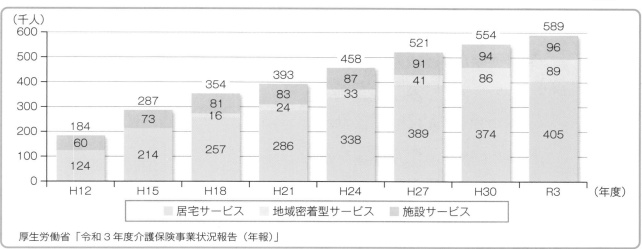

厚生労働省「令和3年度介護保険事業状況報告（年報）」

● サービス種類別受給者数

令和3年度のサービス受給者は、福祉用具貸与が最も多くなっています。

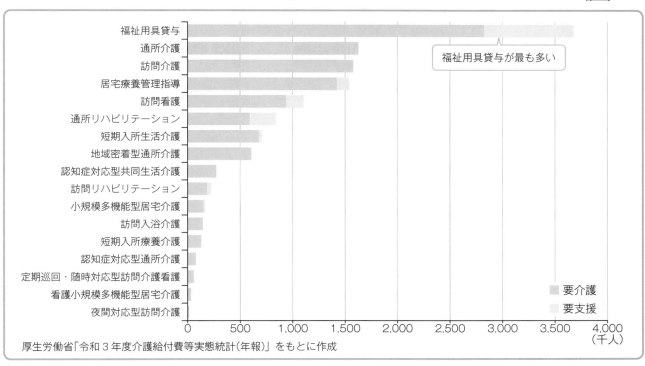

厚生労働省「令和3年度介護給付費等実態統計（年報）」をもとに作成

居宅サービス事業所数

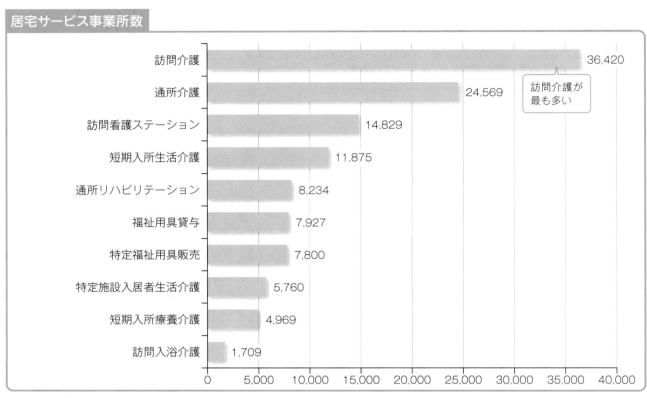

サービス	事業所数
訪問介護	36,420
通所介護	24,569
訪問看護ステーション	14,829
短期入所生活介護	11,875
通所リハビリテーション	8,234
福祉用具貸与	7,927
特定福祉用具販売	7,800
特定施設入居者生活介護	5,760
短期入所療養介護	4,969
訪問入浴介護	1,709

訪問介護が最も多い

地域密着型サービス事業所数

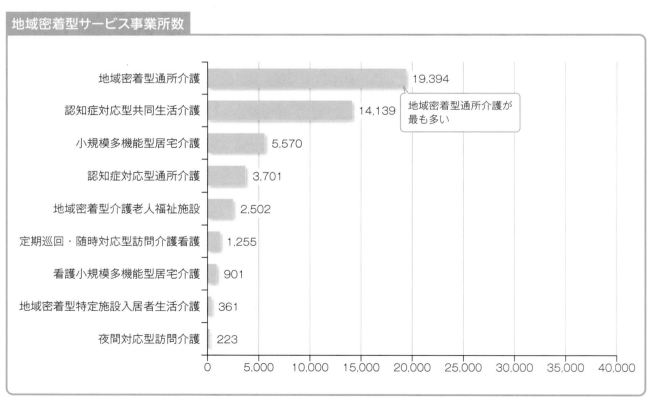

サービス	事業所数
地域密着型通所介護	19,394
認知症対応型共同生活介護	14,139
小規模多機能型居宅介護	5,570
認知症対応型通所介護	3,701
地域密着型介護老人福祉施設	2,502
定期巡回・随時対応型訪問介護看護	1,255
看護小規模多機能型居宅介護	901
地域密着型特定施設入居者生活介護	361
夜間対応型訪問介護	223

地域密着型通所介護が最も多い

厚生労働省「令和4年介護サービス施設・事業所調査の概況」をもとに作成

介護保険施設数

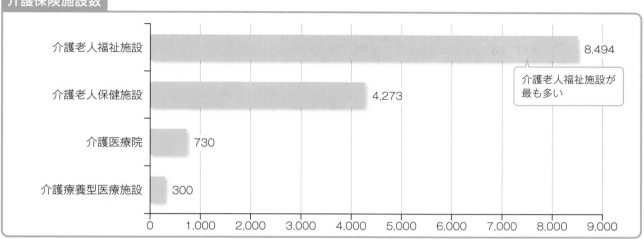

介護老人福祉施設　8,494
介護老人保健施設　4,273
介護医療院　730
介護療養型医療施設　300

介護老人福祉施設が最も多い

居宅介護支援・介護予防支援事業所数

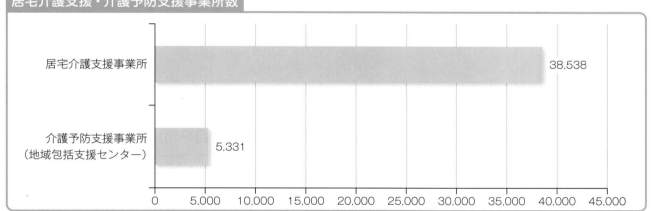

居宅介護支援事業所　38,538
介護予防支援事業所（地域包括支援センター）　5,331

介護予防支援事業所（地域包括支援センター）

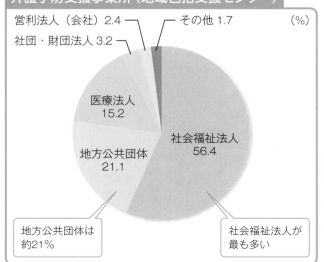

営利法人（会社）2.4　その他 1.7　（%）
社団・財団法人 3.2
医療法人 15.2
社会福祉法人 56.4
地方公共団体 21.1

地方公共団体は約21%
社会福祉法人が最も多い

居宅介護支援事業所

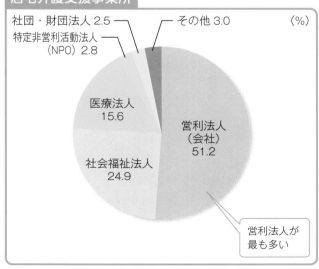

社団・財団法人 2.5　その他 3.0　（%）
特定非営利活動法人（NPO）2.8
医療法人 15.6
営利法人（会社）51.2
社会福祉法人 24.9

営利法人が最も多い

厚生労働省「令和4年介護サービス施設・事業所調査の概況」をもとに作成

● 年度別給付費の推移

令和3年度の保険給付費総額は、11兆2838億円でした。利用者負担を除いた給付費は、10兆4317億円で、年々増加しています。

給付費（利用者負担を除いた額）

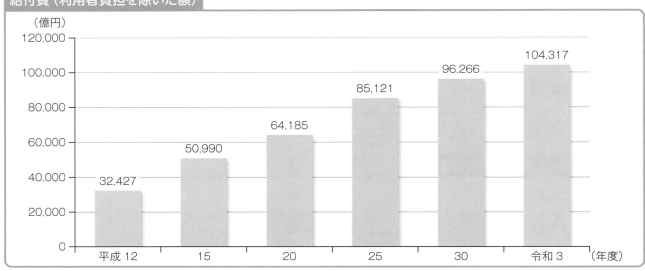

● 年度別（居宅・地域密着型・施設）サービス給付費の推移（1か月平均）

給付費を、居宅サービス、地域密着型サービス、施設サービスに分類すると、「居宅サービスと地域密着型サービス」の合計が68%を占めています。

年度別（居宅・地域密着型・施設）サービス給付費の推移（1か月平均）

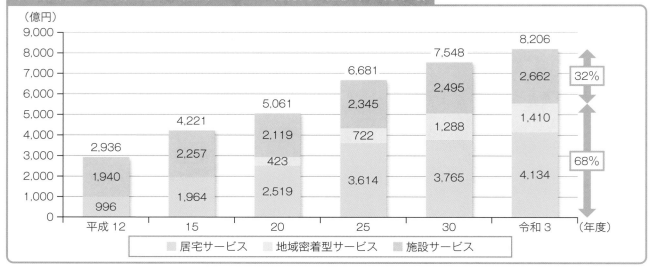

厚生労働省「令和3年度介護保険事業状況報告」

● 年度別1人あたり給付費の推移

第1号被保険者1人あたり給付費

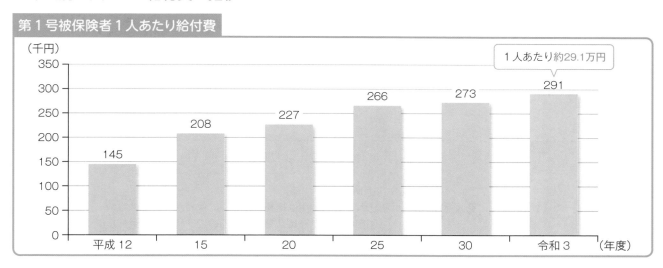

● サービス別1人あたり給付費（1か月平均）

サービス別1人あたり給付費（1か月平均）

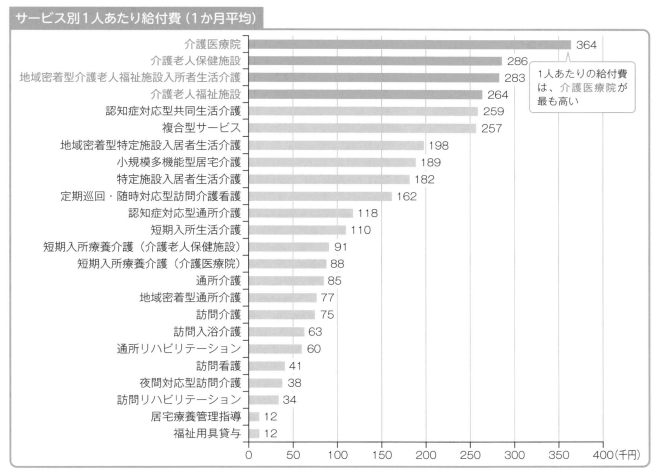

厚生労働省「令和3年度介護保険事業状況報告」

介護保険の変遷

	平成9年 介護保険法公布	平成12年	平成15年	平成18年	平成21年	平成24年	平成27年	平成30年	令和3年	令和6年
介護保険施行前		介護保険施行後		予防重視へ		地域包括ケア				
		第1期	第2期	第3期	第4期	第5期	第6期	第7期	第8期	第9期

現在はここ

介護保険施行前	老人福祉制度	● 「措置制度」により運営
		(問題点) ①サービス利用は権利ではなく、保障が十分ではない ②市町村がサービスを決定するので、利用者が選択しにくい ③「応能負担」のため、所得調査を伴う ④民間企業の参入がしにくく、競争原理が働かない
	老人医療制度	● 保険による運営
		(問題点) ①介護施設の整備が十分でないので、社会的入院が増えた ②1人あたりの居室面積が狭いなど、療養環境が不十分
介護保険施行	制度創設のねらい	● 社会保険方式の導入 ●「利用者本位」のサービス提供 ● 医療保険制度から「介護」の部分を切り離して社会的入院を解消 ● ケアマネジメントを制度化→利用者の立場を重視 ● 民間活力の活用
介護保険制度の見直し (2005年改正)	予防重視型システム	● 新予防給付、地域支援事業の創設
	施設給付の見直し	● 食費・居住費の見直し（一部自己負担）、低所得者等に対する措置
	新たなサービス体系 の確立	● 地域密着型サービス、地域包括支援センターの創設
	サービスの質の向上	● 介護サービス情報の公表の義務づけ、事業者の指定の更新制導入・ 欠格要件の厳格化、ケアマネジメントの見直し
介護保険制度の見直し (2011年改正)	医療と介護の連携の 強化等	● 定期巡回・随時対応型訪問介護看護や看護小規模多機能型居宅介護 （複合型サービス）の創設 ● 介護予防・日常生活支援総合事業の創設
	介護保険事業計画	● 日常生活圏域ごとに地域ニーズや課題の把握を踏まえた介護保険事 業計画を策定 ● 介護保険事業計画において地域の実情に応じた認知症支援策を盛り 込む

介護保険制度の見直し （2014 年改正）	地域支援事業の 見直し	● 介護予防訪問介護および介護予防通所介護を廃止し、介護予防・日常生活支援総合事業に一元化 ● 包括的支援事業に在宅医療連携推進事業、認知症総合支援事業、生活支援体制整備事業、地域ケア会議推進事業を追加
	施設サービス等の 見直し	● 介護老人福祉施設の入所対象を、原則として要介護 3 以上に限定
	住所地特例	● サービス付き高齢者向け住宅を住所地特例の対象とする
	費用負担の見直し	● 介護給付および予防給付について、一定以上の所得がある第 1 号被保険者の利用者負担を 2 割とする
介護保険制度の見直し （2017 年改正）	新たな介護保険施設 の創設	● 介護医療院の創設
	新たに共生型 サービスを位置づけ	● 高齢者と障害児者が同一事業所でサービスを受けやすくするため、介護保険と障害福祉制度に新たに共生型サービスを位置づける
	3 割負担の創設	● 2 割負担者（年収等 280 万円以上）のうち特に所得の高い層（年収 340 万円以上）の負担割合を 3 割とする
介護保険制度の見直し （2020 年改正）	国および地方公共 団体の責務	● 国および地方公共団体は、地域住民が相互に人格と個性を尊重し合いながら、参加し、共生する地域社会の実現に資するよう努めなければならないこととされた
	認知症に関する 施策の総合的な推進	● 国および地方公共団体は、認知症の予防等に関する調査研究の推進ならびにその成果の普及、活用および発展に努めるものとされた
	介護保険事業計画の 作成等のための調査 および分析	● 厚生労働大臣は、要介護者等に提供されるサービスの内容について調査および分析を行い、その結果を公表するよう努めるものとされた
介護保険制度の見直し （2023 年改正）	介護情報基盤の整備	● 被保険者、介護事業者その他の関係者が当該被保険者にかかる介護情報等を共有・活用することを促進する事業を介護保険者である市町村の地域支援事業として位置づけ
	介護サービス事業者 の財務状況等の 見える化	● 介護サービス事業所等の詳細な財務状況等を把握して政策立案に活用するため、事業者の事務負担にも配慮しつつ、財務状況を分析できる体制を整備
	介護サービス事業所 等における生産性の 向上に資する取り組 みにかかる努力義務	● 都道府県に対し、介護サービス事業所・施設の生産性の向上に資する取り組みが促進されるよう努める旨の規定を新設
	看護小規模多機能型 居宅介護のサービス 内容の明確化	● 看護小規模多機能型居宅介護のサービス内容について、サービス拠点での「通い」「泊まり」における看護サービス（療養上の世話または必要な診療の補助）が含まれる旨を明確化
	地域包括支援セン ターの体制整備等	● 要支援者に行う介護予防支援について、居宅介護支援事業所（ケアマネ事業所）も市町村からの指定を受けて実施可能とする

制度全般

社会保障の概要

給付の種類 / 保障方式	社会保険					社会扶助				
						生活保護	社会福祉			
	医療保険	年金保険	雇用保険	労災保険	介護保険		高齢者福祉	障害者福祉	児童福祉	社会手当
現物給付 医療サービス	○			○	△	○		○		
現物給付 福祉サービス					○	○	○	○	○	
金銭給付 所得保障	○	○	○	○		○				○

社会保障制度	社会保険	● 保険の技術を用いて保険料を財源として給付を行う仕組みであり、国や公的な団体を保険者とし、被保険者は強制加入が原則である ● 医療保険、年金保険、雇用保険、労災保険、介護保険の5種類ある
	長所	● 保険料拠出の見返りとして給付を受けることが被保険者の権利として明確になっていることで、社会扶助方式の場合よりも、給付の権利性が強い ● 財源面でも、保険料負担と給付水準とが関連していることから、個々の歳出に対する相関関係が薄い租税よりも、負担について被保険者の合意を得られやすい
	短所	● 一律・定型的な給付になりやすい ● 過剰利用等の問題が起こりやすい
	社会扶助	● 租税を財源にして保険の技術を用いずに給付を行う仕組みであり、国や地方公共団体の施策として、国民や住民に対して現金またはサービスの提供が行われる仕組み ● 公的扶助制度である生活保護、社会福祉制度である児童福祉、障害者福祉、高齢者福祉などがある
	長所	● 一定の要件に該当すれば負担に無関係に給付の対象となることができる ● ある特定の需要にきめ細かく対応することが可能なことがある
	短所	● 制度に安住しがちな人々の存在を引き起こしたり、財政負担の増大につながりやすい ● 詳細な資力調査により所得制限を行ったり、家族状況によって利用を制限したり、利用料を応能負担にしたりといった形で運用されることが多い

社会保険の概要

	種類	保険者	被保険者	保険事故	保険給付
医療保険	国民健康保険 （地域）（※）	都道府県と市町村／ 国民健康保険組合	①自営業者など ②働いていない人	病気・けが （仕事などが原因でない場合）	● 療養の給付 ● 高額療養費 ● 訪問看護療養費 など
	健康保険 （職域）（※）	全国健康保険協会／ 健康保険組合	①就職して働いている人 ②働いている人に扶養されている人		
	共済保険（職域）	共済組合			
	後期高齢者医療 （地域）	後期高齢者医療 広域連合（運営主体）	75歳以上の人		
年金保険	国民年金（地域）	国	20歳以上60歳未満の人	①年をとって働けない ②障害を負って働けない ③配偶者が死んで生活が心配 など	● 老齢年金 ● 障害年金 ● 遺族年金 など
	厚生年金（職域）	国	民間のサラリーマン 公務員など		
雇用保険	（職域）	国	雇用されて働く人	失業 （働きたくても働けない状態）	● 求職者給付 ● 就職促進給付 ● 雇用継続給付 など
労働者災害 補償保険 （労災保険）	（職域）	国	雇用されて働く人	仕事・通勤途中の病気・けが	● 療養（補償）給付 ● 障害（補償）年金 ● 介護（補償）給付 など
介護保険	（地域）	市町村および特別区	市町村に住所を有する40歳以上の人	要支援・要介護状態	● 介護給付 ● 予防給付 ● 市町村特別給付

（※）地域→地域保険、職域→職域保険

社会扶助の概要

制度		概　　　　要
生活保護		● 資産や能力等すべてを活用してもなお生活に困窮する方に対し、困窮の程度に応じて必要な保護を行い、健康で文化的な最低限度の生活を保障し、その自立を助長する制度
社会福祉	高齢者福祉	● 介護保険施行前は、老人福祉法に基づき社会扶助方式によるサービス提供が行われていたが、2000（平成12）年4月に介護保険法が施行されてから介護サービスは原則として社会保険方式で提供されるようになった ● 老人福祉法に基づくサービスは、養護老人ホームの入所措置や、やむを得ない理由で介護保険法に規定するサービスの利用が著しく困難な場合の特別養護老人ホーム等の入所措置をとることができる
	障害者福祉	● 身体障害者福祉法、知的障害者福祉法、精神障害者保健福祉法などで障害者の定義などを規定している ● 障害福祉サービスの給付については、障害者総合支援法に基づいて実施
	児童福祉	● 児童福祉法に基づき、子育て支援、社会的養護、障害児支援などが行われる ● 子どものための教育・保育給付は、子ども・子育て支援法に基づき実施
	社会手当	● 税あるいは事業主の拠出を財源とした給付。児童手当、児童扶養手当、特別児童扶養手当の3種類がある

医療保険の概要

日本の医療保険制度は、1961（昭和36）年から「国民皆保険」制度が整備されました。生活保護受給者は、国民健康保険と後期高齢者医療制度が適用除外となりますが、生活保護の医療扶助で医療を受けることができますので、基本的にすべての人が医療を受けることができます。

年齢	医療保険者			被保険者等	加入者（2022年3月末）
75歳未満	被用者保険 被扶養者制度あり	①健康保険	全国健康保険協会	●中小企業等のサラリーマンとその家族が加入 ●都道府県ごとに保険料が異なる	約4,027万人
			健康保険組合	●大企業等の健康保険組合が保険者となる ●健康保険組合ごとに保険料が異なる	約2,838万人
			日雇特例被保険者	●日々雇い入れられる人や2か月以内の期間を定めて使用される人などが加入	約2万人
		②船員保険		●船舶所有者に使用される者とその家族が対象	約11万人
		③共済組合	国家公務員	●国家公務員（20共済組合）、地方公務員（64共済組合）、私学共済（1事業団）などがある	約869万人
			地方公務員		
			私学教職員		
	国民健康保険	①市町村国民健康保険		●都道府県および市町村が保険者 ●被用者保険等に加入していない人が住所を有する都道府県で加入する	約2,537万人
		②国民健康保険組合		●医師、弁護士など同種の事業または業務に従事する人で組織される（162組合ある）	約268万人
75歳以上	後期高齢者医療制度			●都道府県単位の後期高齢者医療広域連合が保険者 ●75歳以上の人、65歳以上75歳未満の一定の障害認定を受けた人が加入	約1,843万人
（参考）	生活保護（医療扶助）			●生活保護受給者は、国民健康保険と後期高齢者医療への加入が免除される（医療扶助で医療を受けることができる）	約183万人
合　計				日本の人口と一致する（国民皆保険制度）	約1億2,500万人

厚生労働省『令和5年版 厚生労働白書』、厚生労働省「令和3年度 被保護者調査」をもとに作成

介護保険との関係	保険料の徴収	●介護保険の第2号被保険者の介護保険料は医療保険料と一緒に徴収される（第2号被保険者である被扶養者の介護保険料は負担しなくてよい）
	医療保険未加入者	●40歳以上65歳未満の「医療保険未加入者」は、第2号被保険者にならない
	優先関係	●介護保険と医療保険の給付が重複する場合は、原則「介護保険」が優先される

医療保険の主な給付内容

	給付の種類	給付内容			被用者	国保	高齢
1	療養の給付	● 病院や診療所で医療を受けた場合の自己負担額 **75歳以上（65歳以上の障害認定を含む）** 1割または2割（現役並み所得者は3割） **70歳以上75歳未満** 2割（現役並み所得者は3割） **義務教育就学以上70歳未満** 3割 **義務教育就学前** 2割			○	○	○

● 病院や診療所で医療を受けた場合の自己負担額

75歳以上 （65歳以上の障害認定を含む）	1割または2割（現役並み所得者は3割）
70歳以上75歳未満	2割（現役並み所得者は3割）
義務教育就学以上70歳未満	3割
義務教育就学前	2割

2　高額療養費

● 1か月あたりの医療費が次の金額を超える場合、その超えた額を支給

課税所得		70歳未満	70歳以上	
			入院＋外来（世帯）	外来（個人）
現役並み	690万円以上	252,600円＋（総医療費－842,000円）×1%		
	380万円以上	167,400円＋（総医療費－558,000円）×1%		
	145万円以上	80,100円＋（総医療費－267,000円）×1%		
一般	145万円未満	57,600円		18,000円 （年144,000円上限）
低所得	市町村民税 非課税	35,400円	15,000円または 24,600円	8,000円

被用者 ○　国保 ○　高齢 ○

	給付の種類	給付内容	被用者	国保	高齢
3	高額介護合算療養費	● 各医療保険における「世帯」内で、医療保険、介護保険の両制度の自己負担額の合計額が1年間に「世帯の負担上限額」を超えた場合に支給 （介護保険からは高額医療合算介護サービス費が支給される）	○	○	○
4	入院時食事療養費	● 入院時の食事療養費（標準負担額を除いた費用を給付）	○	○	○
5	入院時生活療養費	● 療養病床に入院する65歳以上の生活療養費（食費と居住費）	○	○	○
6	訪問看護療養費	● 訪問看護を利用した場合に給付	○	○	○
7	移送費	● 療養の給付を受けるため移送されたときに支給される	○	○	○
8	埋葬費	● 被保険者が死亡したときに支給される	○	○	○
9	出産育児一時金	● 被保険者本人または被扶養者が、産科補償制度加入分娩機関で出産した場合、1児につき50万円が支給される	○	○	
10	出産手当金	● 出産で仕事を休んで給料をもらえないとき、出産予定日以前42日＋出産日以後56日までの期間、欠勤1日につき標準報酬日額の3分の2が支給される	○		
11	傷病手当金	● 療養のため仕事を休んで給料をもらえないとき、欠勤1日につき標準報酬日額の3分の2が、休業4日目から通算して1年6か月の範囲で支給される	○		
12	家族療養費等	● 被扶養者に対する被保険者と同様の給付（傷病手当金、出産手当金を除く）	○		

年金保険の概要

年金制度の体系

種類	区分	老齢年金	障害年金		遺族年金
国民年金 (基礎年金)	受給要件	● 保険料納付済(免除)期間等が 10 年以上あること	● 国民年金に加入期間中に初診日のある障害であること ● 20 歳前に初診日のある障害者にも支給		● 国民年金の被保険者や老齢基礎年金の受給資格期間を満たす人が死亡したとき ● 子のある配偶者または子に支給
			● 原則として、保険料納付(免除)期間が 2/3 以上あること		
	年金額	● 年金額 795,000 円 / 年 (保険料の納付状況により年金額が異なる)	1 級	2 級の 1.25 倍円 / 年 + 子の加算	● 年金額 795,000 円 / 年 +子の加算
			2 級	795,000 円 / 年 + 子の加算	
厚生年金 (被用者年金)	受給要件	● 原則として、老齢基礎年金の受給期間を満たすこと ● 厚生年金の被保険者期間が 1 か月以上あること	● 厚生年金に加入期間中に初診日のある障害であること ● 障害基礎年金の受給要件を満たすこと		● 厚生年金の被保険者が死亡したときなど ● 老齢厚生年金の受給資格期間を満たした人が死亡したとき等
	年金額	● 報酬比例年金額 (第 2 号被保険者期間の【報酬】により年金額が異なる)	1 級	報酬比例年金額× 1.25 + 配偶者加給年金	● 報酬比例年金額× 3/4 (妻、子・孫(※)、55 歳以上の夫、父母、祖父母などに支給)
			2 級	報酬比例年金額+ 配偶者加給年金	
			3 級	報酬比例年金額	
			障害手当金	報酬比例年金額× 2	

(※)「子」「孫」とは、「18 歳」到達年度の末日を経過していない子、または、20 歳未満で障害年金の障害等級 1、2 級の子

第 1 号被保険者の介護保険料は、「老齢年金、障害年金、遺族年金」の額が「年 18 万円以上」の場合は「特別徴収」されます。

労災保険の概要

労災保険とは、労働者災害補償保険法に基づく制度で、業務上災害または通勤災害により、労働者の負傷、疾病、障害、死亡等について、被災労働者またはその遺族に対し保険給付を行う制度です。

保険者		● 労災保険は全国を単位として、国が保険者となっている ● 現業業務は、都道府県労働局、労働基準監督署が行っている	
対象者		● 原則として、常用・日雇・パートタイマー・アルバイト等名称および雇用形態にかかわらず、労働の対価として賃金を受けるすべての労働者 ※代表権・業務執行権がある役員は、原則労災保険の対象外	
労災保険の対象		● 労災保険は、業務災害および複数業務要因災害、通勤災害が保護の対象	
保険料		● 労災保険料は、事業主が全額負担する（被保険者は負担しない）	
保険給付 療養（補償）給付		● 労災病院や労災指定医療機関等で療養するとき	療養の給付（現物給付）
		● 労災病院や労災指定医療機関以外の医療機関等で療養するとき	療養費の支給（現金給付）
休業（補償）給付		● 業務災害または通勤災害による傷病による療養のため労働することができず、賃金を受けられないとき	休業4日目から支給
障害（補償）給付	年金	● 業務災害または通勤災害による傷病が治った後に障害等級1～7級までに該当する障害が残ったとき	障害の程度に応じ年金を支給
	一時金	● 障害等級8～14級までに該当する障害が残ったとき	障害の程度に応じ一時金を支給
遺族（補償）給付	年金	● 業務災害または通勤災害により死亡したとき	遺族の数等に応じ年金を支給
	一時金	● 遺族（補償）年金を受け取る遺族がいないときなど	一時金を支給
葬祭料・葬祭給付		● 業務災害または通勤災害により死亡した方の葬祭を行うとき	315,000円に給付基礎日額の30日分を加えた額
傷病（補償）年金		● 業務災害または通勤災害による傷病が、1年6か月を経過した日以降において治っておらず、傷病による障害の程度が傷病等級に該当するとき	傷病の程度に応じ年金を支給
介護（補償）給付		● 障害・傷病（補償）年金の1級または2級（神経・精神の障害および胸腹部臓器の障害）受給者で、介護を受けているとき （障害者支援施設、病院、診療所等に入所していないことが要件）	● 常時介護（172,550円／月上限） ● 随時介護（86,280円／月上限） 　（令和5年度）

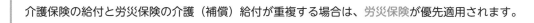

介護保険の給付と労災保険の介護（補償）給付が重複する場合は、労災保険が優先適用されます。

介護保険法の総則

介護保険の目的 (第1条)		● 加齢に伴って生ずる心身の変化に起因する疾病等により要介護状態となり、 ● 入浴、排泄、食事等の介護、機能訓練ならびに看護および療養上の管理その他の医療を要する者等について、 ● これらの者が尊厳を保持し、その有する能力に応じ自立した日常生活を営むことができるよう、必要な保健医療サービスおよび福祉サービスにかかる給付を行うため、 ● 国民の共同連帯の理念に基づき介護保険制度を設け、その行う保険給付等に関して必要な事項を定め、もって国民の保健医療の向上および福祉の増進を図ることを目的とする
介護保険の基本理念 (第2条)	1	● 介護保険は、被保険者の要介護状態等に関し、必要な保険給付を行う
	2	● 保険給付は、要介護状態または要支援状態の軽減または悪化の防止に資するよう行われるとともに、医療との連携に十分配慮して行われなければならない
	3	● 保険給付は、被保険者の心身の状況、その置かれている環境等に応じて、被保険者の選択に基づき、適切な保健医療サービスおよび福祉サービスが、多様な事業者または施設から、総合的かつ効率的に提供されるよう配慮して行われなければならない
	4	● 保険給付の内容および水準は、被保険者が要介護状態となった場合においても、可能な限り、その居宅において、その有する能力に応じ自立した日常生活を営むことができるように配慮されなければならない
国民の努力および義務 (第4条)	1	● 国民は、自ら要介護状態となることを予防するため、加齢に伴って生じる心身の変化を自覚して常に健康の保持増進に努める ● 要介護状態となった場合においても、進んでリハビリテーションその他の適切な保健医療サービスおよび福祉サービスを利用することにより、その有する能力の維持向上に努める
	2	● 国民は、共同連帯の理念に基づき、介護保険事業に要する費用を公平に負担する
国および 地方公共団体の責務 (第5条)	1	● 国は、介護保険事業の運営が健全かつ円滑に行われるよう保健医療サービスおよび福祉サービスを提供する体制の確保に関する施策その他の必要な各般の措置を講じなければならない
	2	● 都道府県は、介護保険事業の運営が健全かつ円滑に行われるように、必要な助言および適切な援助をしなければならない
	2023年新設 3	● 都道府県は、前項の助言および援助をするにあたっては、介護サービスを提供する事業所または施設における業務の効率化、介護サービスの質の向上その他の生産性の向上に資する取組が促進されるよう努めなければならない
	4	● 国および地方公共団体は、被保険者が、可能な限り、住み慣れた地域でその有する能力に応じ自立した日常生活を営むことができるよう、保険給付にかかる保健医療サービスおよび福祉サービスに関する施策等を、医療および居住に関する施策との有機的な連携を図りつつ包括的に推進するよう努めなければならない
	5	● 国および地方公共団体は、障害者その他の者の福祉に関する施策との有機的な連携を図るよう努めるとともに、地域住民が相互に人格と個性を尊重し合いながら、参加し、共生する地域社会の実現に資するよう努めなければならない

認知症に関する 施策の総合的な推進等 （第5条の2）	1	● 国および地方公共団体は、認知症（アルツハイマー病その他の神経変性疾患、脳血管疾患その他の疾患により日常生活に支障が生じる程度にまで認知機能が低下した状態として政令で定める状態をいう）に対する国民の関心および理解を深め、認知症である者への支援が適切に行われるよう、認知症に関する知識の普及および啓発に努めなければならない
	2	● 国および地方公共団体は、被保険者に対して認知症にかかる適切な保健医療サービスおよび福祉サービスを提供するため、研究機関、医療機関、介護サービス事業者等と連携し、認知症の予防、診断および治療、認知症である者の心身の特性に応じたリハビリテーション、介護方法に関する調査研究の推進に努めるとともに、その成果を普及し、活用し、および発展させるよう努めなければならない
	3	● 国および地方公共団体は、地域における認知症である者への支援体制を整備すること、認知症である者を現に介護する者の支援ならびに認知症である者の支援にかかる人材の確保および資質の向上を図るために必要な措置を講ずることその他の認知症に関する施策を総合的に推進するよう努めなければならない
	4	● 国および地方公共団体は、前3項の施策の推進にあたっては、認知症である者およびその家族の意向の尊重に配慮するとともに、認知症である者が地域社会において尊厳を保持しつつ他の人々と共生することができるように努めなければならない

重層的支援体制整備事業

社会福祉法の改正により、「重層的支援体制整備事業」が2021年4月に施行されました。

重層的支援体制整備事業	● 市町村は、地域生活課題の解決に資する包括的な支援体制を整備するため、重層的支援体制整備事業を行うことができる（任意） ● 市町村において、地域住民の複雑化・複合化した支援ニーズに対応する包括的な支援体制を構築するため、次の事業を一体的に実施する
包括的相談支援事業	● 地域生活課題を抱える地域住民およびその家族などからの相談に包括的に応じ、利用可能な福祉サービスに関する情報の提供および助言、支援関係機関との連絡調整などを行う
参加支援事業	● 地域生活課題を抱える地域住民の社会参加のための支援を行う
地域づくり事業	● 地域住民が地域社会に参加する機会を確保するための支援、地域住民相互の交流を行う拠点の開設などを行う
アウトリーチ等を通じた 継続的支援事業	● 継続的な支援を必要とする地域住民およびその世帯に対し、訪問により状況を把握したうえで相談に応じる
多機関協働事業	● 複数の支援関係機関相互間の連携による支援を必要とする地域住民に対し、その解決に資する支援を一体的かつ計画的に行う体制を整備する

国・都道府県・市町村の役割

行政の役割分担

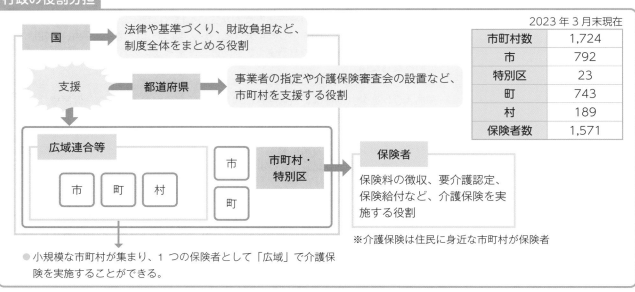

2023年3月末現在

市町村数	1,724
市	792
特別区	23
町	743
村	189
保険者数	1,571

国 → 法律や基準づくり、財政負担など、制度全体をまとめる役割

支援 → 都道府県 → 事業者の指定や介護保険審査会の設置など、市町村を支援する役割

広域連合等 [市][町][村]

[市][町]

市町村・特別区 → 保険者　保険料の徴収、要介護認定、保険給付など、介護保険を実施する役割

※介護保険は住民に身近な市町村が保険者

● 小規模な市町村が集まり、1つの保険者として「広域」で介護保険を実施することができる。

行政主体				● 法令の制定など制度の基本的な枠組みの設定などを行う
	地方公共団体	国		● 法令の制定など制度の基本的な枠組みの設定などを行う
		普通地方公共団体	都道府県	● 広域的な事務、高度な技術や専門性を必要とする事務、市町村に対する連絡調整などを行う
			市町村	● 基礎的な地方公共団体
		特別地方公共団体	特別区	● 東京23区（市に準ずる基礎的な地方公共団体）
		地方公共団体の組合	広域連合	● 広域にわたり処理する事務に関し、広域計画を作成し設けることができる
			一部事務組合	● 事務の一部を共同処理するため設けることができる

市町村と都道府県の役割分担

違いに注意

保険者（市町村・広域連合等）	都道府県
● 介護保険事業計画の策定	● 介護保険事業支援計画の策定
● 「地域密着型サービス」「地域密着型介護予防サービス」「居宅介護支援」「介護予防支援」事業者の指定	● 「居宅サービス」「介護予防サービス」「施設サービス」事業者の指定 ← 市町村と間違えやすい
● 介護認定審査会の設置（都道府県に委託可・複数の市町村で共同設置可）	● 都道府県介護認定審査会の設置（市町村の委託を受けた場合）
● 要支援・要介護認定の事務	● 介護保険審査会の設置
● 地域包括支援センター、地域包括支援センター運営協議会の設置	● 介護支援専門員の養成
● 地域支援事業・市町村特別給付・保健福祉事業の事務	● 財政安定化基金の設置 ← 市町村にはない
● 第1号被保険者の保険料「算定・徴収」「減免・猶予」	● 介護サービス情報の公表
● 被保険者の資格管理、保険給付に関する事務など	● 指定市町村（都道府県）事務受託法人の指定

市町村が条例で定める事項

区分		条例で定める事項
審査会	1	介護認定審査会の委員の定数
保険料	2	「第1号」被保険者に対する保険料率の算定
	3	普通徴収にかかる保険料の納期
	4	保険料の減免、または徴収猶予
	5	その他保険料の賦課徴収等に関する事項
過料	6	過料に関する事項
支給限度基準額	7	区分支給限度基準額の「上乗せ」
	8	福祉用具購入費支給限度基準額の「上乗せ」
	9	住宅改修費支給限度基準額の「上乗せ」
	10	種類支給限度基準額の「設定」
給付や事業	11	市町村特別給付
	12	指定地域密着型介護老人福祉施設の入所定員
	13	地域包括支援センターの基準

> 「市町村が条例で定める事項」を選べという問題がよく出題されています。

基準の条例委任

> 2011年および2013年の「地域の自主性及び自立性を高めるための改革の推進を図るための関係法律の整備に関する法律」により、従来厚生労働省令で定めることとされていた指定基準を、都道府県や市町村の条例で定めることになりました。

都道府県の条例に委任されるサービス	● 居宅（介護予防）サービス ● 介護保険施設 ● 基準該当居宅（介護予防）サービス
市町村の条例に委任されるサービス	● 地域密着型（介護予防）サービス ● 居宅介護支援 ● 介護予防支援 ● 基準該当居宅介護支援 ● 基準該当介護予防支援

※上記のほか、「共生型サービス」にかかる基準が都道府県または市町村の条例により定められている
※都道府県には、指定都市・中核市を含む

指定基準は、都道府県や市町村が条例で定めるが、「従うべき基準」「標準とすべき基準」「参酌すべき基準」が厚生労働省令で定められている

従うべき基準	①従業者にかかる基準および従業者の員数
	②居室、療養室および病室の床面積
	③認知症対応型通所介護の利用定員
	④利用者のサービスの適切な利用、適切な処遇、安全の確保、秘密の保持等運営に関する事項
標準とすべき基準	⑤居宅サービス等の事業（③を除く）の利用定員
参酌すべき基準	その他の事項

指定市町村事務受託法人

指定市町村事務受託法人		● 市町村は、次の事務の一部を、法人であって厚生労働省令で定める要件に該当し、都道府県知事が指定するものに委託することができる
委託できる事務	1	● 認定調査に関する事務（調査は、介護支援専門員その他厚生労働省令で定める者が実施する）
	2	● 居宅サービス事業者等に対する保険給付に関する照会等の事務（照会等対象者の選定を除く）
	3	● その他厚生労働省令で定める事務

国・都道府県の役割

国の事務	国の責務	● 国は、介護保険事業の運営が健全かつ円滑に行われるよう保健医療サービスおよび福祉サービスを提供する体制の確保に関する施策その他の必要な各般の措置を講じなければならない
	基準等の設定	● 要介護（要支援）認定基準、介護報酬の算定基準、区分支給限度基準額 ● 第2号被保険者負担率 ● 都道府県や市町村がサービス提供事業者等の人員・設備・運営に関する基準を定めるにあたって「従うべき」または「標準とすべき」または「参酌すべき」基準
	財政支援	● 保険給付、地域支援事業、都道府県の財政安定化基金等に対する財政負担
	介護サービス基盤の整備に関する事務	● 「基本指針」の策定 ● 都道府県介護保険事業支援計画の作成上重要な技術的事項についての助言 ● 市町村介護保険事業計画・都道府県介護保険事業支援計画に定められた事業の円滑な実施のための情報提供、助言等の援助
	介護保険事業の健全・円滑な運営のための事務	● 市町村に対する介護保険事業の実施状況に関する報告請求 ● 都道府県・市町村が行うサービス提供事業者等に対する指導監督業務等についての報告請求・助言・勧告など
都道府県の事務	都道府県の責務	● 都道府県は、介護保険事業の運営が健全かつ円滑に行われるように、必要な助言および適切な援助をしなければならない
	要介護認定業務の支援	● 市町村による介護認定審査会の共同設置等の支援 ● 市町村から審査判定業務を受託した場合の都道府県介護認定審査会の設置 ● 指定市町村事務受託法人の指定
	財政支援	● 保険給付、地域支援事業に対する財政負担 ● 財政安定化基金の設置・運営 ● 市町村相互財政安定化事業の支援
	サービス提供事業者に関する事務	● 指定居宅（介護予防）サービス事業、介護保険施設等の人員・設備・運営に関する基準の設定、指定（または許可）・指定更新・指導監督等 ● 市町村が行う地域密着型特定施設入居者生活介護の指定に際しての助言・勧告
	介護サービス情報の公表	● 介護サービス情報の公表および必要と認める場合の調査
	介護支援専門員に関する事務	● 介護支援専門員の試験および研修の実施、登録・登録更新、介護支援専門員証の交付
	介護サービス基盤の整備に関する事務	● 都道府県介護保険事業支援計画の策定・変更 ● 市町村介護保険事業計画作成上の技術的事項についての助言
	その他	● 介護保険審査会の設置・運営

市町村等の役割

市町村 の事務	保険者	● 市町村および特別区は、介護保険法の定めるところにより、介護保険を行うものとする ● 市町村および特別区は、介護保険に関する収入および支出について、政令で定めるところにより、特別会計を設けなければならない
	被保険者の資格管理	● 被保険者の資格管理、被保険者台帳の作成、住所地特例の管理、被保険者証の発行・更新など
	要介護（要支援）認定に関する事務	● 認定事務（新規の認定調査は原則として市町村が実施） ● 介護認定審査会の設置
	保険給付に関する事務	● 介護報酬の審査・支払、第三者行為求償事務（国民健康保険団体連合会に委託可） ● 償還払いの保険給付の支給 ● 区分支給限度基準額の上乗せ、種類支給限度基準額の設定 ● 市町村特別給付の実施
	サービス提供事業者に関する事務	● 指定地域密着型（介護予防）サービス事業、指定居宅介護支援事業、指定介護予防支援事業の人員・設備・運営に関する基準等の設定、指定・指定更新・指導監督等 ● 上記以外のサービス提供事業者への報告等の命令と立入検査等
	地域支援事業および保健福祉事業に関する事務	● 地域支援事業の実施 ● 地域包括支援センターの設置等 ● 保健福祉事業の実施
	市町村介護保険事業計画に関する事務	● 市町村介護保険事業計画の策定・変更
	保険料に関する事務	● 第1号被保険者の保険料率の決定 ● 第1号被保険者の保険料の普通徴収 ● 保険料の特別徴収にかかる対象者の確認・通知等 ● 保険料滞納被保険者に対する各種措置
	介護保険の財政運営に関する事務	● 特別会計の設置・管理 ● 公費負担の申請・収納等 ● 介護給付費交付金、地域支援事業支援交付金の申請・収納等 ● 財政安定化基金への拠出、交付・貸付申請
その他	医療保険者	● 第2号被保険者の介護保険料を徴収し、社会保険診療報酬支払基金に介護給付費・地域支援事業支援納付金を納付
	年金保険者	● 第1号被保険者のうち一定額以上の年金受給者について、年金から介護保険料を特別徴収（天引き）し、市町村に納付

介護保険事業計画

計画の作成手順

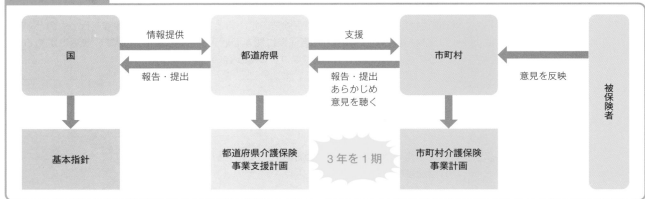

計画で策定する項目

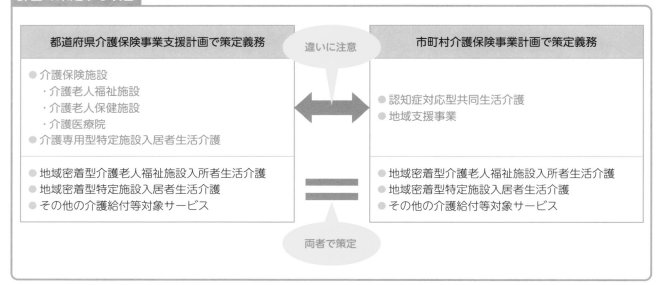

都道府県介護保険事業支援計画で策定義務	市町村介護保険事業計画で策定義務
● 介護保険施設 　・介護老人福祉施設 　・介護老人保健施設 　・介護医療院 ● 介護専用型特定施設入居者生活介護	● 認知症対応型共同生活介護 ● 地域支援事業
● 地域密着型介護老人福祉施設入所者生活介護 ● 地域密着型特定施設入居者生活介護 ● その他の介護給付等対象サービス	● 地域密着型介護老人福祉施設入所者生活介護 ● 地域密着型特定施設入居者生活介護 ● その他の介護給付等対象サービス

違いに注意

両者で策定

介護保険事業（支援）計画とその他の計画との関係

※ 老人福祉計画とは「一体」に、医療計画とは「整合性」がとれたものとして、その他の計画とは「調和」が保たれるように策定

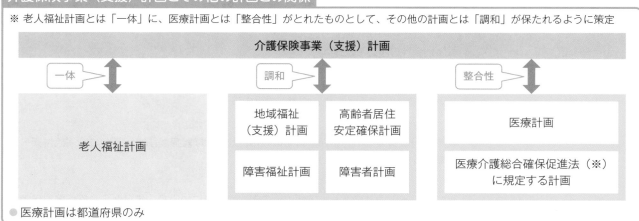

●医療計画は都道府県のみ

（※）地域における医療及び介護の総合的な確保の促進に関する法律

基本指針

基本指針		● 厚生労働大臣は、地域における医療及び介護の総合的な確保の促進に関する法律に規定する総合確保方針に即して、基本指針を定める
定める事項	1	介護給付等対象サービスを提供する体制の確保および地域支援事業の実施に関する基本的事項
	2	市町村介護保険事業計画において介護給付等対象サービスの種類ごとの量の見込みを定めるにあたって参酌すべき標準その他市町村介護保険事業計画および都道府県介護保険事業支援計画の作成に関する事項
	3	その他介護保険事業にかかる保険給付の円滑な実施を確保するために必要な事項
協議		● 厚生労働大臣は、基本指針を定め、またはこれを変更するにあたっては、あらかじめ、総務大臣その他関係行政機関の長に協議しなければならない
公表		● 厚生労働大臣は、基本指針を定め、またはこれを変更したときは、遅滞なく、これを公表しなければならない

計画作成のための調査・分析等

調査および分析		● 厚生労働大臣は、市町村介護保険事業計画および都道府県介護保険事業支援計画の作成、実施および評価ならびに国民の健康の保持増進およびその有する能力の維持向上に資するため、次に掲げる事項に関する情報（介護保険等関連情報）について調査および分析を行い、その結果を公表する
介護保険等関連情報	1	介護給付等に要する費用の額に関する地域別、年齢別または要介護認定および要支援認定別の状況その他の厚生労働省令で定める事項
	2	被保険者の要介護認定および要支援認定における調査に関する状況その他の厚生労働省令で定める事項
	3	訪問介護、訪問入浴介護その他の厚生労働省令で定めるサービスを利用する要介護者等の心身の状況等、当該要介護者等に提供される当該サービス内容その他の厚生労働省令で定める事項
	4	地域支援事業の実施の状況その他の厚生労働省令で定める事項
市町村の情報提供		● 市町村は、厚生労働大臣に対し、介護保険等関連情報を、厚生労働省令で定める方法により提供しなければならない
厚生労働大臣による情報提供の求め		● 厚生労働大臣は、必要があると認めるときは、都道府県、市町村、介護サービス事業者および特定介護予防・日常生活支援総合事業を行う者に対し、介護保険等関連情報を、厚生労働省令で定める方法により提供するよう求めることができる

都道府県介護保険事業支援計画

計画期間			● 都道府県は、基本指針に即して、3年を1期とする都道府県介護保険事業支援計画を定める
策定する事項	策定義務	1	● 都道府県が定める区域ごとの各年度の次の必要定員総数 ● その他の介護給付等対象サービスの量の見込み **定員総数** ● 介護保険施設 ● 介護専用型特定施設入居者生活介護 ● 地域密着型特定施設入居者生活介護 ● 地域密着型介護老人福祉施設入所者生活介護
		2	● 都道府県内の市町村による被保険者の自立した日常生活支援、介護予防、要介護状態の軽減、介護給付等に要する費用の適正化に関し、都道府県が取り組むべき施策に関する事項
		3	● 前号に掲げる事項の目標に関する事項
	策定努力義務	1	● 介護保険施設その他の介護給付等対象サービスを提供するための施設における生活環境の改善を図るための事業に関する事項
		2	● 介護サービス情報の公表に関する事項
		3	● 介護保険施設相互間の連携の確保に関する事業その他の介護給付等対象サービスの円滑な提供を図るための事業に関する事項
		4	● 介護予防・日常生活支援総合事業等に掲げる事業に関する市町村相互間の連絡調整を行う事業に関する事項
		5	● 介護支援専門員その他の介護給付等対象サービスおよび地域支援事業に従事する者の確保および資質の向上ならびにその業務の効率化および質の向上に資する事業に関する事項
		6	● 有料老人ホームおよびサービス付き高齢者向け住宅のそれぞれの入居定員総数
	2023年改正	7	● 介護給付等対象サービスの提供または地域支援事業の実施のための事業所または施設における業務の効率化、介護サービスの質の向上その他の生産性の向上に資する事業に関する事項
情報の分析			● 都道府県は、「介護保険等関連情報」その他の介護保険事業の実施の状況に関する情報を分析したうえで、当該分析の結果を勘案して、都道府県介護保険事業支援計画を作成するよう努めるものとする
評価			● 都道府県は、施策の実施状況および目標の達成状況に関する調査および分析を行い、都道府県介護保険事業支援計画の実績に関する評価を行うものとする ● 都道府県は、評価の結果を公表するよう努めるとともに、当該結果および都道府県内の市町村の評価の結果を厚生労働大臣に報告するものとする
厚生労働大臣に提出			● 都道府県は、都道府県介護保険事業支援計画を定め、または変更したときは、遅滞なく、これを厚生労働大臣に提出しなければならない

市町村介護保険事業計画

計画期間			● 市町村は、基本指針に即して、3年を1期とする市町村介護保険事業計画を定める
策定義務	1		● 日常生活圏域ごとの次の必要利用定員総数 ● その他の介護給付等対象サービスの種類ごとの量の見込み
		定員総数	● 認知症対応型共同生活介護 ● 地域密着型特定施設入居者生活介護 ● 地域密着型介護老人福祉施設入所者生活介護
	2		● 地域支援事業の量の見込み
	3		● 被保険者の自立した日常生活支援、介護予防、要介護状態の軽減、介護給付等に要する費用の適正化に関し、市町村が取り組むべき施策に関する事項とその目標に関する事項
策定努力義務	1		● 介護給付等対象サービスの種類ごとの量、保険給付に要する費用の額、地域支援事業の量、地域支援事業に要する費用の額および保険料の水準に関する中長期的な推計
	2		● 介護支援専門員その他の従事者の確保および資質の向上ならびにその業務の効率化および質の向上に資する都道府県と連携した取り組みに関する事項
	3		● 指定居宅サービスの事業、指定地域密着型サービスの事業または指定居宅介護支援の事業を行う者相互間の連携の確保に関する事項
	4		● 認知症である被保険者の地域における自立した日常生活の支援に関する事項、教育、地域づくりおよび雇用に関する施策など認知症に関する施策の総合的な推進に関する事項
	5		● 有料老人ホームおよびサービス付き高齢者向け住宅のそれぞれの入居定員総数
	6		● 地域支援事業と高齢者保健事業および国民健康保険保健事業の一体的な実施に関する事項、医療との連携に関する事項、高齢者の居住に係る施策との連携に関する事項その他の被保険者の地域における自立した日常生活の支援のため必要な事項
2023年改正	7		● 介護給付等対象サービスの提供または地域支援事業の実施のための事業所または施設における業務の効率化、介護サービスの質の向上その他の生産性の向上に資する都道府県と連携した取り組みに関する事項
分析			● 市町村は、日常生活圏域ごとにおける被保険者の心身の状況、その置かれている環境その他の事情を正確に把握するとともに、介護保険事業の実施の状況に関する情報を分析したうえで、当該事情および当該分析の結果を勘案して、市町村介護保険事業計画を作成するよう努めるものとする
評価			● 市町村は、施策の実施状況および目標の達成状況に関する調査および分析を行い、市町村介護保険事業計画の実績に関する評価を行うものとする ● 市町村は、前項の評価の結果を公表するよう努めるとともに、これを都道府県知事に報告するものとする
被保険者の意見			● 市町村は、市町村介護保険事業計画を定め、または変更しようとするときは、あらかじめ、被保険者の意見を反映させるために必要な措置を講じる
都道府県の意見			● 市町村は、市町村介護保険事業計画を定め、または変更しようとするときは、あらかじめ、都道府県の意見を聴かなければならない
都道府県に提出			● 市町村は、市町村介護保険事業計画を定め、または変更したときは、遅滞なく、これを都道府県知事に提出しなければならない

地域医療介護総合確保基金

「効率的かつ質の高い医療提供体制の構築」「地域包括ケアシステムの構築」のため、消費税増収分を活用した「地域医療介護総合確保基金」を各都道府県に設置し、各都道府県は、都道府県計画を作成し、計画に基づき事業を実施する

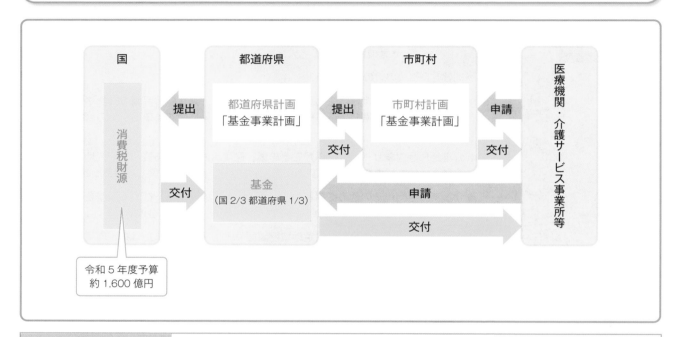

医療介護総合確保促進法に基づく計画		●地域における医療及び介護の総合的な確保の促進に関する法律に基づき策定する計画	
	総合確保方針	●厚生労働大臣は、「総合確保方針」を定めなければならない	
	都道府県計画	●都道府県は、総合確保方針に即して、「都道府県計画」を作成することができる ●医療介護総合確保区域ごとの医療および介護の総合的な確保に関する目標および計画期間、実施する事業などを定める	
	市町村計画	●市町村は、総合確保方針に即して、「市町村計画」を作成することができる ●医療介護総合確保区域ごとの医療および介護の総合的な確保に関する目標および計画期間、実施する事業などを定める	
地域医療介護総合確保基金		●医療および介護の総合的な確保に関する目標を達成するために必要な事業に要する費用を支弁するため、都道府県が設ける	
	基金の対象事業	1	地域医療構想の達成に向けた医療機関の施設または設備の整備に関する事業
		2	居宅等における医療の提供に関する事業
		3	公的介護施設等の整備に関する事業
		4	医療従事者の確保に関する事業
		5	介護従事者の確保に関する事業

ほかの計画との関係

一体のものとして作成	● 都道府県介護保険事業支援計画は、老人福祉法に規定する都道府県老人福祉計画と一体のものとして作成されなければならない ● 市町村介護保険事業計画は、老人福祉法に規定する市町村老人福祉計画と一体のものとして作成されなければならない	
	老人福祉計画	● 老人福祉法に基づく老人福祉事業の供給体制の確保に関する計画
整合性を確保	● 都道府県介護保険事業支援計画は、医療介護総合確保促進法に規定する都道府県計画および医療法に規定する医療計画との整合性の確保が図られたものでなければならない	
	医療計画	● 医療法に基づく、都道府県における医療提供体制の確保を図るための計画
	医療費適正化計画	● 高齢者の医療の確保に関する法律に基づく、医療に要する費用の適正化を推進するための計画
	医療介護総合確保促進法に基づく計画	● 地域における医療および介護の総合的な確保のための事業の実施に関する計画
調和が保たれたもの	● 都道府県介護保険事業支援計画は、都道府県地域福祉支援計画、都道府県高齢者居住安定確保計画等の計画と調和が保たれたものでなければならない ● 市町村介護保険事業計画は、市町村地域福祉計画、市町村高齢者居住安定確保計画等の計画と調和が保たれたものでなければならない	
	地域福祉計画	● 社会福祉法に基づく、地域福祉の推進に関する計画
	障害福祉計画	● 障害者総合支援法に基づく、障害福祉サービスの提供体制の確保その他の業務の円滑な実施に関する計画
	高齢者居住安定確保計画	● 高齢者の居住の安定確保に関する法律に基づく、高齢者の居住の安定の確保に関する計画

計画と介護保険施設等の指定等の関係

介護保険施設等	● 都道府県知事または市町村長は、以下の施設・サービスについて計画の必要入所定員総数にすでに達している場合等は、指定等をしないことができる	
	都道府県老人福祉計画	● 特別養護老人ホーム（介護老人福祉施設）
	都道府県介護保険事業支援計画	● 介護老人保健施設 ● 介護医療院 ● 介護専用型特定施設入居者生活介護
	市町村介護保険事業計画	● 認知症対応型共同生活介護 ● 地域密着型介護老人福祉施設入所者生活介護 ● 地域密着型特定施設入居者生活介護
市町村との調整等	● 都道府県知事は、市町村長との協議に基づき、指定居宅サービス事業者の指定をしないことができる	

保険財政

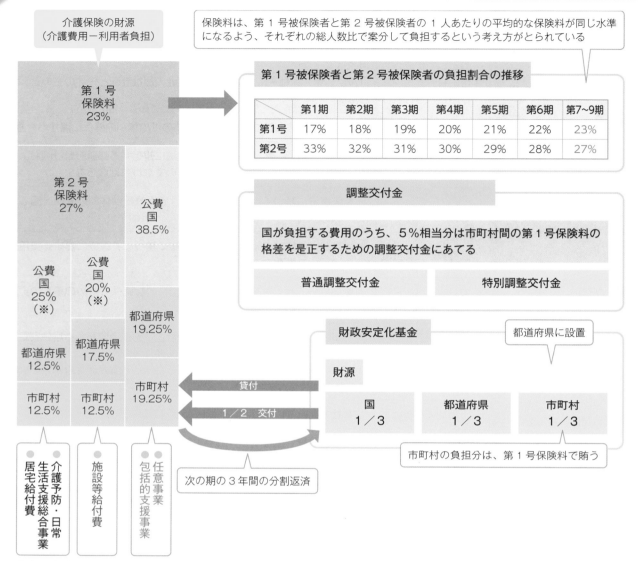

介護保険の財源
（介護費用－利用者負担）

保険料は、第1号被保険者と第2号被保険者の1人あたりの平均的な保険料が同じ水準になるよう、それぞれの総人数比で案分して負担するという考え方がとられている

第1号被保険者と第2号被保険者の負担割合の推移

	第1期	第2期	第3期	第4期	第5期	第6期	第7〜9期
第1号	17%	18%	19%	20%	21%	22%	23%
第2号	33%	32%	31%	30%	29%	28%	27%

第1号
保険料
23%

第2号
保険料
27%

公費
国
38.5%

公費
国
25%
（※）

公費
国
20%
（※）

都道府県
12.5%

都道府県
17.5%

都道府県
19.25%

市町村
12.5%

市町村
12.5%

市町村
19.25%

● 居宅給付費
● 介護予防・生活支援総合事業
● 施設等給付費
● 包括的支援事業
● 任意事業

（※）調整交付金を含む

調整交付金

国が負担する費用のうち、5%相当分は市町村間の第1号保険料の格差を是正するための調整交付金にあてる

普通調整交付金　　特別調整交付金

財政安定化基金

都道府県に設置

財源

国 1／3	都道府県 1／3	市町村 1／3

貸付
1／2 交付

次の期の3年間の分割返済

市町村の負担分は、第1号保険料で賄う

介護保険の総費用の推移

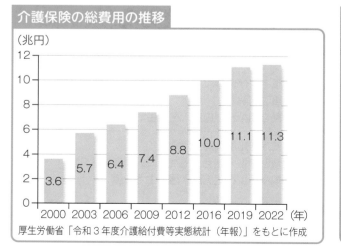

（兆円）

2000	2003	2006	2009	2012	2016	2019	2022（年）
3.6	5.7	6.4	7.4	8.8	10.0	11.1	11.3

厚生労働省「令和3年度介護給付費等実態統計（年報）」をもとに作成

第1号保険料（全国平均月額）

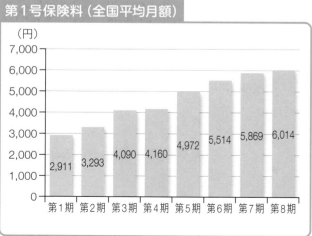

（円）

第1期	第2期	第3期	第4期	第5期	第6期	第7期	第8期
2,911	3,293	4,090	4,160	4,972	5,514	5,869	6,014

介護保険の会計

介護保険の会計	● 市町村および特別区は、介護保険に関する収入および支出について、政令で定めるところにより、特別会計を設けなければならない ● 特別会計は、「保険事業会計」と「介護サービス事業会計」に区分される ● 介護保険事業にかかる事務費は、市町村の一般財源で賄われる

公費負担

公費負担	● 公費負担の内訳は、居宅給付費、介護予防・日常生活支援総合事業は、国25%、都道府県12.5%、市町村12.5%。施設等給付費（介護保険施設、特定施設入居者生活介護）については、国20%、都道府県17.5%、市町村12.5% ● 包括的支援事業や任意事業は、第2号被保険者は負担せず、その分公費で賄う

	国	都道府県	市町村	公費計
● 居宅給付費 ● 介護予防・日常生活支援総合事業	25%	12.5%	12.5%	50%
● 施設等給付費	20%	17.5%	12.5%	50%
● 包括的支援事業 ● 任意事業	38.5%	19.25%	19.25%	77%

調整交付金

調整交付金		● 国は、介護保険の財政の調整を行うため、市町村に対して調整交付金を交付する
	普通調整 交付金	● 普通調整交付金は、市町村間における財政の不均衡を是正することを目的として交付する ● 調整交付金の総額は、介護給付および予防給付に要する費用の額の総額の「5%」に相当する額 ● 「第1号被保険者の年齢階級別の分布状況」「第1号被保険者の所得の分布状況」等を考慮して交付する
	特別調整 交付金	● 特別調整交付金は、災害その他特別の事情がある市町村に対し、厚生労働省令で定めるところにより交付する

財政安定化基金

財政安定化基金		● 都道府県は、介護保険の財政の安定化を図るため、財政安定化基金を設ける ● 財源は、国、都道府県、市町村が3分の1ずつ負担する ● 市町村の負担部分は、第1号保険料で賄わなければならない ● 財政安定化基金から生ずる収入は、すべて財政安定化基金に充てなければならない
	交付	● 保険料の未納により、介護保険財政の収入不足が生じた場合は、不足額の2分の1を基準として交付金を交付する
	貸与	● 見込みを上回る給付費の増大等のために保険財政に不足が生じた場合は、必要な資金を貸与する ● 返済は、次の期の介護保険事業計画の計画期間において、第1号保険料を財源として3年間の分割で基金に返済する

被保険者 被保険者の要件

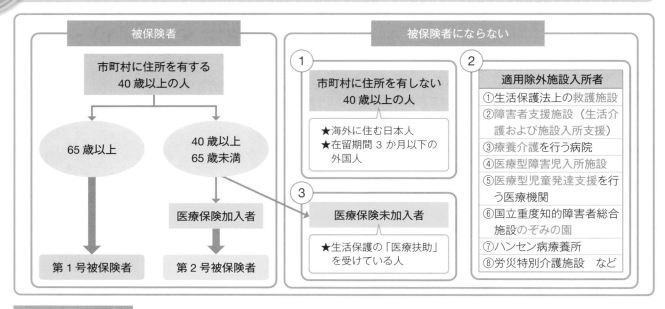

資格の得喪の時期

資格の取得の時期			
年齢到達	1	医療保険加入者が 40 歳に達したとき（誕生日の前日）	その日
	2	医療保険未加入者が 65 歳に達したとき（誕生日の前日）	
住所移転	3	当該市町村に住所を有するに至ったとき	
	4	適用除外施設を退所したとき	
生活保護	5	40 歳以上 65 歳未満の医療保険未加入者が医療保険加入者になったとき	

資格の喪失の時期			
死亡	1	死亡したとき	その翌日
住所移転	2	適用除外施設に入所したとき	
	3	当該市町村に住所を有しなくなったとき → 海外に住所移転	
	4	当該市町村に住所を有しなくなったとき → 日本国内の「別の市町村」に住所移転	その日
生活保護	5	第 2 号被保険者が医療保険加入者でなくなったとき	

住所地特例

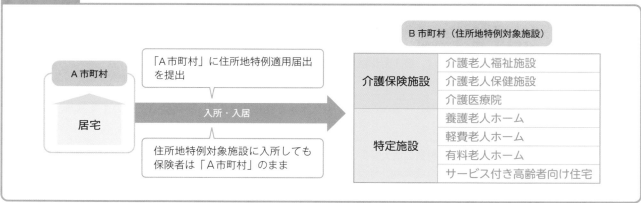

被保険者

被保険者	第1号	●市町村に住所を有する65歳以上の者
	第2号	●市町村に住所を有する40歳以上65歳未満の医療保険加入者
届出等		●第1号被保険者は、被保険者の資格の取得および喪失に関する事項その他必要な事項を「14日以内」に市町村に届け出なければならない ●市町村に住所を有する者（医療保険未加入者）が65歳に達したときは、自動的に処理が行われるため届出は必要ない ●第1号被保険者の属する世帯の世帯主は、その世帯に属する第1号被保険者に代わって届出をすることができる
被保険者証		●被保険者は、市町村に対し、当該被保険者にかかる被保険者証の交付を求めることができる ●被保険者は、その資格を喪失したときは、厚生労働省令で定めるところにより、速やかに、被保険者証を返還しなければならない
外国人		●日本に長期にわたり居住する在日外国人（特別永住者）や3か月を超えて日本に在留する外国人（中長期在留者）等は、住民基本台帳法の適用を受け住民票が作成されるので、住所要件を満たす

住所地特例

住所地特例		●介護保険制度は、住所地である市町村の被保険者となる住所地主義が原則 ●施設所在の市町村に高齢者が集中して、その市町村の保険給付費等が増大し市町村間の財政上の不均衡が生じることを防ぐために設けられた特例措置 ●住所地特例対象施設に入所等をすることにより住所を変更したと認められる被保険者は、施設に住所を移転する前の市町村を保険者とする
住所地特例対象施設		①介護保険施設 ②特定施設（有料老人ホームに該当するサービス付き高齢者向け住宅を含む） ③老人福祉法第20条の4に規定する養護老人ホーム
届出		●住所地特例に該当する被保険者は、「保険者である市町村」に対して、「住所地特例適用届」などの届出をしなければならない
2か所以上に順次入所した場合		●2か所以上の住所地特例対象施設に順次入所し、順次住所を当該施設に移動した被保険者は、最初の施設に入所する前の住所地であった市町村が保険者となる
要支援者等のケアマネジメント		●住所地特例が適用される要支援者等の介護予防支援や介護予防ケアマネジメントは、「施設所在市町村」の地域包括支援センターが担当する
地域密着型サービスや地域支援事業		●住所地特例が適用される被保険者は、「施設所在市町村」が指定した地域密着型サービス（※）や地域支援事業の利用ができる （※）認知症対応型共同生活介護、地域密着型特定施設、地域密着型介護老人福祉施設は除く
適用除外施設退所者		●適用除外施設（障害者支援施設等）を退所して介護保険施設等に入所した場合に、適用除外施設入所前の市町村を保険者とする

保険料の納め方

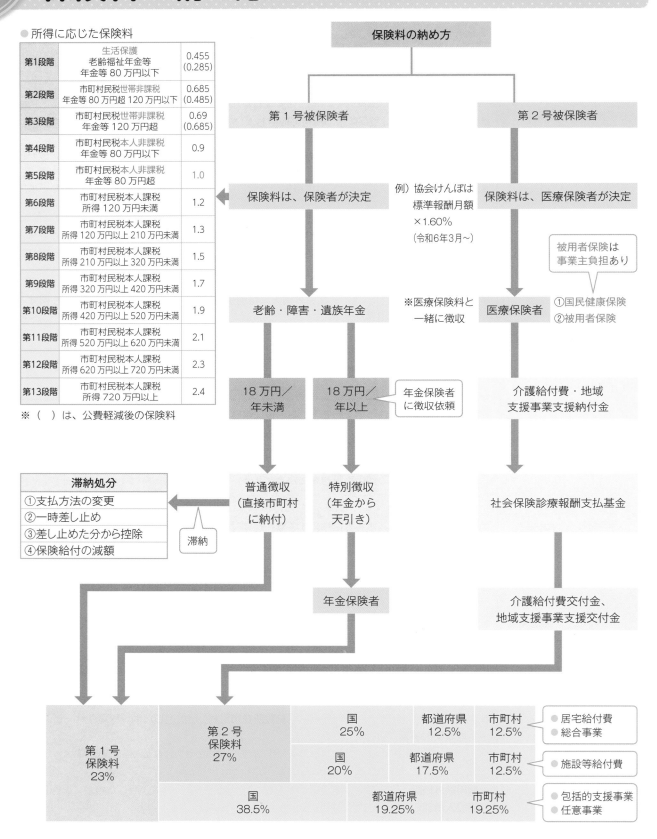

● 所得に応じた保険料

段階	区分	割合
第1段階	生活保護 老齢福祉年金等 年金等 80 万円以下	0.455 (0.285)
第2段階	市町村民税世帯非課税 年金等 80 万円超 120 万円以下	0.685 (0.485)
第3段階	市町村民税世帯非課税 年金等 120 万円超	0.69 (0.685)
第4段階	市町村民税本人非課税 年金等 80 万円以下	0.9
第5段階	市町村民税本人非課税 年金等 80 万円超	1.0
第6段階	市町村民税本人課税 所得 120 万円未満	1.2
第7段階	市町村民税本人課税 所得 120 万円以上 210 万円未満	1.3
第8段階	市町村民税本人課税 所得 210 万円以上 320 万円未満	1.5
第9段階	市町村民税本人課税 所得 320 万円以上 420 万円未満	1.7
第10段階	市町村民税本人課税 所得 420 万円以上 520 万円未満	1.9
第11段階	市町村民税本人課税 所得 520 万円以上 620 万円未満	2.1
第12段階	市町村民税本人課税 所得 620 万円以上 720 万円未満	2.3
第13段階	市町村民税本人課税 所得 720 万円以上	2.4

※（　）は、公費軽減後の保険料

滞納処分
①支払方法の変更
②一時差し止め
③差し止めた分から控除
④保険給付の減額

保険料の納め方

第1号被保険者　　　　第2号被保険者

保険料は、保険者が決定

例）協会けんぽは
標準報酬月額
×1.60%
（令和6年3月〜）

保険料は、医療保険者が決定

被用者保険は
事業主負担あり

①国民健康保険
②被用者保険

老齢・障害・遺族年金

※医療保険料と
一緒に徴収

医療保険者

18 万円／年未満　　18 万円／年以上

年金保険者に徴収依頼

介護給付費・地域
支援事業支援納付金

普通徴収（直接市町村に納付）　　特別徴収（年金から天引き）

滞納

社会保険診療報酬支払基金

年金保険者

介護給付費交付金、
地域支援事業支援交付金

第1号 保険料 23%	第2号 保険料 27%	国 25%	都道府県 12.5%	市町村 12.5%	● 居宅給付費 ● 総合事業
		国 20%	都道府県 17.5%	市町村 12.5%	● 施設等給付費
		国 38.5%	都道府県 19.25%	市町村 19.25%	● 包括的支援事業 ● 任意事業

第1号被保険者の保険料

保険料の算定	● 第1号被保険者の保険料は、政令で定める基準に従い市町村の条例で定めるところにより算定された保険料率により算定された保険料額によって課される ● 保険料率は、おおむね3年を通じ財政の均衡を保つことができるものでなければならない ● 保険料率は、被保険者の所得水準により、「13段階の定額保険料」を標準として市町村の条例で設定する（2024年度より、9段階から13段階に改正）
賦課期日	● 保険料の賦課期日は、当該年度の初日とする
保険料の徴収の方法	● 保険料の徴収については、特別徴収の方法による場合を除くほか、普通徴収の方法によらなければならない

特別徴収		● 年額18万円以上の老齢（または退職）年金、障害年金、遺族年金を受給している場合は、年金を支給する際に年金から天引きするかたちで保険料を徴収する
普通徴収		● 年額18万円未満の年金受給者は、市町村が直接、納入通知書を送付し納付を求め保険料を徴収する
	連帯納付義務	● 第1号被保険者の配偶者および世帯主は、保険料を連帯して納付する義務を負う

保険料の滞納処分		● 介護保険料を滞納している場合は、次の措置を段階的に行う
	1	保険給付の支払方法の変更（償還払い）
	2	保険給付の一時差し止め
	3	一時差し止めた保険給付から滞納保険料の控除
保険料を徴収する権利が消滅した場合	4	時効（2年）により消滅している保険料徴収債権がある場合は、保険給付を減額（9割または8割→7割給付、7割→6割給付）
保険料の減免等		● 市町村は、条例で定めるところにより、特別の理由がある者に対し、保険料を減免し、またはその徴収を猶予することができる

第2号被保険者の保険料

保険料の算定・徴収		● 第2号被保険者の保険料は、医療保険者が決定・徴収する
		● 徴収された保険料は、「介護給付費・地域支援事業支援納付金」として「社会保険診療報酬支払基金」に集められ、第2号被保険者負担率を乗じて得た額が「介護給付費交付金、地域支援事業支援交付金」として、市町村に交付される
社会保険診療報酬支払基金の介護保険関連業務		● 社会保険診療報酬支払基金は、社会保険診療報酬支払基金法に基づき、医療保険の診療報酬の審査・支払のほかに、介護保険関連業務として次の業務を行っている
	1	医療保険者から納付金を徴収すること
	2	市町村に対し介護給付費交付金を交付すること
	3	市町村に対し地域支援事業支援交付金を交付すること

要支援・要介護認定

申請から結果の通知までの流れ

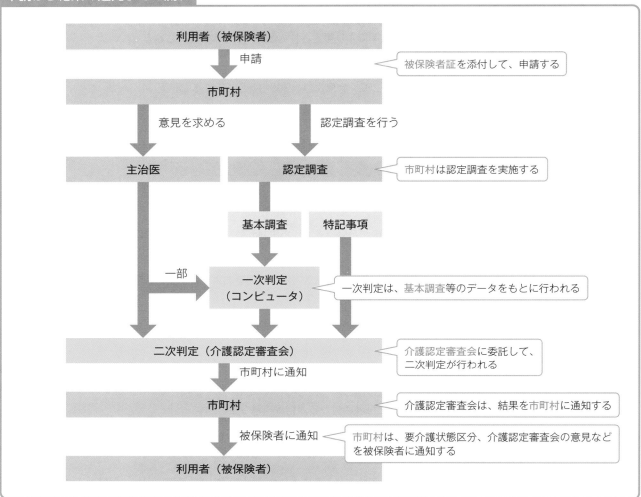

利用者（被保険者）

↓ 申請 — 被保険者証を添付して、申請する

市町村

意見を求める / 認定調査を行う

主治医　　認定調査 — 市町村は認定調査を実施する

基本調査　特記事項

一部 →

一次判定（コンピュータ） — 一次判定は、基本調査等のデータをもとに行われる

二次判定（介護認定審査会） — 介護認定審査会に委託して、二次判定が行われる

↓ 市町村に通知

市町村 — 介護認定審査会は、結果を市町村に通知する

↓ 被保険者に通知 — 市町村は、要介護状態区分、介護認定審査会の意見などを被保険者に通知する

利用者（被保険者）

要介護認定（要支援認定）	● 被保険者が保険給付を受ける要件を満たしているかどうかを確認するために、全国一律の客観的な基準に基づき、要介護認定（要支援認定）を行う
要支援状態	● 身体上または精神上の障害があるために入浴、排泄、食事等の日常生活における基本的な動作の全部もしくは一部について、厚生労働省令で定める期間（6か月）にわたり継続して常時介護を要する状態の軽減もしくは悪化の防止に特に資する支援を要すると見込まれる、または日常生活を営むのに支障があると見込まれる状態
要介護状態	● 身体上または精神上の障害があるために、入浴、排泄、食事等の日常生活における基本的な動作の全部または一部について、厚生労働省令で定める期間（6か月）にわたり継続して、常時介護を要すると見込まれる状態

申請

申請		● 要介護認定を受けようとする被保険者は、申請書に被保険者証を添付して市町村に申請をしなければならない ● 第2号被保険者が申請するときは、医療保険被保険者証等を提示する
申請代行		● 被保険者は、指定居宅介護支援事業者、地域密着型介護老人福祉施設もしくは介護保険施設であって厚生労働省令で定めるものまたは地域包括支援センターに、申請手続を代わって行わせることができる
更新認定		● 要介護認定を受けた被保険者は、有効期間の満了後においても要介護状態に該当すると見込まれるときは、市町村に対し、要介護更新認定の申請をすることができる
	申請できる期間	● 要介護更新認定の申請は、当該要介護認定の有効期間の満了の日の60日前から有効期間の満了の日までの間において行う
	やむを得ない理由	● 被保険者が、災害その他やむを得ない理由により有効期間の満了前に当該申請をすることができなかったときは、その理由のやんだ日から1か月以内に限り、要介護更新認定の申請をすることができる
変更認定		● 要介護認定を受けた被保険者は、その介護の必要の程度が現に受けている要介護認定にかかる要介護状態区分以外の要介護状態区分に該当すると認めるときは、要介護状態区分の変更の認定の申請をすることができる
処分期間		● 申請に対する処分は、申請のあった日から30日以内にしなければならない
	処分期間の延期	● 認定調査に日時を要する等特別な理由がある場合には、申請のあった日から30日以内に、処理見込期間およびその理由を通知し、これを延期することができる
		● 申請をした日から30日以内に当該申請に対する処分がされないとき、もしくは処理見込期間が経過した日までに当該申請に対する処分がされないときは、市町村が申請を却下したものとみなすことができる
調査の拒否等		● 市町村は、被保険者が正当な理由なしに、認定調査に応じないとき、または診断命令に従わないときは、申請を却下することができる
職権による要介護状態区分の変更		● 市町村は、要介護認定を受けた被保険者について、その介護の必要の程度が低下したことにより当該要介護認定にかかる要介護状態区分以外の要介護状態区分に該当するに至ったと認めるときは、職権により要介護状態区分の変更の認定をすることができる
要介護認定の取消し		● 市町村は、要介護認定を受けた被保険者が次のいずれかに該当するときは、当該要介護認定を取り消すことができる ● この場合に市町村は、被保険者証の提出を求め、認定にかかる記載を消除し返付する
	1	● 要介護者に該当しなくなったと認めるとき
	2	● 正当な理由なしに、職権による変更認定、取消しを行うための調査に応じないとき、または主治医意見書のための診断命令に従わないとき

認定調査

認定調査	● 市町村は、当該職員を被保険者に面接させ、その心身の状況、その置かれている環境その他厚生労働省令で定める事項について調査をさせる
遠隔地に居所するとき	● 市町村は、被保険者が遠隔地に居所するときは、認定調査をほかの市町村に嘱託することができる
新規認定調査の委託	● 市町村は、認定調査（新規、更新等）を指定市町村事務受託法人に委託することができる
更新認定調査の委託	● 市町村は、更新認定調査を「指定居宅介護支援事業者等」または介護支援専門員であって厚生労働省令で定めるものに委託することができる ● 委託を受けた指定居宅介護支援事業者等は、介護支援専門員その他厚生労働省令で定める者に当該委託にかかる調査を行わせるものとする

	指定居宅介護支援事業者等	①指定居宅介護支援事業者 ②地域密着型介護老人福祉施設 ③介護保険施設 ④地域包括支援センター	新規認定調査は委託できない

認定調査票の基本調査項目（74項目）

①身体機能・起居動作	1〜5	麻痺等の有無（5）	③認知機能	28	洗顔	⑤社会生活への適応	48	介護に抵抗
	6〜9	拘縮の有無（4）		29	整髪		49	落ち着きなし
	10	寝返り		30	上衣の着脱		50	一人で出たがる
	11	起き上がり		31	ズボン等の着脱		51	収集癖
	12	座位保持		32	外出頻度		52	物や衣類を壊す
	13	両足での立位		33	意思の伝達		53	ひどい物忘れ
	14	歩行		34	毎日の日課を理解		54	独り言・独り笑い
	15	立ち上がり		35	生年月日を言う		55	自分勝手に行動する
	16	片足での立位		36	短期記憶		56	話がまとまらない
	17	洗身		37	自分の名前を言う		57	薬の内服
	18	つめ切り		38	今の季節を理解		58	金銭の管理
	19	視力		39	場所の理解		59	日常の意思決定
	20	聴力		40	徘徊		60	集団への不適応
②生活機能	21	移乗	④精神・行動障害	41	外出して戻れない		61	買い物
	22	移動		42	被害的		62	簡単な調理
	23	えん下		43	作話	⑥特別な医療	63〜74	過去14日間に受けた特別な医療
	24	食事摂取		44	感情が不安定			
	25	排尿		45	昼夜逆転			
	26	排便		46	同じ話をする	⑦日常生活自立度		障害高齢者の日常生活自立度（寝たきり度）
	27	口腔清潔		47	大声を出す			認知症高齢者の日常生活自立度

主治医意見書

主治医意見書	● 市町村は、申請があったときは、主治の医師に対し、被保険者の身体上または精神上の障害の原因である疾病または負傷の状況等につき意見を求めるものとする
主治医がいない場合等	● 被保険者にかかる主治の医師がないときや意見を求めることが困難なときは、市町村は、被保険者に対して、その指定する医師または市町村の職員である医師の診断を受けるべきことを命ずることができる

主治医意見書の記載内容

傷病に関する意見	1	診断名	
	2	症状としての安定性	
	3	生活機能低下の直接の原因となっている傷病または特定疾病の経過および投薬内容を含む治療内容	
特別な医療		● 過去 14 日間以内に受けた医療	
心身の状態に関する意見	1	日常生活の自立度等について	● 障害高齢者の日常生活自立度（寝たきり度） ● 認知症高齢者の日常生活自立度
	2	認知症の中核症状	①短期記憶 ②日常の意思決定を行うための認知能力 ③自分の意思の伝達能力
	3	認知症の行動・心理症状（BPSD）	● 幻視・幻聴　● 妄想　● 昼夜逆転　● 暴言　● 暴行　● 介護への抵抗 ● 徘徊　● 火の不始末　● 不潔行為　● 異食行動　● 性的問題行動 ● その他
	4	その他の精神・神経症状	● 専門医受診の有無
	5	身体の状態	● 利き腕　● 身長　● 体重（過去 6 か月の体重の変化）　● 四肢欠損 ● 麻痺　● 筋力の低下　● 関節の拘縮　● 関節の痛み　● 失調・不随意運動 ● 褥瘡　● その他の皮膚疾患
生活機能とサービスに関する意見	1	移動	● 屋外歩行　● 車いすの使用　● 歩行補助具・装具の使用
	2	栄養・食生活	● 食事行為　● 現在の栄養状態
	3	現在あるかまたは今後発生の可能性の高い状態とその対処方針	● 尿失禁　● 転倒・骨折　● 移動能力の低下　● 褥瘡　● 心肺機能の低下 ● 閉じこもり　● 意欲低下　● 徘徊　● 低栄養　● 摂食・嚥下機能低下 ● 脱水　● 易感染性　● がん等による疼痛　● その他
	4	サービス利用による生活機能の維持・改善の見通し	
	5	医学的管理の必要性	● 訪問診療　● 訪問看護　● 訪問歯科診療　● 訪問薬剤管理指導 ● 訪問リハビリテーション　● 短期入所療養介護　● 訪問歯科衛生指導 ● 訪問栄養食事指導　● 通所リハビリテーション　● 老人保健施設 ● 介護医療院　● その他の医療系サービス
	6	サービス提供時における医学的観点からの留意事項	● 血圧　● 摂食　● 嚥下　● 移動　● 運動　● その他
	7	感染症の有無	

一次判定

一次判定（コンピュータ）の方法

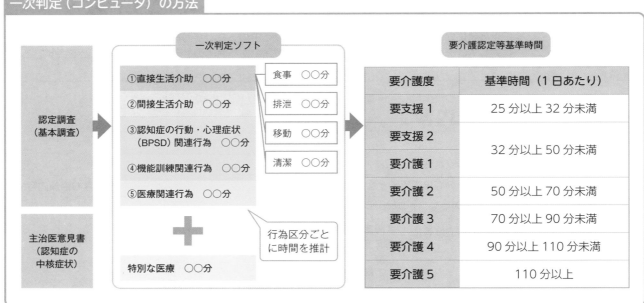

要介護度	基準時間（1日あたり）
要支援1	25分以上32分未満
要支援2	32分以上50分未満
要介護1	
要介護2	50分以上70分未満
要介護3	70分以上90分未満
要介護4	90分以上110分未満
要介護5	110分以上

一次判定ソフト		● 認定調査結果情報を入力することで、「行為区分ごとの時間」とその合計値（要介護認定等基準時間）が算出される
	ソフトの基礎データ	● 基礎データは、制度発足前に実施された、介護施設に入所・入院している約3,400名の高齢者に提供されている介助内容とその時間のデータをもとに作成するため、「1分間タイムスタディ」法によってデータを収集
5つの行為区分		● 認定の基準時間は、次の5つの行為区分ごとの時間と特別な医療の時間の合計により判定される
	1　直接生活介助	● 入浴、排泄、食事等の介護
	2　間接生活介助	● 洗濯、掃除等の家事援助等
	3　認知症の行動・心理症状（BPSD）関連行為	● 徘徊に対する探索、不潔な行為に対する後始末等
	4　機能訓練関連行為	● 歩行訓練、日常生活訓練等の機能訓練
	5　医療関連行為	● 輸液の管理、褥瘡の処置等の診療の補助等

介護認定審査会

介護認定審査会			● 審査判定業務を行わせるため、市町村に介護認定審査会を置く
委員			● 委員は、要介護者等の保健、医療または福祉に関する学識経験を有する者のうちから、市町村長が任命する ● 委員の任期は、2年とする（2年を超え3年以下の期間で市町村が条例で定めることができる） ● 原則として、保険者である市町村の職員は委員となることができない
会長			● 認定審査会に会長1人を置き、委員の互選によって定める ● 会長は、会務を総理し、認定審査会を代表する ● 会長に事故があるときは、あらかじめその指名する委員が、その職務を代理する
合議体			● 認定審査会は、委員のうちから会長が指名する者をもって構成する合議体で、審査および判定の案件を取り扱う
	合議体長		● 合議体に長を1人置き、合議体を構成する委員の互選によって定める
	委員の定数		● 合議体を構成する委員の定数は、5人を標準として市町村が定める数とする（市町村の判断で5人よりも少ない人数を定めることができる）
	開催要件		● 合議体は、これを構成する委員の過半数が出席しなければ、会議を開き、議決をすることができない
	議事		● 合議体の議事は、出席した委員の過半数をもって決し、可否同数のときは、長の決するところによる
審査・判定			● 市町村は、認定調査の結果、主治の医師の意見等を介護認定審査会に通知し、申請した被保険者について、次の審査および判定を求める
	1		● 要介護状態に該当することおよびその該当する要介護状態区分
	2		● 第2号被保険者の場合は、要介護状態の原因である身体上または精神上の障害が特定疾病によって生じたものであること
市町村に通知			● 認定審査会は、審査および判定を求められたときは、審査および判定を行い、その結果を市町村に通知する
認定審査会の意見			● 認定審査会は、必要があると認めるときは、次の事項について、市町村に意見を述べることができる
	1		● 被保険者の要介護状態の軽減または悪化の防止のために必要な療養に関する事項
	2		● サービスの適切かつ有効な利用等に関し当該被保険者が留意すべき事項
意見の聴取			● 認定審査会は、審査および判定をするにあたって必要があると認めるときは、被保険者、その家族、主治の医師その他の関係者の意見を聴くことができる

市町村による認定

認定	● 市町村は、通知された認定審査会の審査および判定の結果に基づき、要介護認定をしたときは、その結果を被保険者に通知しなければならない ● 市町村は、要介護者に該当しないと認めたときは、理由を付して、被保険者に通知するとともに、当該被保険者の被保険者証を返付するものとする

認定有効期間	● 要介護認定は、その申請のあった日にさかのぼってその効力を生じる ● 要介護更新認定は、要介護認定の有効期間の満了日の翌日にさかのぼってその効力を生ずる

	原則の認定有効期間	認定可能な認定有効期間
新規／区分変更申請	6 か月	3 〜 12 か月
更新申請	12 か月	原則 3 〜 36 か月 （要介護度・要支援度が 変わらない場合は 3 〜 48 か月）

サービスの種類の指定	● 市町村は、要介護認定をするにあたっては、認定審査会の意見に基づき、被保険者が受けることができるサービスの種類を指定することができる

特定疾病

要介護者の定義 （介護保険法第 7 条）	① 要介護状態にある 65 歳以上の者 ② 要介護状態にある 40 歳以上 65 歳未満の者であって、その要介護状態の原因である身体上または精神上の障害が加齢に伴って生じる心身の変化に起因する疾病であって政令で定めるもの（16 の特定疾病）によって生じたものであるもの

特定疾病の判定	● 判定は、第 2 号被保険者のみ行う ● 判定は、主治医意見書に記載された診断名やその診断の根拠として記載されている内容に基づき、介護認定審査会が行う

特定疾病	1	がん（がん末期）[※]	9	脊柱管狭窄症
	2	関節リウマチ	10	早老症
	3	筋萎縮性側索硬化症	11	多系統萎縮症
	4	後縦靭帯骨化症	12	糖尿病性神経障害、糖尿病性腎症および糖尿病性網膜症
	5	骨折を伴う骨粗鬆症	13	脳血管疾患
	6	初老期における認知症	14	閉塞性動脈硬化症
	7	進行性核上性麻痺、大脳皮質基底核変性症およびパーキンソン病	15	慢性閉塞性肺疾患
	8	脊髄小脳変性症	16	両側の膝関節または股関節の著しい変形を伴う変形性関節症

（※）医師が一般に認められている医学的知見に基づき回復の見込みがない状態に至ったと判断したものに限る

被保険者証（介護保険被保険者証）

被保険者証の交付		● 被保険者は、市町村に対し、被保険者証の交付を求めることができる
	被保険者証の交付申請	● 市町村は、第 1 号被保険者、第 2 号被保険者のうち要介護（要支援）認定の申請を行ったものおよび被保険者証の交付を求めたものに対し被保険者証を交付しなければならない
変更の届出		● 被保険者の「氏名」「住所（市町村の区域内）」「世帯主」に変更があったときは、14 日以内に届書を市町村に提出しなければならない
被保険者証の提示		● 指定居宅サービスを受けようとする居宅要介護被保険者は、自己の選定する指定居宅サービス事業者について、被保険者証を提示してサービスを受けるものとする ● 居宅要介護被保険者は、指定居宅サービスを受けるにあたっては、その都度、指定居宅サービス事業者に対して被保険者証を提示しなければならない
介護保険資格者証		● 要介護認定・要支援認定の際は、被保険者証の提出と引き替えに被保険者証が交付されるまでの間被保険者証の代わりに用いられる「介護保険資格者証」が発行される
住所移転後の要介護認定および要支援認定		● ほかの市町村による要介護認定を受けている者が当該市町村の行う介護保険の被保険者となった場合は、資格を取得した日から 14 日以内に、ほかの市町村から交付された「介護保険資格証明書」を添えて、要介護認定の申請をしたときは、認定審査会の審査および判定を経ることなく、当該書面に記載されている事項に即して、要介護認定をすることができる
現物給付となるための要件		● 居宅サービス等を現物給付として受けるための要件
	1	● 居宅介護（介護予防）支援事業者に、居宅（介護予防）サービス計画の作成を依頼した旨をあらかじめ市町村に届け出た場合
	2	● 自ら居宅（介護予防）サービス計画を作成し、市町村に届け出た場合

要介護認定等の広域的実施

要介護認定等の広域的実施		● 要介護認定等は、複数の市町村による介護認定審査会の共同設置や事務の委託（都道府県・他市町村への審査判定業務の委託、広域連合・一部事務組合の活用によって実施することができる
	複数の市町村による共同設置	● 介護認定審査会委員の確保、近隣市町村での公平な判定、認定事務の効率化が目的 ● 共同で行われるのは、審査・判定業務で、認定調査や認定自体は各市町村が実施
	都道府県に委託	● 事務執行体制等から自ら審査・判定業務を行うことが困難な市町村は、都道府県に委託することができる ● 都道府県が行うのは、審査・判定業務で、認定調査や認定自体は各市町村が実施
	広域連合・一部事務組合	● 広域連合・一部事務組合による介護認定審査会の設置の場合は、審査・判定業務のほか、認定調査や認定自体も広域連合等の業務とすることができる

保険給付の概要

保険給付

保険給付	● 保険給付は、「介護給付」「予防給付」「市町村特別給付」がある			
	サービス		特例サービス	
介護給付	1	居宅介護サービス費	10	特例居宅介護サービス費
	2	地域密着型介護サービス費	11	特例地域密着型介護サービス費
	3	居宅介護サービス計画費	12	特例居宅介護サービス計画費
	4	施設介護サービス費	13	特例施設介護サービス費
	5	特定入所者介護サービス費	14	特例特定入所者介護サービス費
	6	居宅介護福祉用具購入費		介護給付は、9種類の サービスと5種類の特例 サービスがあります。
	7	居宅介護住宅改修費		
	8	高額介護サービス費		
	9	高額医療合算介護サービス費		
	サービス		特例サービス	
予防給付	1	介護予防サービス費	9	特例介護予防サービス費
	2	地域密着型介護予防サービス費	10	特例地域密着型介護予防サービス費
	3	介護予防サービス計画費	11	特例介護予防サービス計画費
	4	特定入所者介護予防サービス費	12	特例特定入所者介護予防サービス費
	5	介護予防福祉用具購入費		予防給付は、8種類の サービスと4種類の特例 サービスがあります。
	6	介護予防住宅改修費		
	7	高額介護予防サービス費		
	8	高額医療合算介護予防サービス費		
市町村特別給付	● 市町村は、要介護被保険者等に対し、介護給付や予防給付のほかに、条例で定めるところにより、市町村特別給付を行うことができる			
	財源	● 第1号被保険者の保険料のみを財源として実施		

特例サービス

特例サービス	● 特例サービス費は、以下のような場合で市町村が必要があると認めたときに被保険者に支給（償還払い）される
認定申請前に受けた 緊急サービス	● 要介護認定の効力が生じた日前に、緊急その他やむを得ない理由で、指定居宅サービスや指定施設サービス等を受けた場合に、市町村の判断で、保険給付の対象とすることができる
基準該当サービス	● 指定基準（法人格、人員、設備、運営基準）のうち、一部を満たしていないような事業者で、一定の水準を満たすサービスについて、市町村の判断で、「基準該当居宅サービス」「基準該当居宅介護支援」として保険給付の対象とすることができる
離島等における 相当サービス	● 指定サービスや基準該当居宅サービス等の確保が著しく困難な離島等において、指定居宅サービス等に「相当する」サービスを市町村が必要と認めるときは、保険給付の対象にすることができる
その他	● 被保険者が、緊急その他やむを得ない理由により、被保険者証を提示しないでサービスを受けたとき　など

保健福祉事業

保健福祉事業			● 市町村は、地域支援事業に加えて、次のような保健福祉事業を行うことができる
事業		1	要介護被保険者を現に介護する人を支援する事業
		2	被保険者が要介護・要支援状態になることを予防するための事業
		3	指定居宅サービスおよび指定居宅介護支援の事業ならびに介護保険施設の運営その他の保険給付のために必要な事業
		4	被保険者が介護保険サービスを利用する際に必要となる資金を貸し付ける事業
財源			● 第1号被保険者の保険料のみを財源として実施

共生型サービス

介護保険サービス・障害福祉サービス等のホームヘルプサービス、デイサービス、ショートステイに相当する事業の指定を受けている事業所は、障害福祉サービス等・介護保険サービスの同類型のサービスについて、「共生型サービス」の指定を受けることができます。

【共生型サービスの対象サービス】

	介護保険サービス		障害福祉サービス等
ホームヘルプサービス	訪問介護	⇔	居宅介護 重度訪問介護
デイサービス	通所介護 地域密着型通所介護	⇔	生活介護（※） 自立訓練（機能訓練・生活訓練） 児童発達支援（※） 放課後等デイサービス（※）
ショートステイ	短期入所生活介護	⇔	短期入所
「通い・訪問・泊まり」を一体的に提供するサービス	小規模多機能型居宅介護 介護予防小規模多機能型居宅介護 看護小規模多機能型居宅介護	通い ⇔	生活介護（※） 自立訓練（機能訓練・生活訓練） 児童発達支援（※） 放課後等デイサービス（※）
		泊まり ⇔	短期入所

（※）主として重症心身障害児者を通わせる事業所を除く

介護サービスの種類

要介護（1・2・3・4・5）		要支援（1・2）

区分			介護給付		予防給付
居宅サービス（都道府県）	居宅サービス	1	訪問介護		
		2	訪問入浴介護	27	介護予防訪問入浴介護
		3	訪問看護	28	介護予防訪問看護
		4	訪問リハビリテーション	29	介護予防訪問リハビリテーション
		5	居宅療養管理指導	30	介護予防居宅療養管理指導
		6	通所介護		
		7	通所リハビリテーション	31	介護予防通所リハビリテーション
		8	短期入所生活介護	32	介護予防短期入所生活介護
		9	短期入所療養介護	33	介護予防短期入所療養介護
		10	福祉用具貸与	34	介護予防福祉用具貸与
		11	特定福祉用具販売	35	特定介護予防福祉用具販売
		12	住宅改修 ←事業者指定なし→	36	介護予防住宅改修
		13	特定施設入居者生活介護	37	介護予防特定施設入居者生活介護
プラン（市町村）	プラン	14	居宅介護支援	38	介護予防支援
地域密着型サービス（市町村）	地域密着型サービス	15	認知症対応型通所介護	39	介護予防認知症対応型通所介護
		16	認知症対応型共同生活介護	40	介護予防認知症対応型共同生活介護（要支援2のみ）
		17	小規模多機能型居宅介護	41	介護予防小規模多機能型居宅介護
		18	看護小規模多機能型居宅介護		
		19	定期巡回・随時対応型訪問介護看護		
		20	夜間対応型訪問介護		
		21	地域密着型特定施設入居者生活介護		
		22	地域密着型介護老人福祉施設入所者生活介護		要支援者は利用できない！
		23	地域密着型通所介護		
施設サービス（都道府県）	施設サービス	24	介護老人福祉施設		
		25	介護老人保健施設		
		26	介護医療院		

任意給付	市町村特別給付	● 市町村が条例で定める ● 財源は、「第1号被保険者」の保険料

居宅（訪問、通所、短期入所、用具、ケアマネジメント）、施設（入居、入所）で分類しました。

第1章 介護支援分野

大区分	中区分		サービス名	サービス内容
居宅で利用するサービス	訪問	1	訪問介護	●居宅において行われる入浴、排泄、食事等の介護
		2	訪問入浴介護	●居宅を訪問し、浴槽を提供して行われる入浴の介護
		3	訪問看護	●居宅において行う、療養上の世話または必要な診療の補助
		4	訪問リハビリテーション	●居宅において行う、リハビリテーション
		5	居宅療養管理指導	●居宅において医師等により行われる療養上の管理および指導
		6	定期巡回・随時対応型訪問介護看護	●日中・夜間を通じて、訪問介護と訪問看護が行う定期巡回と随時の対応
		7	夜間対応型訪問介護	●夜間において、訪問介護が行う定期巡回と随時の対応
	通所	8	通所介護	●老人デイサービスセンター等に通所して行う介護等
		9	地域密着型通所介護	●「定員18人以下」の通所介護
		10	通所リハビリテーション	●病院、診療所等に通所して行うリハビリテーション
		11	認知症対応型通所介護	●認知症の利用者に対する通所介護
	短期入所	12	短期入所生活介護	●老人短期入所施設等で行うショートステイ
		13	短期入所療養介護	●介護老人保健施設等で行うショートステイ
	多機能	14	小規模多機能型居宅介護	●通いを中心に訪問や泊まりを組み合わせた多機能なサービス
		15	看護小規模多機能型居宅介護	●小規模多機能型居宅介護と訪問看護を組み合わせたサービス
	用具	16	福祉用具貸与	●つえや歩行器、車いすなどの福祉用具を貸与
		17	特定福祉用具販売	●福祉用具のうち入浴または排泄の用に供するものの販売
		18	住宅改修	●手すりの取り付け、段差の解消などの小規模な住宅改修
	ケアマネジメント	19	居宅介護支援	●居宅サービス計画の作成やサービス事業者との連絡調整
施設等のサービス	居住	20	特定施設入居者生活介護	●有料老人ホームや軽費老人ホームなどで行われる介護等
		21	地域密着型特定施設入居者生活介護	●「定員29人以下」の介護専用型特定施設
		22	認知症対応型共同生活介護	●認知症の利用者に対する家庭的な環境での共同生活の支援
	施設	23	介護老人福祉施設	●原則要介護3以上の要介護者のための生活施設
		24	地域密着型介護老人福祉施設入所者生活介護	●「定員29人以下」の介護老人福祉施設
		25	介護老人保健施設	●要介護者にリハビリテーション等を提供し、在宅復帰を目指す施設
		26	介護医療院	●医療の必要な要介護高齢者の長期療養施設

利用者負担

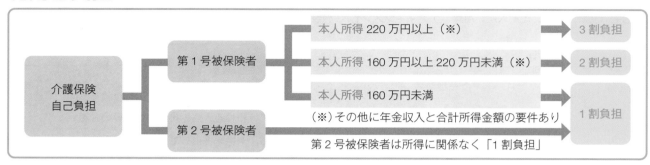

利用者負担	●介護保険の利用者負担は、1割（または2割、3割）負担（応益負担）が原則 ●居宅介護支援、介護予防支援のケアマネジメントのサービスは利用者負担はない	
介護保険負担割合証	●市町村から要介護・要支援者全員に対して、利用者負担が1割なのか2割、3割なのかを示す「介護保険負担割合証」が交付される	
利用者負担の減免	●市町村は、災害等特別の理由により、利用者負担の支払が一時的に困難になった被保険者について、利用者負担を減免することができる	
	理由	●災害により住宅等の財産が著しく損害を受けた場合 ●冷害、干ばつ等による農作物の不作等で収入が著しく減少した場合 ●事業の廃止や失業等で収入が著しく減少したこと　など

法定代理受領方式による保険給付の現物給付化

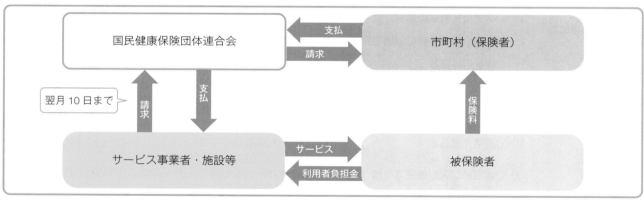

法定代理受領 （現物給付）	●保険者が被保険者に代わって、サービス事業者にサービスに要した費用を支払うことにより、被保険者に保険給付を行ったとみなす方式 ●サービス事業者・施設は、通常、サービス提供月ごとに翌月10日までに請求し、その翌月（サービス提供月の翌々月）に支払を受ける
償還払い	●被保険者がサービス提供事業者にいったんサービスに要した費用全額を支払ったうえで、後で保険者に費用の償還（払い戻し）を受ける方式 ●福祉用具購入、住宅改修、高額介護サービス費、高額医療合算介護サービス費、特例サービス費などは償還払いが原則

消滅時効

償還払い（福祉用具購入・住宅改修等）の場合

消滅時効		● 介護保険法で規定されているものは2年、その他は地方自治法が適用されるので5年となっている
介護保険法第200条	2年	● 介護保険料等の徴収、保険給付を受ける権利は、これらを行使することができるときから2年で消滅する ● 不正請求により、介護報酬を過払いした場合の返還請求権は、2年で消滅する
地方自治法第236条	5年	● 介護予防・日常生活支援総合事業費の請求権は、5年で消滅する ● 介護報酬を過払いした場合（不正請求を除く）の返還請求権は、5年で消滅する
時効の起算日	償還払いで介護給付費を請求する権利	● （福祉用具・住宅改修費）被保険者がサービス費用を支払った日の翌日 ● （高額介護サービス費）サービスを提供した日の属する月の翌月1日
	サービス提供事業者の介護報酬請求権	● サービスを提供した月の翌々々月の1日
	介護保険料	● 納付期限の翌日
時効の更新		● 介護保険料その他の徴収金の督促は、時効の更新の効力を生じる

保険給付の制限

保険給付の制限		● 介護保険では、次のような場合には、保険給付の制限等が行われることがある
	1	● 刑事施設、労役場等に拘禁された者については、その期間にかかる介護給付等は、行わない
	2	● 自己の故意の犯罪行為や重大な過失、正当な理由なしにサービス利用等の指示に従わないことにより、要介護状態等の程度を増進させた被保険者については、市町村はその全部または一部の給付を行わないことができる
	3	● 介護給付等を受ける者が、正当な理由なしに、介護保険法の規定に基づく文書の提出等を拒んだり、市町村の職員による質問等を拒んだときは、市町村は、介護給付等の全部または一部を行わないことができる

支給限度基準額

支給限度基準額設定あり

区分		種　類
居宅サービス	1	訪問介護
	2	（介護予防）訪問入浴介護
	3	（介護予防）訪問看護
	4	（介護予防）訪問リハビリテーション
	5	通所介護
	6	（介護予防）通所リハビリテーション
	7	（介護予防）短期入所生活介護
	8	（介護予防）短期入所療養介護
	9	特定施設入居者生活介護（短期利用）
	10	（介護予防）福祉用具貸与
地域密着型サービス	11	（介護予防）認知症対応型通所介護
	12	（介護予防）小規模多機能型居宅介護
	13	（介護予防）認知症対応型共同生活介護（短期利用）
	14	地域密着型特定施設入居者生活介護（短期利用）
	15	看護小規模多機能型居宅介護
	16	定期巡回・随時対応型訪問介護看護
	17	夜間対応型訪問介護
	18	地域密着型通所介護
居宅	19	特定（介護予防）福祉用具販売
居宅	20	（介護予防）住宅改修

← 区分支給限度基準額

この18種類のサービスを1つの区分とし、要介護度に応じた限度基準額内で利用

種類支給限度基準額

※地域のサービス基盤に限りがある場合など、市町村が条例で定める種類ごとの限度基準額内で利用

19 → 福祉用具購入費支給限度基準額　※10万円／年度

20 → 住宅改修費支給限度基準額　※20万円／同一住宅

要介護度	支給限度基準額
要支援1	5,032 単位／月
要支援2	10,531 単位／月
要介護1	16,765 単位／月
要介護2	19,705 単位／月
要介護3	27,048 単位／月
要介護4	30,938 単位／月
要介護5	36,217 単位／月

支給限度基準額の上乗せ

支給限度基準額設定なし

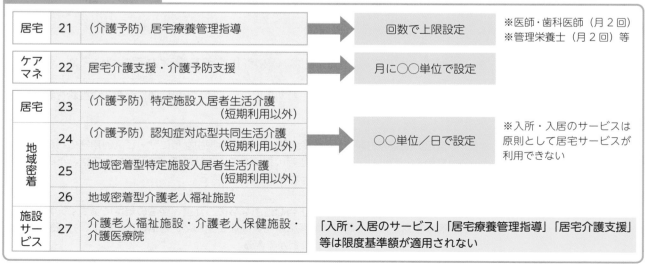

居宅	21	（介護予防）居宅療養管理指導	→ 回数で上限設定	※医師・歯科医師（月2回）※管理栄養士（月2回）等
ケアマネ	22	居宅介護支援・介護予防支援	→ 月に○○単位で設定	
居宅	23	（介護予防）特定施設入居者生活介護（短期利用以外）		
地域密着	24	（介護予防）認知症対応型共同生活介護（短期利用以外）	→ ○○単位／日で設定	※入所・入居のサービスは原則として居宅サービスが利用できない
	25	地域密着型特定施設入居者生活介護（短期利用以外）		
	26	地域密着型介護老人福祉施設		
施設サービス	27	介護老人福祉施設・介護老人保健施設・介護医療院		

「入所・入居のサービス」「居宅療養管理指導」「居宅介護支援」等は限度基準額が適用されない

支給限度基準額

支給限度基準額		● 支給限度基準額には、「区分支給限度基準額」「種類支給限度基準額」「福祉用具購入費支給限度基準額」「住宅改修費支給限度基準額」がある
区分支給限度基準額		● 居宅サービスおよび地域密着型サービスのうち、サービス種類ごとの相互の代替性の有無を考慮して、1 ～ 18 のサービスを 1 つの区分として月を単位として支給限度基準額を設定する
	新規認定	● 新規認定で月の途中に認定の効力が発生した場合でも、1 か月分の限度額が適用される
	変更認定	● 変更認定で月の途中に要介護（要支援）度が変わった場合は、重い方の要介護（要支援）度に応じた 1 か月分の限度額が適用される
種類支給限度基準額		● 地域のサービス基盤に限りがあり、ほかの被保険者のサービス利用が妨げられるおそれがある場合など、地域のサービス基盤の整備状況に応じて、サービスの種類ごとに設定される ● 種類支給限度基準額は、区分支給限度基準額の範囲内において、市町村が条例で定める額とする
福祉用具購入費支給限度基準額		● 福祉用具購入費の支給は、厚生労働大臣が定める期間（毎年 4 月からの 1 年度間）について設定する福祉用具購入費支給限度基準額（10 万円）の 7 ～ 9 割の範囲で行われる
住宅改修費支給限度基準額		● 住宅改修費の支給は、住宅改修の種類ごとに厚生労働大臣が定める住宅改修費支給限度基準額（20 万円）の 7 ～ 9 割の範囲で行われる
支給限度基準額の上乗せ		● 市町村は、条例で定めるところにより、支給限度基準額に代えて、その額を超える額を基準額とすることができる ● 支給限度基準額の上乗せの財源は、第 1 号被保険者の保険料で賄う
支給限度基準額が適用されないサービス	居宅サービス	● （介護予防）居宅療養管理指導
	ケアマネジメント	● 居宅介護支援・介護予防支援
	入所・入居	● （介護予防）特定施設入居者生活介護（短期利用以外） ● （介護予防）認知症対応型共同生活介護（短期利用以外） ● 地域密着型特定施設入居者生活介護（短期利用以外） ● 地域密着型介護老人福祉施設 ● 介護保険施設

単元 12 保険給付 介護サービス情報の公表

介護サービス情報の公表制度は、利用者が介護サービスや事業所・施設を比較・検討して適切に選ぶための情報を都道府県が提供する仕組みです。

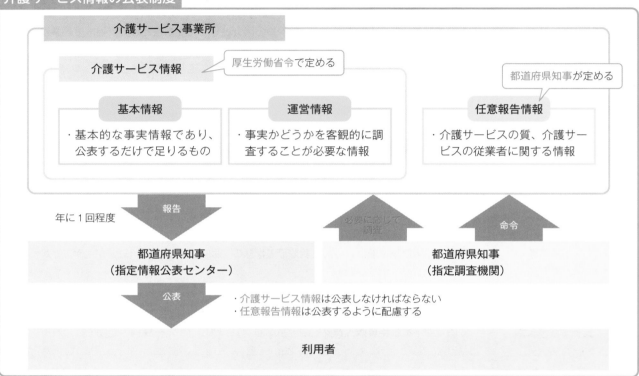

介護サービス情報の公表制度

介護サービス事業所

介護サービス情報 ← 厚生労働省令で定める

基本情報	運営情報	任意報告情報 ← 都道府県知事が定める
・基本的な事実情報であり、公表するだけで足りるもの	・事実かどうかを客観的に調査することが必要な情報	・介護サービスの質、介護サービスの従業者に関する情報

年に1回程度　報告 →　都道府県知事（指定情報公表センター）

必要に応じて調査　命令 →　都道府県知事（指定調査機関）

公表 →　・介護サービス情報は公表しなければならない　・任意報告情報は公表するように配慮する

利用者

介護サービス情報の公表制度と似たような制度に、地域密着型サービス外部評価や福祉サービス第三者評価があります。

● 介護サービス情報の公表制度とほかの評価制度の比較

	介護サービス情報の公表	地域密着型サービス外部評価	福祉サービス第三者評価
根拠法	介護保険法	介護保険法（指定地域密着型サービスの事業の人員、設備及び運営に関する基準）	社会福祉法
実施主体	都道府県	都道府県の認証を受けた民間の評価機関	都道府県の認証を受けた民間の評価機関
対象サービス	介護保険のサービス	認知症対応型共同生活介護	福祉サービス（児童、障害、高齢、その他）
実施	義務（調査は必要に応じて随時）	2021年度より、外部の者による評価と運営推進会議を活用した評価の選択可能	任意
目的	利用者の適切なサービス選択	利用者の適切なサービス選択　サービスの質の向上	利用者の適切なサービス選択　サービスの質の向上

介護サービス情報の報告および公表	● 介護サービス事業者は、指定を受け介護サービスの提供を開始しようとするとき等は、介護サービス情報を都道府県知事に報告しなければならない ● 介護サービス情報の報告は、都道府県知事が毎年定める報告に関する計画に従い行う ● 都道府県知事は、報告を受けた後、厚生労働省令で定めるところにより、報告の内容を公表しなければならない ● 都道府県知事は、報告に関して必要があると認めるときは、報告をした介護サービス事業者に対し調査を行うことができる		
介護サービス情報	● 介護サービスの内容および事業者または施設の運営状況に関する情報であって、要介護者等が適切かつ円滑に介護サービスを利用する機会を確保するために公表されることが必要なものとして厚生労働省令で定めるもの		
基本情報	● 基本的な事実情報であり、公表するだけで足りるもの（介護サービスの提供開始時）		
	主な内容	● 事業者および事業所の名称・所在地・電話番号等 ● サービス従業者に関する情報 ● 事業所の運営方針 ● 介護サービスの内容・提供実績 ● 苦情対応窓口の状況 ● 利用料等に関する事項など	
運営情報	● 事実かどうかを客観的に調査することが必要な情報（都道府県の報告計画策定時）		
	主な内容	● 利用者等の権利擁護等のために講じている措置 ● 介護サービスの質の確保のために講じている措置 ● 相談・苦情等の対応のために講じている措置 ● 介護サービスの内容の評価・改善等のために講じている措置 ● 情報管理・個人情報保護等のために講じている措置など ● 認知症にかかる事業者の取り組み状況	
任意報告情報	● 任意報告情報は、介護サービス情報以外の介護サービスの質および介護サービスの従業者に関する情報として都道府県知事が定めるものをいう		
公表義務のある介護サービス事業者	● （介護予防）居宅療養管理指導、介護予防支援以外のすべてのサービス ● 計画の基準日前の1年間において、介護報酬支払実績額（利用者の負担額を含む）が100万円を超える事業所		
調査命令・指定の取消し等	● 都道府県知事は、介護サービス事業者が報告をしなかった場合、虚偽の報告をした場合、都道府県知事による調査を受けなかった場合等は、期間を定めて、事業者に対し、報告をすること、報告の内容を是正すること、調査を受けることを命ずることができる ● 都道府県知事は、都道府県知事が指定する事業者が、命令に従わないときは、指定の取消しや、期間を定めて指定の効力を停止することができる		
介護サービス事業者経営情報の調査および分析等	● 都道府県知事は、地域において必要とされる介護サービスの確保のため、介護サービス事業者の当該事業所または施設ごとの収益および費用その他の厚生労働省令で定める事項（介護サービス事業者経営情報）について、調査および分析を行い、その内容を公表するよう努めるものとする		
	● 介護サービス事業者は、介護サービス事業者経営情報を都道府県知事に報告しなければならない		

サービス事業所

事業者の指定基準と指導・監督等

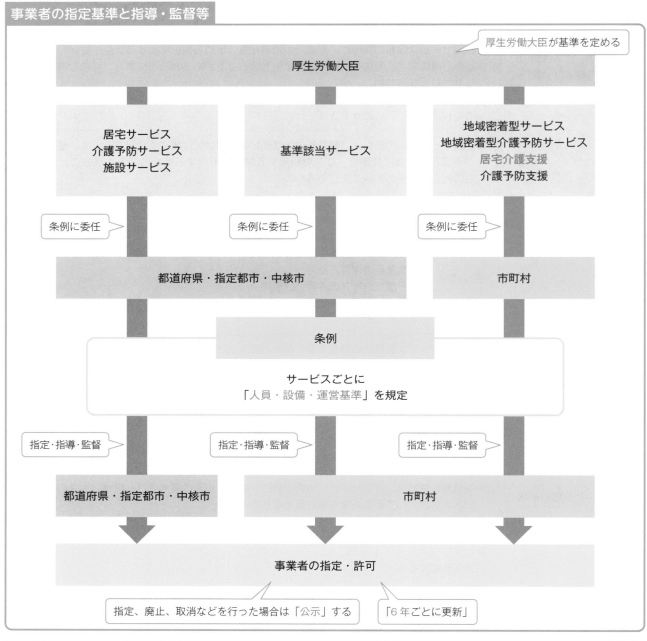

事業者の指定		● 事業者の指定は、事業を行う者の申請により、サービスの種類および事業所ごとに行う ● 都道府県（市町村）が条例を定めるにあたっては、厚生労働省令で定める基準に従い定める
公示		● 都道府県知事（市町村長）は、次のような場合は事業者の名称または氏名、事業所の所在地などを公示しなければならない
	1	事業者の指定をしたとき
	2	事業の廃止の届出があったとき
	3	指定の取消または効力停止を行ったとき

指定の更新		● 指定は、6年ごとにその更新を受けなければ、その期間の経過によって、その効力を失う		
指定基準	人員基準	● 事業運営に必要な人員の員数、資格や職種などを規定		
	設備基準	● 事業運営に必要な設備や備品等について規定		
	運営基準	● 事業の適切・円滑な運営に必要な具体的な事業運営方法やサービス提供手続き等について規定		
条例制定に関する基準	従うべき基準	● 条例の内容を直接的に拘束する、必ず適合しなければならない基準		
		・従業者の基準および従業者の員数 ・居室、療養室および病室の床面積 ・利用定員（認知症対応型通所介護） ・サービスの適切な利用、適切な処遇、安全の確保、秘密の保持等運営に関する事項		
	標準とすべき基準	● 合理的な理由がある範囲内で、地域の実情に応じた内容を定めることが許容されるもの		
		・利用定員（認知症対応型通所介護を除く）		
	参酌すべき基準	● 地方自治体が十分参酌した結果としてであれば、地域の実情に応じて、異なる内容を定めることが許容されるもの（上記以外）		
指導・監督等	報告・立入検査等	● 都道府県知事または市町村長は、居宅介護サービス費等の支給に関して必要があると認めるときは、事業者やその従業者等に対し、報告・帳簿書類の提出、事業所に立ち入っての設備・帳簿書類等の検査などをさせることができる		
	勧告・命令等	● 都道府県知事または市町村長は、事業者が基準に違反していると認めるときは、基準を遵守することを期限を定めて、勧告することができる ● 正当な理由がなくその勧告にかかる措置をとらなかったときは、事業者に期限を定めて、勧告にかかる措置をとるように命ずることができる		
指定の取消・効力停止		● 都道府県知事または市町村長は、事業者等が次のいずれかに該当するときは、事業者の指定を取り消し、または期間を定めて、指定の全部または一部の効力を停止することができる		
		● 人員基準を満たさなくなったとき ● 設備基準、運営基準が満たせず、適正な運営ができなくなったとき ● サービス費等の不正請求があったとき ● 報告・帳簿書類提出等の命令に従わない、虚偽報告等をしたとき　など ● 不正の手段で指定を受けたとき		
業務管理体制		● 事業者は、法令遵守等にかかる義務の履行が確保されるよう、業務管理体制を整備し、整備に関する次の事項を都道府県等に届け出なければならない		
	指定または許可を受けている事業所等の数（みなし事業所を除く）	20未満	● 法令遵守責任者の選任	
		20以上100未満	● 法令遵守責任者の選任、法令遵守規定の整備	
		100以上	● 法令遵守責任者の選任、法令遵守規定の整備、業務執行状況の監査	

指定基準の概要

種類	区分	サービス（一部抜粋）		指定サービス				基準該当サービス		
				指定	法人格	人員基準		法人格	人員基準	
						管理者	職員配置			
居宅	支援	居宅介護支援		○	○		介護支援専門員	×	介護支援専門員	全員非常勤でよい
	居宅サービス	訪問介護		○	○		サービス提供責任者　訪問介護員	×	サービス提供責任者 訪問介護員	
		訪問入浴介護		○	○		看護職員　介護職員	×	看護職員　介護職員	
福祉系サービス		通所介護		○	○		生活相談員　看護職員　介護職員 機能訓練指導員	×	生活相談員　看護職員 介護職員 機能訓練指導員	
		短期入所生活介護		○	○		医師　生活相談員　介護職員 看護職員　栄養士　機能訓練指導員 調理員等	×	通所介護等と併設 定員は20人未満 人員基準は指定基準に準ずる	
		福祉用具貸与		○	○		福祉用具専門相談員	×	福祉用具専門相談員	
		特定福祉用具販売		○	○		福祉用具専門相談員			
	地域密着型サービス	小規模多機能型居宅介護		○	○		介護支援専門員　看護職員　介護職員			
		認知症対応型共同生活介護		○	○		介護支援専門員　介護職員			
		認知症対応型通所介護		○	○		生活相談員　看護職員　介護職員 機能訓練指導員			
		夜間対応型訪問介護		○	○	常勤兼務可	オペレーター　訪問介護員等			
		定期巡回・随時対応型訪問介護看護		○	○		オペレーター　訪問介護員等 看護職員			
		看護小規模多機能型居宅介護		○	○		介護支援専門員　看護職員　介護職員			
医療系サービス	居宅サービス	訪問看護	ステーション	○	○		看護職員　理学療法士　作業療法士 言語聴覚士			
			病院・診療所	みなし指定	△		看護職員			
		訪問リハビリテーション	病院・診療所	みなし指定	△		医師　理学療法士　作業療法士 言語聴覚士			
			介護老人保健施設 介護医療院	○	○					
		通所リハビリテーション	介護老人保健施設 介護医療院		○		医師　理学療法士　作業療法士 言語聴覚士　看護職員　介護職員			
			病院・診療所		△					
		短期入所療養介護	介護老人保健施設 介護医療院	みなし指定	○		本体施設の基準を満たすこと			
			病院・診療所		△					
		居宅療養管理指導	病院・診療所・薬局		△		医師または歯科医師 薬剤師　歯科衛生士　管理栄養士			

個人でできるから

市町村の判断、法人格不要、非常勤でよい

指定の特例（みなし指定）

指定の特例 （みなし指定）	● 健康保険法による保険医療機関、保険薬局の指定等を受けた病院・診療所、薬局、介護保険施設としての許可を受けた介護老人保健施設、介護医療院は、次の指定居宅サービス事業者の指定があったものとみなす	
	病院・診療所	● 居宅療養管理指導、訪問看護、訪問リハビリテーション、通所リハビリテーション、短期入所療養介護（療養病床を有する場合）
	薬局	● 居宅療養管理指導
	介護老人保健施設 介護医療院	● 短期入所療養介護、通所リハビリテーション、訪問リハビリテーション　　　　　　　　　　　　2023年改正
	● 指定居宅サービス事業者とみなされた者の指定は、指定にかかる病院等について、健康保険法の規定による保険医療機関または保険薬局の指定の取消しまたは許可の取消しがあったときは、その効力を失う	

※みなし指定の対象サービスには、介護予防サービスも含む

基準該当サービス等

基準該当サービス	● 指定居宅サービス事業者等の指定条件を完全には満たしていなくても、保険者たる市町村が、当該事業者のサービスが一定の水準を満たしていると認めた場合には、基準該当サービスとして、被保険者に対して特例居宅介護サービス費等が支給（償還払い）される
離島等における 相当サービス	● 例外的に、離島等のように、指定事業者によるサービスも基準該当サービスも確保することが困難な地域において、一定の要件の下、市町村の個別判断により介護保険給付の対象とすることができる ● 離島等における相当サービス事業者は、居宅サービス、地域密着型サービス、居宅介護支援、介護予防サービス、地域密着型介護予防サービス、介護予防支援について認められている

人員基準

人員基準		● サービス事業所ごとに満たすべき人員基準が定められている	
管理者		● 事業所ごとに管理者を置くことが義務づけられている	
	要件	● 常勤、専らその職務に従事（サービス提供時間を通じて当該サービス以外の職務に従事しないこと） ● ただし、管理業務に支障がないときは、ほかの職務に従事することができる	
介護予防サービスとの 一体的運営		● 居宅介護サービス事業と介護予防サービス事業者の指定を併せて受け、かつ、両事業が「一体的」に運用されている場合は、どちらか一方の基準を満たしていれば、双方の基準を満たしているとみなすことができる	
認知症介護基礎研修の受講		● 無資格の介護職員は、認知症介護基礎研修を受講しなければならない	

主な運営基準

【サービスの提供】

指定居宅サービスの事業の一般原則	● 事業者は、利用者の意思および人格を尊重して、常に利用者の立場に立ったサービスの提供に努めなければならない

提供拒否の禁止	● 正当な理由なくサービスの提供を拒んではいけない	
	正当な理由	①事業所の現員からは利用申し込みに応じきれない ②利用申込者の居住地が通常の事業の実施地域外である　など

サービス提供困難時の対応	● 事業所の通常の事業の実施地域等を勘案し、利用申込者に対し自ら適切なサービスを提供することが困難であると認めた場合は、当該利用申込者にかかる居宅介護支援事業者への連絡、適当な他の事業者等の紹介その他の必要な措置を速やかに講じなければならない
受給資格等の確認	● サービス提供の際は、介護保険被保険者証を確認し、認定審査会の意見等を尊重しなければならない
要介護認定の申請にかかる援助	● 事業者は、サービスの提供の開始に際し、申請が行われていない場合は、当該利用申込者の意思を踏まえて速やかに当該申請が行われるよう必要な援助を行わなければならない ● 事業者は、居宅介護支援が利用者に対して行われていない等の場合であって必要と認めるときは、要介護認定の更新の申請が、遅くとも要介護認定の有効期間が終了する 30 日前にはなされるよう、必要な援助を行わなければならない
内容および手続の説明および同意	● サービス提供に際し、利用申込者または家族に対し、あらかじめ、重要事項を記した文書を交付して説明を行い、同意を得なければならない
守秘義務	● 利用者および家族の秘密を、正当な理由なく漏らしてはいけない ● 利用者の個人情報を用いる場合は、利用者の同意を、家族の個人情報を用いる場合は家族の同意をあらかじめ文書により得ておかなければならない
心身の状況等の把握	● 事業者は、サービスの提供にあたっては、利用者にかかる居宅介護支援事業者が開催するサービス担当者会議等を通じて、利用者の心身の状況、その置かれている環境、他の保健医療サービスまたは福祉サービスの利用状況等の把握に努めなければならない

【勤務体制】

勤務体制の確保等	● 事業所ごとに、従業員の勤務体制を定めておかなければならない ● 従業者の資質の向上のために、研修の機会を確保しなければならない ● 職場において行われる性的な言動または優越的な関係を背景とした言動であって業務上必要かつ相当な範囲を超えたものにより従業者の就業環境が害されることを防止するための方針の明確化等の必要な措置を講じなければならない

【介護支援専門員との連携等】

居宅サービス計画に沿ったサービスの提供	● 居宅サービス計画が作成されている場合は、居宅サービス計画に沿ったサービスを提供しなければならない
居宅介護支援事業者等との連携	● 事業者は、サービスを提供するにあたっては、居宅介護支援事業者その他保健医療サービスまたは福祉サービスを提供する者との密接な連携に努めなければならない
利益供与の禁止	● 居宅介護支援事業所などへの金品等の利益供与を行ってはならない
テレビ電話装置等の活用	● 運営基準において実施が求められる各種会議等について、感染防止や他職種連携の推進の観点から、テレビ電話装置その他の情報通信機器を活用して行うことができる（利用者等が参加して実施するものは、利用者などの同意を得たうえで実施）

	各種会議等	● サービス担当者会議、運営推進会議、介護・医療連携推進会議、感染対策委員会、事故発生防止委員会、虐待防止委員会など

【利用料】

利用料等の受領	● 事業者は、法定代理受領サービスに該当しないサービスを提供した際にその利用者から支払いを受ける利用料の額と、居宅介護サービス費基準額との間に、不合理な差額が生じないようにしなければならない ● 事業者は、利用者の選定により通常の事業の実施地域以外の地域の居宅においてサービスを行う場合は、それに要した交通費の額の支払いを利用者から受けることができる ● 事業者は、あらかじめ、利用者またはその家族に対し、サービスの内容および費用について説明を行い、利用者の同意を得なければならない
保険給付の請求のための証明書の交付	● 法定代理受領サービス以外の指定サービスにかかる利用料を受領したときはサービス提供証明書を交付しなければならない
法定代理受領サービスを受けるための援助	● 事業者は、サービスの開始に際し、法定代理受領サービスを行うために必要な援助を行わなければならない

【運営規程など】

運営規程	● 事業所ごとに、運営に関する規程を定めておかなければならない	
	定める事項	① 事業の目的および運営の方針 ② 従業者の職種、員数および職務の内容 ③ 営業日および営業時間 ④ サービスの内容および利用料その他の費用の額 ⑤ 通常の事業の実施地域 ⑥ 緊急時等における対応方法 ⑦ 虐待の防止のための措置に関する事項 ⑧ その他運営に関する重要事項
掲示	● 事業者は、事業所の見やすい場所に、運営規程の概要など重要事項を掲示しなければならない ● 事業者は、重要事項を記載した書面を事業所に備え付け、かつ、これをいつでも関係者に自由に閲覧させることにより、掲示に代えることができる ● 2023年改正で、書面掲示に加え、インターネット上で情報の閲覧ができるようにウェブサイトに掲載することが義務づけられた	
会計の区分	● 事業所ごとに、経理を区分しなければならない	

【虐待や身体拘束の禁止】

虐待の防止			● 事業者は、虐待の発生またはその再発を防止するため、次の各号に掲げる措置を講じなければならない
		1	● 事業所における虐待の防止のための対策を検討する委員会を定期的に開催するとともに、その結果について、従業員に周知徹底を図ること
		2	● 事業所における虐待の防止のための指針を整備すること
2024年4月～		3	● 従業員に対し、虐待の防止のための研修を定期的に実施すること
高齢者虐待防止措置未実施減算			● 上記の措置を行っていない場合は所定単位数を減算（居宅療養管理指導、特定福祉用具販売を除く）
身体的拘束等の禁止			● 利用者またはほかの利用者等の生命または身体を保護するため緊急やむを得ない場合を除き、身体的拘束等を行ってはならない
			● やむを得ず身体的拘束等を行う場合には、その態様および時間、その際の利用者の心身の状況ならびに緊急やむを得ない理由を記録しなければならない
施設、短期入所、多機能系サービス 2023年4月～			● 身体的拘束等の適正化のための対策を検討する委員会を3月に1回以上開催するとともに、その結果について、介護職員その他の従業者に周知徹底を図り、指針を整備し、研修を定期的に実施する
身体拘束廃止未実施減算			● 上記の措置を行っていない場合は所定単位数を減算（施設系、短期入所系、居住系、多機能系サービスが対象）

【感染症対策】

衛生管理等		● 事業所の設備および備品等について、衛生的な管理に努めなければならない ● 従業員の清潔・健康状態の管理、設備や備品等の衛生的な管理等に努めなければならない ● 事業所における感染症および食中毒の予防およびまん延の防止のための対策を検討する委員会を定期的に開催し、その結果の周知徹底を図り、指針を整備し、研修、訓練を実施する措置を講じなければならない
	施設系サービス	● おおむね3月に1回開催
2024年4月～	その他のサービス	● おおむね6月に1回開催
高齢者施設等感染対策向上加算		● 施設内で感染者が発生した場合の対応能力を向上するために一定の要件を満たした場合に加算（施設系、居住系サービス）
業務継続計画の策定等		● 事業者は、感染症や非常災害の発生時において、利用者に対するサービスの提供を継続的に実施するための、および非常時の体制で早期の業務再開を図るための計画（業務継続計画）を策定し、当該業務継続計画に従い必要な措置を講じなければならない ● 事業者は、従業者に対し、業務継続計画について周知するとともに、必要な研修および訓練を定期的に実施しなければならない ● 事業者は、定期的に業務継続計画の見直しを行い、必要に応じて業務継続計画の変更を行うものとする
2024年4月～		
業務継続計画未実施減算		● 業務継続計画が未策定の場合は所定単位数を減算（居宅療養管理指導、特定福祉用具販売を除く）

【生産性の向上】（施設系、短期入所系、居住系、多機能系サービスが対象）

2023年改正 介護現場の 生産性の向上	● 事業者は、事業所における業務の効率化、介護サービスの質の向上その他の生産性の向上に資する取り組みの促進を図るため、事業所における利用者の安全ならびに介護サービスの質の確保および職員の負担軽減に資する方策を検討するための委員会を定期的に開催しなければならない
2024年4月〜 生産性向上推進 体制加算	● 見守り機器等のテクノロジーの導入など生産性向上ガイドラインに基づいた改善活動を継続的に行っている場合は所定単位数を加算

【苦情への対応】

苦情処理	● 事業者は、提供したサービスにかかる利用者およびその家族からの苦情に迅速かつ適切に対応するために、苦情を受け付けるための窓口を設置する等の必要な措置を講じなければならない ● 事業者は、苦情を受け付けた場合には、当該苦情の内容等を記録しなければならない ● 事業者は、提供したサービスにかかる利用者からの苦情に関して国民健康保険団体連合会が行う調査に協力するとともに、国民健康保険団体連合会から指導または助言を受けた場合においては、当該指導または助言に従って必要な改善を行わなければならない
介護サービス相談員 派遣事業への協力	● 事業者は、その事業の運営にあたっては、提供したサービスに関する利用者からの苦情に関して市町村等が派遣する者が相談および援助を行う事業に協力するよう努めなければならない

【緊急時や事故への対応】

事故発生時の対応	● 事業者は、利用者に対するサービスの提供により事故が発生した場合は、市町村、当該利用者の家族、当該利用者にかかる居宅介護支援事業者等に連絡を行うとともに、必要な措置を講じなければならない ● 事業者は、前項の事故の状況および事故に際して採った処置について記録しなければならない ● 事業者は、利用者に対するサービスの提供により賠償すべき事故が発生した場合は、損害賠償を速やかに行わなければならない
緊急時の対応	● 現にサービスの提供を行っているときに利用者に病状の急変が生じた場合その他必要な場合は、速やかに主治の医師への連絡を行う等の必要な措置を講じなければならない
利用者に関する 市町村への通知	● 利用者が、正当な理由なく指示に従わないことにより介護度を増進させたとき、不正な行為で保険給付を受けようとしているときは、遅滞なく、市町村に通知しなければならない

【記録】

記録の整備		● 事業者は、従業者、設備、備品および会計に関する記録を整備しておかなければならない ● 次の記録は、その完結の日から2年間保存しなければならない
	記録	①サービス計画書 ②提供した具体的なサービス内容等の記録 ③市町村への通知にかかる記録 ④苦情の内容等の記録 ⑤事故の状況および事故に際して採った処置についての記録
電磁的記録等		● 作成、保存その他これらに類するもののうち書面で行うことが規定されているものは、書面に代えて、電磁的記録により行うことができる ● 交付、説明、同意、承諾その他これらに類するもののうち書面で行うことが規定されているものは、相手方の承諾を得て、書面に代えて、電磁的方法によることができる

地域支援事業

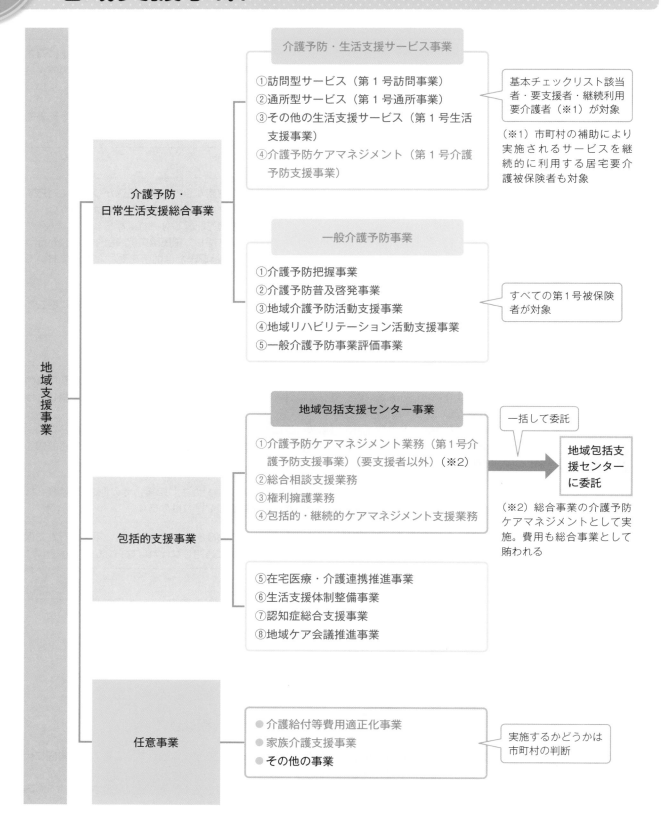

地域支援事業

介護予防・日常生活支援総合事業

介護予防・生活支援サービス事業

①訪問型サービス（第1号訪問事業）
②通所型サービス（第1号通所事業）
③その他の生活支援サービス（第1号生活支援事業）
④介護予防ケアマネジメント（第1号介護予防支援事業）

基本チェックリスト該当者・要支援者・継続利用要介護者（※1）が対象

（※1）市町村の補助により実施されるサービスを継続的に利用する居宅要介護被保険者も対象

一般介護予防事業

①介護予防把握事業
②介護予防普及啓発事業
③地域介護予防活動支援事業
④地域リハビリテーション活動支援事業
⑤一般介護予防事業評価事業

すべての第1号被保険者が対象

包括的支援事業

地域包括支援センター事業

①介護予防ケアマネジメント業務（第1号介護予防支援事業）（要支援者以外）（※2）
②総合相談支援業務
③権利擁護業務
④包括的・継続的ケアマネジメント支援業務

一括して委託 → 地域包括支援センターに委託

（※2）総合事業の介護予防ケアマネジメントとして実施。費用も総合事業として賄われる

⑤在宅医療・介護連携推進事業
⑥生活支援体制整備事業
⑦認知症総合支援事業
⑧地域ケア会議推進事業

任意事業

● 介護給付等費用適正化事業
● 家族介護支援事業
● その他の事業

実施するかどうかは市町村の判断

地域支援事業の概要

地域支援事業		● 市町村は、被保険者が要介護状態等となることを予防するとともに、要介護状態等となった場合においても、可能な限り、地域において自立した日常生活を営むことができるよう支援するため、地域支援事業を行う

財　源		● 地域支援事業は、当該市町村における介護予防に関する事業の実施状況、介護保険の運営の状況、75歳以上の被保険者の数その他の状況を勘案して政令で定める額の範囲内で行うものとする
	● 介護予防・日常生活支援総合事業	第1号保険料 23% / 第2号保険料 27% / 国 25% / 都道府県 12.5% / 市町村 12.5%
	● 包括的支援事業・任意事業	第1号保険料 23% / 国 38.5% / 都道府県 19.25% / 市町村 19.25%

利用料		● 市町村は、地域支援事業の利用者に対し、厚生労働省令で定めるところにより、利用料を請求することができる（利用料は市町村が定める）

地域支援事業の委託	介護予防・日常生活支援総合事業	● 市町村は、介護予防・日常生活支援総合事業や任意事業の全部または一部について、厚生労働省令で定める基準に適合する者に対し、その実施を委託することができる
	包括的支援事業	● 市町村は、老人介護支援センターの設置者その他の厚生労働省令で定める者に、包括的支援事業を委託することができる ● 包括的支援事業の①〜④のすべてにつき一括して行わなければならない
	厚生労働省令で定める者	● 医療法人、社会福祉法人、特定非営利活動法人、公益法人
	総合相談支援事業の委託	● 地域包括支援センターの設置者は、指定居宅介護支援事業者などに総合相談支援事業の一部を委託することができる

任意事業

任意事業		● 介護予防事業、包括的支援事業のほか、地域支援事業として、次に掲げる事業を行うことができる
	介護給付等費用適正化事業	● 利用者に適切なサービスを提供できる環境の整備を図るとともに、介護給付等に要する費用の適正化のための事業
	家族介護支援事業	● 介護方法の指導その他の要介護被保険者を現に介護する者の支援のために必要な事業
	その他の事業	● 成年後見制度利用支援事業 ● 福祉用具・住宅改修支援事業 ● 認知症対応型共同生活介護事業所の家賃等助成事業　など

介護予防・日常生活支援総合事業の概要

● 介護予防・生活支援サービス事業

①訪問型サービス （第1号訪問事業）	● 訪問型サービスは、主に次のサービス類型がある	
	訪問介護員等による サービス	● 旧介護予防訪問介護に相当するサービス
	訪問型サービスA	● 緩和した基準によるサービス（生活援助等のサービス）
	訪問型サービスB	● 有償・無償のボランティア等により提供される住民主体による支援
	訪問型サービスC	● 保健・医療の専門職により提供される、3～6か月の短期間で行われるサービス
	訪問型サービスD	● 介護予防・生活支援サービス事業と一体的に行われる移動支援や移送前後の生活支援
②通所型サービス （第1号通所事業）	● 通所型サービスは、主に次のサービス類型がある	
	通所介護事業者の 従事者によるサービス	● 旧介護予防通所介護に相当するサービス
	通所型サービスA	● 緩和した基準によるサービス（ミニデイサービス、運動・レクリエーション等）
	通所型サービスB	● 有償・無償のボランティア等により提供される住民主体による支援
	通所型サービスC	● 保健・医療の専門職により提供される、3～6か月の短期間で行われるサービス
③その他の生活支援サー ビス（第1号生活 支援事業）	● その他の生活支援サービスは、次のサービスがある	
	配食	● 栄養改善を目的とした配食や一人暮らし高齢者に対する見守りとともに行う配食
	見守り	● 定期的な安否確認および緊急時の対応、住民ボランティア等が行う訪問による見守り
	その他	● 地域における自立した日常生活の支援に資するサービス（市町村が定める）
④介護予防ケアマネジ メント（第1号介 護予防支援事業）	● 介護予防ケアマネジメントは、介護予防・生活支援サービス事業のみを利用する場合に必要となり、次の3つの内容がある	
	ケアマネジメントA	● 介護予防支援と同様のケアマネジメント
	ケアマネジメントB	● サービス担当者会議やモニタリングを省略したケアマネジメント
	ケアマネジメントC	● 基本的にサービス利用開始時のみ行うケアマネジメント

● 一般介護予防事業

①介護予防把握事業	● 地域の実情に応じて収集した情報等の活用により、閉じこもり等の何らかの支援を要する者を把握し、介護予防活動へつなげる
②介護予防普及啓発事業	● 介護予防活動の普及・啓発のため、体操教室や講演会の開催、介護予防の普及啓発のためのパンフレットの作成などを行う
③地域介護予防活動支援事業	● 住民主体の介護予防活動の育成・支援を行うため、介護予防に関するボランティア等の人材を育成する研修、社会参加活動を通じた介護予防に資する地域活動などを行う
④地域リハビリテーション活動支援事業	● 地域における介護予防の取り組みを機能強化するため、通所、訪問、地域ケア会議、住民運営の通いの場等へのリハビリ専門職等による介護予防に関する助言などを行う
⑤一般介護予防事業評価事業	● 介護保険事業計画に定める目標値の達成状況等を検証し、一般介護予防事業を含め、総合事業全体の評価を行う

介護予防・日常生活支援総合事業のイメージ

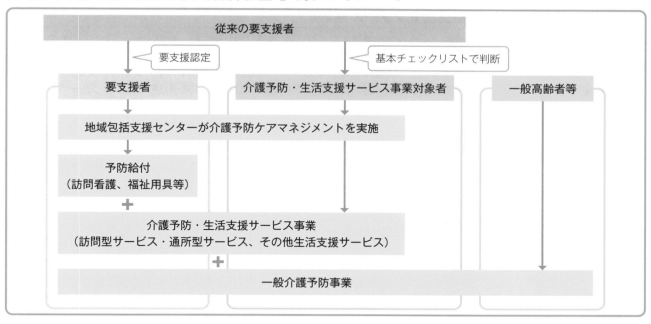

基本チェックリスト

生活全般	1	バスや電車で1人で外出していますか	口腔	13	半年前に比べて固いものが食べにくくなりましたか
	2	日用品の買物をしていますか		14	お茶や汁物等でむせることがありますか
	3	預貯金の出し入れをしていますか		15	口の渇きが気になりますか
	4	友人の家を訪ねていますか	外出	16	週に1回以上は外出していますか
	5	家族や友人の相談にのっていますか		17	昨年と比べて外出の回数が減っていますか
運動	6	階段を手すりや壁をつたわらずに昇っていますか	物忘れ	18	周りの人から「いつも同じ事を聞く」などの物忘れがあると言われますか
	7	椅子に座った状態から何もつかまらずに立ち上がっていますか		19	自分で電話番号を調べて、電話をかけることをしていますか
	8	15分位続けて歩いていますか		20	今日が何月何日かわからない時がありますか
	9	この1年間に転んだことがありますか	こころ	21	(ここ2週間) 毎日の生活に充実感がない
	10	転倒に対する不安は大きいですか		22	(ここ2週間) これまで楽しんでやれていたことが楽しめなくなった
栄養	11	6か月間で2〜3kg以上の体重減少がありましたか		23	(ここ2週間) 以前は楽にできていたことが今ではおっくうに感じられる
	12	BMIが18.5未満ですか (BMI=体重 (kg) ÷ (身長 (m) ×身長 (m)))		24	(ここ2週間) 自分が役に立つ人間だと思えない
				25	(ここ2週間) わけもなく疲れたような感じがする

一定の事項に該当

介護予防・生活支援サービス事業対象者

包括的支援事業

● 包括的支援事業（地域包括支援センターの運営）

①介護予防ケアマネジメント業務（第1号介護予防支援事業）	● 基本チェックリスト該当者等に対して、訪問型サービス、通所型サービス、その他の生活支援サービス等が包括的・効率的に実施されるよう必要な援助を行う事業 ● 介護予防・生活支援サービス事業としての介護予防ケアマネジメント（要支援者）、指定介護予防支援事業は、別制度だが、その実施にあたっては共通の考え方に基づき一体的に実施される
②総合相談支援業務	● 被保険者の心身の状況、その居宅における生活の実態その他の必要な実情の把握、保健医療、公衆衛生、社会福祉その他の関連施策に関する総合的な情報の提供、関係機関との連絡調整その他の被保険者の保健医療の向上および福祉の増進を図るための総合的な支援を行う事業
③権利擁護業務	● 被保険者に対する虐待の防止およびその早期発見のための事業その他の被保険者の権利擁護のため必要な援助を行う事業
④包括的・継続的ケアマネジメント支援業務	● 保健医療および福祉に関する専門的知識を有する者による被保険者の居宅サービス計画、施設サービス計画および介護予防サービス計画の検証、その心身の状況、介護給付等対象サービスの利用状況その他の状況に関する定期的な協議その他の取り組みを通じ、当該被保険者が地域において自立した日常生活を営むことができるよう、包括的かつ継続的な支援を行う事業

● 包括的支援事業（社会保障充実分）

⑤在宅医療・介護連携推進事業		● 在宅医療および介護が円滑に切れ目なく提供される仕組みの構築を目的として、他の地域支援事業等と連携して次の4つの事業を行う
	1	● 在宅医療・介護連携に関して、必要な情報の収集、整理および活用、課題の把握、施策の企画および立案、医療・介護関係者に対する周知を行う事業啓発を行う事業など
	2	● 地域の医療・介護関係者からの在宅医療・介護連携に関する相談に応じ、必要な情報の提供および助言その他必要な助言を行う事業
	3	● 在宅医療・介護連携に関する地域住民の理解を深めるための普及啓発を行う事業
	4	● 医療・介護関係者間の情報の共有を支援する事業、医療・介護関係者に対して、在宅医療・介護連携に必要な知識の習得および当該知識の向上のために必要な研修を行う事業
⑥生活支援体制整備事業		● 被保険者の地域における自立した日常生活の支援および介護予防にかかる体制の整備その他のこれらを促進する事業
	生活支援コーディネーターの配置	● 生活支援コーディネーターを配置し、生活支援サービスや提供体制を構築するため、サービスの担い手となるボランティアの養成・発掘などを行う
	協議体の設置	● 定期的な情報共有、連携および協働による資源開発等を推進することを目的としたネットワークとして協議体を設置する
	就労的活動コーディネーターの配置	● 就労的活動の場を提供できる民間企業・団体等と就労的活動の取り組みを実施したい事業者等とをマッチングし、高齢者個人の特性や希望に合った活動をコーディネートする

⑦認知症総合支援事業		● 保健医療および福祉に関する専門的知識を有する者による認知症の早期における症状の悪化の防止のための支援その他の総合的な支援を行う事業
	認知症初期集中支援推進事業	● 認知症初期集中支援チームを設置し、認知症の人やその家族に対して訪問などにより早期に専門職がかかわり早期診断・早期対応に向けた支援を行う
	認知症地域支援・ケア向上事業	● 認知症地域支援推進員を配置し、地域における支援体制の構築と認知症ケア向上を図る
	認知症サポーター活動促進・地域づくり推進事業	● チームオレンジコーディネーターを配置し、認知症の人やその家族の支援ニーズと認知症サポーターを中心とした支援をつなぎ、「共生」の地域づくりを推進
⑧地域ケア会議推進事業		● 市町村が設置する地域ケア会議において、個別ケースを検討する会議から地域課題の解決を検討する場まで一体的に取り組んでいく事業

地域ケア会議

地域ケア会議		● 市町村は、包括的・継続的ケアマネジメント支援業務の効果的な実施のために、地域ケア会議を置くように努めなければならない
	構成員	● 介護支援専門員 ● 保健医療および福祉に関する専門的知識を有する者 ● 民生委員その他の関係者、関係機関および関係団体
	検討事項	● 地域ケア会議は、要介護被保険者等への適切な支援を図るために必要な検討を行うとともに、地域において自立した日常生活を営むために必要な支援体制に関する検討を行う
地域ケア会議の5つの機能	個別課題の解決	● 自立支援に資するケアマネジメントの支援 ● 支援困難事例等に関する相談・助言
	ネットワークの構築	● 地域包括支援ネットワークの構築 ● 自立支援に資するケアマネジメントの普及と関係者の共通認識
	地域課題の発見	● サービス資源に関する課題、ケア提供者の質に関する課題、利用者、住民等の課題など潜在的ニーズの顕在化
	地域づくり・資源開発	● 有効な課題解決方法の確立と普遍化、関係機関の役割分担 ● 社会資源の調整、新たな資源開発の検討、地域づくり
	政策の形成	● 需要に見合ったサービス基盤の整備、事業化、政策化 ● 介護保険事業計画等への位置づけ、国・都道府県への提案

地域支援事業

地域包括支援センター

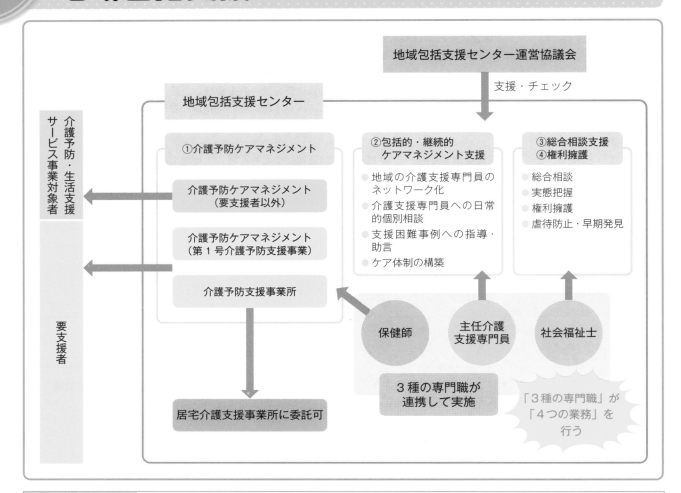

地域包括支援センター	●地域包括支援センターは、介護予防ケアマネジメントおよび包括的支援事業その他厚生労働省令で定める事業を実施し、地域住民の心身の健康の保持および生活の安定のために必要な援助を行うことにより、その保健医療の向上および福祉の増進を包括的に支援することを目的とする施設	
設置	●市町村は、地域包括支援センターを設置することができる	
	委託	●包括的支援事業等の委託を受けた者は、あらかじめ、市町村長に届け出て、地域包括支援センターを設置することができる
地域包括支援センター運営協議会	●運営協議会は、原則として、市町村ごとに設置される ●地域包括支援センターは、市町村の地域包括支援センター運営協議会の意見を踏まえて、適切、公正かつ中立な運営を確保する	
	構成	●運営協議会は、事業者、被保険者等、地域住民の権利擁護等を行う関係団体、学識経験者等のうち地域の実情を勘案して市町村が適当と認める者により構成される
	所掌事務	●地域包括支援センターの設置に関すること ●地域包括支援センターの公正・中立性に関すること ●地域包括支援センターの職員の確保に関すること　など

事業内容	1	介護予防ケアマネジメント	● 介護予防・生活支援サービス事業対象者などに対するケアマネジメントのサービス
		介護予防支援	● 市町村より介護予防支援事業者の指定を受けて行う、要支援者に対するケアマネジメント
	2	包括的・継続的ケアマネジメント支援	● 介護支援専門員に対する後方支援、ネットワーク化、日常的個別指導・相談など
	3	総合相談支援	● 地域におけるネットワーク構築・実態把握・総合相談など ● 事業の一部を指定居宅介護支援事業者などに委託することができる（2023年改正）
	4	権利擁護	● 成年後見制度、福祉施設等への措置、虐待・困難事例への対応、消費者被害の防止など
	その他		● 一般介護予防事業、在宅医療・介護連携推進事業、生活支援体制整備事業、認知症総合支援事業、任意事業を受託することができる

人員基準

● 包括的支援事業を適切に実施するため、原則として、①保健師、②主任介護支援専門員、③社会福祉士の3職種を基本として配置する

● 1つの地域包括支援センターが担当する区域における第1号被保険者の数がおおむね3,000人以上6,000人未満の区分を基本として、配置すべき常勤の職員数が設定されている

担当区域の第1号被保険者数	保健師	主任介護支援専門員	社会福祉士
おおむね3,000人以上6,000人未満	1人	1人	1人
おおむね2,000人以上3,000人未満	1人	1人	
おおむね1,000人以上2,000人未満	2人（1人は常勤）		
おおむね1,000人未満	1人または2人		

質の評価

● 地域包括支援センターの設置者は、自らその実施する事業の質の評価を行うことその他必要な措置を講ずることにより、その実施する事業の質の向上を図らなければならない

基準遵守

● 地域包括支援センターの設置者は、包括的支援事業を実施するために必要なものとして市町村の条例で定める基準を遵守しなければならない

連携

● 地域包括支援センターの設置者は、包括的支援事業の効果的な実施のために、介護サービス事業者、医療機関、民生委員その他の関係者との連携に努めなければならない

守秘義務

● 地域包括支援センターの設置者もしくはその職員またはこれらの職にあった者は、正当な理由なしに、その業務に関して知り得た秘密を漏らしてはならない

情報公表

● 市町村は、地域包括支援センターの事業の内容および運営状況に関する情報を公表するよう努めなければならない

ケアマネジメントの概要

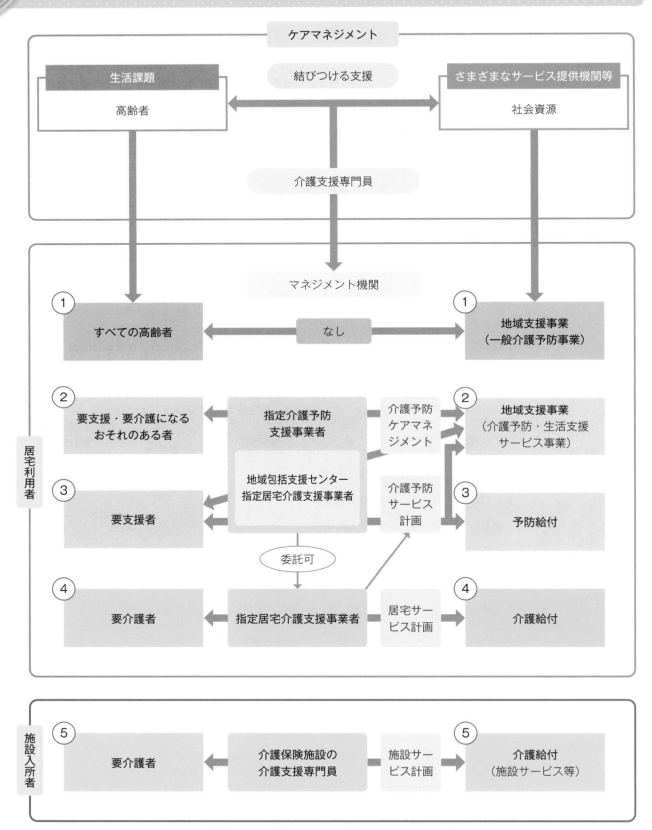

居宅介護支援			● 介護保険法第 8 条第 24 項において、居宅介護支援とは、次のことを行うものと規定されている
	1	居宅サービス計画の作成	● 居宅要介護者が指定居宅サービス等の適切な利用等をすることができるよう、当該居宅要介護者の依頼を受けて、その心身の状況、その置かれている環境、当該居宅要介護者およびその家族の希望等を勘案し、居宅サービス計画を作成
	2	指定居宅サービス事業者等との連絡調整	● 居宅サービス計画に基づく指定居宅サービス等の提供が確保されるよう指定居宅サービス事業者、指定地域密着型サービス事業者その他の者との連絡調整その他の便宜の提供
	3	介護保険施設等への紹介	● 居宅要介護者が地域密着型介護老人福祉施設または介護保険施設への入所を要する場合にあっては、地域密着型介護老人福祉施設または介護保険施設への紹介その他の便宜の提供
介護予防支援			● 介護保険法第 8 条の 2 第 16 項において、介護予防支援とは、次のことを行うものと規定されている
	1	介護予防サービス計画の作成	● 居宅要支援者が指定介護予防サービス等の適切な利用等をすることができるよう、地域包括支援センターの職員のうち厚生労働省令で定める者が、当該居宅要支援者の依頼を受けて、その心身の状況、その置かれている環境、当該居宅要支援者およびその家族の希望等を勘案し、介護予防サービス計画を作成
	2	指定介護予防サービス事業者等との連絡調整	● 介護予防サービス計画に基づく指定介護予防サービス等の提供が確保されるよう、指定介護予防サービス事業者、指定地域密着型介護予防サービス事業者、特定介護予防・日常生活支援総合事業を行う者その他の者との連絡調整その他の便宜の提供を行う
施設サービス			● 介護保険法第 8 条第 26 項において、施設サービスとは、介護福祉施設サービス、介護保健施設サービス、および介護医療院サービスをいうと規定されている
		施設サービス計画	● 介護老人福祉施設、介護老人保健施設または介護医療院に入所している要介護者について、これらの施設が提供するサービスの内容、これを担当する者その他厚生労働省令で定める事項を定めた計画をいう

ケアマネジメント

ケアマネジメントのあり方を示す重要な理念		● 老人保健福祉審議会の最終報告（平成8年）に盛り込まれた次の介護保険制度の基本理念は、ケアマネジメントの基本理念と合致している
	高齢者自身による選択	● 高齢者が利用しやすく、適切な介護サービスが円滑かつ容易に手に入れられるような利用者本位のしくみとする。このため、高齢者自身がサービスを選択することを基本に、専門家が連携して身近な地域で高齢者およびその家族を支援するしくみ（ケアマネジメント）を確立する
	在宅介護の重視	● 高齢者の多くが、できる限り住み慣れた家庭や地域で老後生活を送ることを願っていることから在宅介護を重視し、一人暮らしや高齢者のみの世帯でも、できる限り在宅生活が可能になるよう24時間対応を視野に入れた支援体制の確立を目指す
	予防・リハビリテーションの充実	● 介護が必要な状態になっても、その悪化を防ぐため、市町村の老人保健事業など関連施策との連携を図りながら、予防やリハビリテーションの充実を目指す
	総合的、一体的、効率的なサービスの提供	● 介護が必要な高齢者に対し、個々のニーズや状態に即した介護サービスが適切かつ効果的に提供されるよう、多様なサービス提供主体による保健、医療、福祉にわたる介護の各サービスが総合的、一体的、効率的に提供されるサービス体系を確立する
	市民の幅広い参加と民間活力の活用	● 高齢社会においては、高齢者自身の自立・自助を基本としつつ、地域住民、ボランティアが、人間的なふれあいを大切にしながら、高齢者介護を支えていく共助の考え方が重要であり、こうした市民参加型の体制を組み入れたシステムを構築する
ケアマネジメントの基本理念、意義等		● 介護保険制度では、「自己決定の尊重」「自立支援」「生活の継続性の支援」を高齢者ケアの原則としている。介護支援専門員は、この原則により業務を行っていく
	主体性尊重の視点	● 高齢者に可能な限りの情報を提供し、高齢者が自己決定・自己選択できるように支援していく（インフォームドコンセント）
	自立支援の視点	● 自立支援では、高齢者がエンパワメント（高齢者が身体的・心理的・社会的な力を主体的に獲得していくこと）していくように支援していくことが求められる ● エンパワメントの方法として、高齢者のストレングス（利用者がもっている強み）をアセスメントし、ケアプランに反映していくことが重要
	家族支援の視点	● 居宅介護支援サービスは、要介護者等本人だけでなく介護者も含めた家族全体を介護にかかわる援助の対象としてとらえることが重要
	チームアプローチの視点	● 要介護者等の社会生活を支えるためには、多職種の専門職による支援が求められるため、チームアプローチの視点が重要
	適切なサービス利用の視点	● 要介護者等に対して、効果的・効率的に適切なサービスを提供することができるように、「サービス優先アプローチ」ではなく、「ニーズ優先アプローチ」の視点が重要
	社会資源の調整の視点	● 居宅介護支援サービスは、要介護者等のニーズに合わせて、地域社会のなかで適切なフォーマルサービスとインフォーマルサポートを統合して提供することが重要

介護予防支援、居宅介護支援、施設介護支援の比較

	介護予防支援	居宅介護支援	施設介護支援
指定・許可	市町村 （地域包括支援センター・ 指定居宅介護支援事業者）	市町村	都道府県知事
管理者	指定居宅介護支援事業者が 指定を受けた場合は 主任介護支援専門員	主任介護支援専門員	介護老人保健施設は原則医師
担当職員	保健師・介護支援専門員・ 社会福祉士等	介護支援専門員	介護支援専門員
標準担当件数	なし	利用者の数44人 またはその端数を増すごとに 1人	入所者の数が100人 またはその端数を増すごとに 1人
ケアプランの特徴	●目標指向型の計画を策定	●公正中立にサービスを選択	●居宅での生活を定期的に検討
アセスメント	利用者基本情報 アセスメント領域（4領域）	課題分析標準項目23項目（様式の指定はなし） （基本情報9項目、アセスメント14項目）	
サービス担当者会議	原則「サービス担当者会議の開催」 やむを得ない理由がある場合等「担当者への照会」		「サービス担当者会議の開催」 または「担当者への照会」
ケアプランの様式	介護予防サービス・支援計画書	居宅サービス計画書（1）（2） 週間サービス計画表	施設サービス計画書（1）（2） 週間サービス計画表または 日課計画表
ケアプランの交付	利用者および担当者に交付		入所者に交付
モニタリング 訪問	3か月に1回 （6か月に1回）	1か月に1回 （2か月に1回）	定期的に
モニタリング 記録	1か月に1回	1か月に1回	定期的に
介護報酬	要支援1・2　442単位／月 または　472単位／月	要介護1・2　　1,086単位／月 要介護3・4・5　1,411単位／月	施設の報酬に含まれる
減算の規定	なし	あり	なし
給付管理	法定代理受領サービスにかかる報告（給付管理票）を 毎月市町村（国保連）に提出		―

介護支援専門員の概要

● 介護支援専門員の定義

介護支援専門員とは （介護保険法第7条第5項）	「要介護者等」からの相談に応じ、適切なサービスが利用できるよう関係機関との連絡調整等を行う者で、要介護者等が自立した日常生活を営むのに必要な援助に関する専門的知識および技術を有するものとして「介護支援専門員証」の交付を受けたものをいう

登録	● 都道府県知事が行う「介護支援専門員実務研修受講試験」に合格し、かつ、都道府県知事が行う「介護支援専門員実務研修」を修了したものは、都道府県知事の登録を受けることができる ● 登録を受けている者が死亡した場合には、その相続人はその旨を届け出なければならない	
登録ができない人	● 心身の故障により介護支援専門員の業務を適正に行うことができない者として厚生労働省令で定めるもの	
	厚生労働省令で定めるもの	精神の機能の障害により介護支援専門員の業務を適正に行うにあたって必要な認知、判断および意思疎通を適切に行うことができない者
	● 禁錮（※）以上の刑に処せられ、その執行を終わり、または執行を受けることがなくなるまでの者 ※「禁錮」は「拘禁刑」に改められる（2022年6月17日から3年以内の政令で定める日から施行） ● 介護保険法、保健医療福祉に関する法律で罰金の刑に処せられ、その執行を終わり、または執行を受けることがなくなるまでの者 ● 登録の申請前、5年以内に居宅サービス等に関し不正な行為をした者 ● 登録の消除の処分を受け、その処分の日から起算して5年を経過しない者　など	
登録の消除	● 都道府県知事は、その登録を受けている介護支援専門員が一定の事由に該当する場合には、当該登録を消除しなければならない	
登録の移転	● 登録をしている都道府県以外の都道府県の事業所に従事しようとするときは、事業所の所在地を管轄する都道府県知事に対し、登録をしている都道府県知事を経由して、登録の移転の申請をすることができる	
介護支援専門員証の 交付等	● 登録を受けている者は、都道府県知事に対し、介護支援専門員証の交付を申請することができる ● 介護支援専門員証の有効期間は、5年とする	
介護支援専門員証の 提示	● 介護支援専門員は、その業務を行うにあたり、関係者から請求があったときは、介護支援専門員証を提示しなければならない	

● 介護支援専門員の義務等

公正・誠実な業務を行う義務	● 担当する要介護者等の人格を尊重し、常に要介護者等の立場に立って、当該要介護者等に提供される居宅サービス等が特定の種類または特定の事業者に不当に偏ることのないよう、公正かつ誠実にその業務を行わなければならない
基準遵守義務	● 介護支援専門員は、厚生労働省令で定める基準に従って、介護支援専門員の業務を行わなければならない
資質向上努力義務	● 介護支援専門員は、要介護者等が自立した日常生活を営むのに必要な援助に関する専門的知識および技術の水準を向上させ、その他その資質の向上を図るよう努めなければならない
秘密保持義務	● 正当な理由なしに、その業務に関して知り得た人の秘密を漏らしてはならない。介護支援専門員でなくなった後においても、同様とする 罰則）1年以下の懲役（※）または100万円以下の罰金 ※「懲役」は「拘禁刑」に改められる（2022年6月17日から3年以内の政令で定める日から施行）
名義貸しの禁止等	● 介護支援専門員は、介護支援専門員証を不正に使用し、またはその名義を他人に介護支援専門員の業務のため使用させてはならない
信用失墜行為の禁止	● 介護支援専門員は、介護支援専門員の信用を傷つけるような行為をしてはならない
報告等	● 都道府県知事は、その登録を受けている介護支援専門員および当該都道府県の区域内でその業務を行う介護支援専門員に対し、その業務について必要な報告を求めることができる

● 主任介護支援専門員

主任介護支援専門員とは	● 介護支援専門員の業務について十分な知識・経験をもつ介護支援専門員で、介護保険サービスやほかの保健・医療サービスを提供する者との連絡調整、ほかの介護支援専門員に対する助言・指導などを行う
主任介護支援専門員研修	● ケアマネジメントが適切かつ円滑に提供されるために必要な業務に関する知識および技術を修得することを目的に、70時間以上の研修を受講する
対象者	● 専任の介護支援専門員として通算して5年以上従事した者 ● ケアマネジメントリーダー養成研修等を修了した者で専任の介護支援専門員として3年以上従事した者など

居宅介護支援

居宅介護支援事業者　　　　市町村長の指定

居宅介護支援事業者

| 管理者 | 常勤・専従、兼務可・「主任介護支援専門員」 |
| 介護支援専門員 | 常勤・1人以上（1人あたりの標準担当件数「44人」） |

- 事業実施に必要な広さの区画
- 居宅介護支援の提供に必要な設備、備品等

介護支援専門員資格は、5年ごとの更新制（更新するには研修受講が必要）

居宅介護支援の人員基準

管理者	● 事業者は、指定事業所ごとに常勤の管理者を置かなければならない ● 管理者は、主任介護支援専門員でなければならない（ただし、2020年度末で主任介護支援専門員でない場合は、2026年度まで経過措置により介護支援専門員でも可） ● 管理者は、専らその職務に従事する者でなければならない。ただし、次に掲げる場合は、この限りでない 　● 管理者がその管理する指定居宅介護支援事業所の介護支援専門員の職務に従事する場合 　● 管理者がほかの事業所の職務に従事する場合（管理に支障がない場合に限る）
管理者の責務	● 指定事業所の管理者は、事業所の従業者の管理、利用の申込みにかかる調整、業務の実施状況の把握その他の管理を一元的に行わなければならない ● 指定事業所の管理者は、当該事業所の職員等に運営基準を遵守させるため必要な指揮命令を行うものとする ● 指定事業者は、従業者の清潔の保持および健康状態について、必要な管理を行わなければならない
担当職員 2023年改正	● 事業者は、事業所ごとに1以上の員数の指定居宅介護支援の提供にあたる介護支援専門員であって常勤であるものを置かなければならない（増員される介護支援専門員は、非常勤でも可）
担当件数	● 介護支援専門員の員数の標準は、要介護者の数に要支援者の数に3分の1を乗じた数を加えた数が44（事務職員を配置している場合等は49）またはその端数を増すごとに1とする
兼務	● 介護支援専門員は、ほかの職務と兼務できる（介護保険施設の常勤専従の介護支援専門員を除く）
勤務体制の確保	● 指定事業者は、指定事業所ごとに従業者の勤務の体制を定めておかなければならない ● 指定事業者は、指定事業所ごとに、当該指定事業所の介護支援専門員に指定居宅介護支援の業務を担当させなければならない。ただし、補助の業務についてはこの限りでない ● 指定事業者は、介護支援専門員の資質の向上のために、その研修の機会を確保しなければならない
居宅サービス計画の作成	● 管理者は、介護支援専門員に居宅サービス計画の作成に関する業務を担当させるものとする

居宅介護支援の運営基準

● 基本方針等

基本方針	1	● 要介護状態となった場合においても、その利用者が可能な限りその居宅において、その有する能力に応じ自立した日常生活を営むことができるように配慮して行われるものでなければならない
	2	● 利用者の心身の状況、その置かれている環境等に応じて、利用者の選択に基づき、適切な保健医療サービスおよび福祉サービスが、多様な事業者から、総合的かつ効率的に提供されるよう配慮して行われるものでなければならない
	3	● 指定居宅介護支援の提供にあたっては、利用者の意思および人格を尊重し、常に利用者の立場に立って、利用者に提供される指定居宅サービス等が特定の種類または特定の居宅サービス事業者に不当に偏することのないよう、公正中立に行われなければならない
	4	● 指定居宅介護支援事業者は、事業の運営にあたっては、市町村、地域包括支援センター、介護保険施設、指定特定相談支援事業者等との連携に努めなければならない
	5	● 利用者の人権の擁護、虐待の防止等のため、必要な体裁の整備を行うとともに、その従業者に対し、研修を実施する等の措置を講じるように努めなければならない
	6	● 指定居宅介護支援の提供にあたっては、介護保険等関連情報その他必要な情報を活用し、適切かつ有効に行うよう努めなければならない
指定居宅介護支援の基本取扱方針		● 要介護状態の軽減または悪化の防止に資するよう行われるとともに、医療サービスとの連携に十分配慮して行われなければならない
		● 自らその提供する指定居宅介護支援の質の評価を行い、常にその改善を図らなければならない
基本的留意点		● 指定居宅介護支援の提供にあたっては、懇切丁寧に行うことを旨とし、利用者またはその家族に対し、サービスの提供方法等について、理解しやすいように説明を行う
継続的かつ計画的な指定居宅サービス等の利用		● 介護支援専門員は、居宅サービス計画の作成にあたっては、利用者の自立した日常生活の支援を効果的に行うため、利用者の心身または家族の状況等に応じ、継続的かつ計画的に指定居宅サービス等の利用が行われるようにしなければならない
総合的な計画の作成		● 介護支援専門員は、居宅サービス計画の作成にあたっては、利用者の日常生活全般を支援する観点から、介護給付等対象サービス以外の保健医療サービスまたは福祉サービス、当該地域の住民による自発的な活動によるサービス等の利用も含めて居宅サービス計画上に位置づけるよう努めなければならない
利用者自身によるサービスの選択		● 介護支援専門員は、居宅サービス計画の作成の開始にあたっては、利用者によるサービスの選択に資するよう、当該地域における指定居宅サービス事業者等に関するサービスの内容、利用料等の情報を適正に利用者またはその家族に対して提供するものとする

● 管理に関すること

居宅サービス事業者等からの利益収受の禁止等	● 事業者および管理者は、居宅サービス計画の作成または変更に関し、介護支援専門員に対して特定の居宅サービス事業者等によるサービスを位置づけるべき旨の指示等を行ってはならない
	● 介護支援専門員は、居宅サービス計画の作成または変更に関し、利用者に対して特定の居宅サービス事業者等によるサービスを利用すべき旨の指示等を行ってはならない
	● 事業者および従業者は、利用者に対して特定の居宅サービス事業者等によるサービスを利用させることの対償として、当該居宅サービス事業者等から金品その他の財産上の利益を収受してはならない
利用料等の受領	● 指定居宅介護支援事業者は、利用者の選定により通常の事業の実施地域以外の地域の居宅を訪問して指定居宅介護支援を行う場合には、それに要した交通費の支払を利用者から受けることができる
保険給付の請求のための証明書の交付	● 事業者は、提供した指定居宅介護支援について利用料の支払を受けた場合は、当該利用料の額等を記載した指定居宅介護支援提供証明書を利用者に対して交付しなければならない

● 指定居宅介護支援事業所ごとに、運営規程として次に掲げる事項を定めるものとする

運営規程		
	1	事業の目的および運営の方針
	2	職員の職種、員数および職務内容
	3	営業日および営業時間
	4	指定居宅介護支援の提供方法、内容および利用料その他の費用の額
	5	通常の事業の実施地域
	6	虐待の防止のための措置に関する事項（努力義務）

従業者の健康管理	● 事業者は、介護支援専門員の清潔の保持および健康状態について、必要な管理を行わなければならない
掲示	● 事業所の見やすい場所に、運営規程の概要、介護支援専門員の勤務の体制その他の利用申込者のサービスの選択に資すると認められる重要事項を掲示しなければならない ● 重要事項を事業所に備えつけ、関係者に自由に閲覧させることにより、掲示に代えることができる
広告	● 事業所について広告をする場合においては、その内容が虚偽または誇大なものであってはならない
会計の区分	● 事業所ごとに経理を区分するとともに、指定居宅介護支援の事業の会計とその他の事業の会計とを区分しなければならない

● 利用者に対する指定居宅介護支援の提供に関する次の各号に掲げる記録を整備し、その完結の日から2年間（条例で5年間とすることもできる）保存しなければならない
● 記録の保存は、電磁的記録によって行うことができる

記録の整備	記録	①従業者、設備、備品および会計に関する記録 ②指定居宅サービス事業者等との連絡調整に関する記録 ③個々の利用者ごとの居宅介護支援台帳 ④市町村への通知にかかる記録 ⑤苦情の内容等の記録 ⑥事故の状況および事故に際して採った処置についての記録

● サービス提供に際して行うこと

受給資格等の確認			● 指定居宅介護支援の提供を求められた場合には、その者の提示する被保険者証によって、被保険者資格、要介護認定の有無および要介護認定の有効期間を確かめるものとする
要介護認定の申請にかかる援助			● 指定居宅介護支援の提供の開始に際し、申請が行われていない場合は、当該利用申込者の意思を踏まえて速やかに当該申請が行われるよう必要な援助を行わなければならない
			● 要介護認定の更新の申請が、遅くとも当該利用者が受けている要介護認定の有効期間の満了日の30日前には行われるよう、必要な援助を行わなければならない
身分を証する書類の携行			● 介護支援専門員に身分を証する書類を携行させ、初回訪問時または利用者もしくはその家族から求められたときは、これを提示すべき旨を指導しなければならない
内容および手続の説明および同意 2023年改正で努力義務化			● 指定居宅介護支援の提供の開始に際し、あらかじめ、利用申込者またはその家族に対し、運営規程の概要その他の利用申込者のサービスの選択に資すると認められる重要事項を記した文書を交付して説明を行い、当該提供の開始について利用申込者の同意を得なければならない
			● 指定居宅介護支援の提供の開始に際し、あらかじめ、次のこと等につき説明を行い、理解を得なければならない
	1		居宅サービス計画が基本方針および利用者の希望に基づき作成されるもの
	2		● 利用者は複数の指定居宅サービス事業者等を紹介するよう求めることができる ● 前6か月間に作成された居宅サービス計画のうち訪問介護、通所介護、福祉用具貸与及び地域密着型通所介護が位置づけられた割合、同一事業者によって提供された割合を説明し、理解を得るように努める
			● 指定居宅介護支援の提供の開始に際し、あらかじめ、利用者またはその家族に対し、利用者について、病院または診療所に入院する必要が生じた場合には、当該利用者にかかる介護支援専門員の氏名および連絡先を当該病院または診療所に伝えるよう求めなければならない
秘密保持			● 介護支援専門員その他の従業者は、正当な理由がなく、その業務上知り得た利用者またはその家族の秘密を漏らしてはならない
			● サービス担当者会議等において、利用者の個人情報を用いる場合は利用者の同意を、利用者の家族の個人情報を用いる場合は当該家族の同意を、あらかじめ文書により得ておかなければならない
提供拒否の禁止			● 正当な理由なく指定居宅介護支援の提供を拒んではならない
	正当な理由	1	事業所の現員からは利用申込みに応じきれない場合（居宅介護支援）
		2	利用申込者の居住地が当該事業所の通常の事業の実施地域外である場合
		3	利用申込者がほかの指定居宅介護支援事業者にも併せて指定居宅介護支援の依頼を行っている場合
	サービス提供困難時の対応		● 当該事業所の通常の事業の実施地域等を勘案し、利用申込者に対し自ら適切な指定居宅介護支援を提供することが困難であると認めた場合は、ほかの指定居宅介護支援事業者の紹介その他の必要な措置を講じなければならない

95

● 市町村等への通知や苦情への対応

利用者に関する市町村への通知		● 指定居宅介護支援を受けている利用者が次のいずれかに該当する場合は、遅滞なく、意見を付してその旨を市町村に通知しなければならない	
	1	正当な理由なしに介護給付等対象サービスの利用に関する指示に従わないこと等により、要介護状態の程度を増進させたと認められるとき	
	2	偽りその他不正の行為によって保険給付の支給を受け、または受けようとしたとき	
事故発生時の対応		● 利用者に対する指定居宅介護支援の提供により事故が発生した場合には速やかに市町村、利用者の家族等に連絡を行うとともに、必要な措置を講じなければならない	
		● 事故の状況および事故に際して採った処置について記録しなければならない	
		● 利用者に対する指定居宅介護支援の提供により賠償すべき事故が発生した場合には、損害賠償を速やかに行わなければならない	
法定代理受領サービスにかかる報告		● 事業者は、毎月、市町村（国民健康保険団体連合会に委託している場合は、当該国民健康保険団体連合会）に対し、居宅サービス計画において位置づけられている指定居宅サービス等のうち法定代理受領サービスとして位置づけたものに関する情報を記載した文書を提出しなければならない	
苦情処理		● 自ら提供した指定居宅介護支援または自らが居宅サービス計画に位置づけた指定居宅サービス等に対する利用者およびその家族からの苦情に迅速かつ適切に対応しなければならない	
		● 苦情を受け付けた場合は、苦情の内容等を記録しなければならない	
		● 自らが居宅サービス計画に位置づけた指定居宅サービス、指定地域密着型サービスに対する苦情の国民健康保険団体連合会への申立てに関して、利用者に対し必要な援助を行わなければならない	

● 連携に関すること

介護予防支援事業者との連携	● 介護支援専門員は、要介護認定を受けている利用者が要支援認定を受けた場合には、指定介護予防支援事業者と当該利用者にかかる必要な情報を提供する等の連携を図るものとする
医療サービスとの連携	● 指定居宅介護支援は、要介護状態の軽減または悪化の防止に資するよう行われるとともに、医療サービスとの連携に十分配慮して行われなければならない
介護保険施設への紹介	● 介護支援専門員は、利用者がその居宅において日常生活を営むことが困難となったと認める場合または利用者が介護保険施設への入院または入所を希望する場合には、介護保険施設への紹介その他の便宜の提供を行うものとする
介護保険施設との連携	● 介護支援専門員は、介護保険施設等から退院または退所しようとする要介護者から依頼があった場合には、居宅における生活へ円滑に移行できるよう、あらかじめ、居宅サービス計画の作成等の援助を行うものとする
地域ケア会議への協力	● 地域ケア会議において、個別ケアマネジメントの事例の提供の求めがあった場合は、これに協力するよう努める

● ケアプラン作成

主治の医師等の意見等	● 介護支援専門員は、利用者が訪問看護、通所リハビリテーション等の医療サービスの利用を希望している場合その他必要な場合には、利用者の同意を得て主治の医師等の意見を求めなければならない
	● 主治の医師等の意見を求めた場合において、介護支援専門員は、居宅サービス計画を作成した際には、当該居宅サービス計画を主治の医師等に交付しなければならない
	● 介護支援専門員は、居宅サービス計画に訪問看護、通所リハビリテーション等の医療サービスを位置づける場合は、主治の医師等の指示がある場合に限りこれを行う ● 医療サービス以外の指定居宅サービス等を位置づける場合は、主治の医師の医学的観点からの留意事項が示されているときは、当該留意点を尊重してこれを行う
	● 介護支援専門員は、指定居宅サービス事業者等から利用者にかかる情報の提供を受けたときその他必要と認めるときは、利用者の服薬状況、口腔機能その他の利用者の心身または生活の状況にかかる情報のうち必要と認めるものを、利用者の同意を得て主治の医師もしくは歯科医師または薬剤師に提供するものとする
一定回数以上の 訪問介護の位置づけ	● 介護支援専門員は、居宅サービス計画に厚生労働大臣が定める回数以上の訪問介護（生活援助中心型）を位置づける場合にあっては、その利用の妥当性を検討し、当該居宅サービス計画に訪問介護が必要な理由を記載するとともに、当該居宅サービス計画を市町村に届け出なければならない

厚生労働大臣が 定める回数	要介護1	要介護2	要介護3	要介護4	要介護5
	27 回	34 回	43 回	38 回	31 回

短期入所サービスの 位置づけ	● 介護支援専門員は、居宅サービス計画に短期入所サービスを位置づける場合は、特に必要と認められる場合を除き、短期入所する日数が要介護認定の有効期間のおおむね半数を超えないようにしなければならない
福祉用具の位置づけ	● 介護支援専門員は、居宅サービス計画に福祉用具貸与を位置づける場合は、福祉用具貸与が必要な理由を記載するとともに、必要に応じて随時サービス担当者会議を開催し、継続して福祉用具貸与を受ける必要がある場合にはその理由を居宅サービス計画に記載しなければならない
	● 介護支援専門員は、居宅サービス計画に特定福祉用具販売を位置づける場合は、その利用の妥当性を検討し、特定福祉用具販売が必要な理由を記載しなければならない
利用者に対する 居宅サービス計画等の 書類の交付	● （利用者がほかの居宅介護支援事業者の利用を希望する場合、）要介護認定を受けている利用者が要支援認定を受けた場合その他利用者からの申出があった場合には、当該利用者に対し、直近の居宅サービス計画およびその実施状況に関する書類を交付しなければならない

居宅介護支援の流れ

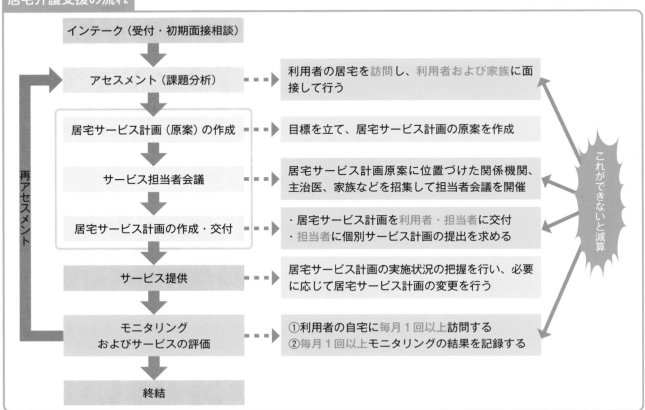

居宅介護支援の流れ

インテーク（受付・初期面接相談）

↓

アセスメント（課題分析） ┈┈▶ 利用者の居宅を訪問し、利用者および家族に面接して行う

↓

居宅サービス計画（原案）の作成 ┈┈▶ 目標を立て、居宅サービス計画の原案を作成

↓

サービス担当者会議 ┈┈▶ 居宅サービス計画原案に位置づけた関係機関、主治医、家族などを招集して担当者会議を開催

↓

居宅サービス計画の作成・交付 ┈┈▶ ・居宅サービス計画を利用者・担当者に交付 ・担当者に個別サービス計画の提出を求める

↓

サービス提供 ┈┈▶ 居宅サービス計画の実施状況の把握を行い、必要に応じて居宅サービス計画の変更を行う

↓

モニタリングおよびサービスの評価 ┈┈▶ ①利用者の自宅に毎月1回以上訪問する ②毎月1回以上モニタリングの結果を記録する

↓

終結

（左：再アセスメント）

（右：これができないと減算）

課題分析標準項目　2023年改正

	基本情報に関する項目		課題分析（アセスメント）に関する項目		
1	基本情報（受付、利用者等基本情報）	10	健康状態	19	食事摂取の状況
2	これまでの生活と現在の状況	11	ADL	20	社会との関わり
3	利用者の社会保障制度の利用情報	12	IADL	21	家族等の状況
4	現在利用している支援や社会資源の状況	13	認知機能や判断能力	22	居住環境
5	日常生活自立度（障害）	14	コミュニケーションにおける理解と表出の状況	23	その他留意すべき事項・状況
6	日常生活自立度（認知症）	15	生活リズム		
7	主訴・意向	16	排泄の状況		
8	認定情報	17	清潔の保持に関する状況		
9	今回のアセスメントの理由	18	口腔内の状況		

アセスメント	アセスメント		● 介護支援専門員は、居宅サービス計画の作成にあたっては、利用者が自立した日常生活を営むことができるように支援するうえで解決すべき課題を把握しなければならない
	訪問・面接		● 介護支援専門員は、アセスメントにあたっては、利用者の居宅を訪問し、利用者およびその家族に面接して行わなければならない
サービス担当者会議	サービス担当者会議		● 介護支援専門員は、サービス担当者会議の開催により、利用者の状況等に関する情報を担当者と共有するとともに、当該居宅サービス計画の原案の内容について、担当者から、専門的な見地からの意見を求める
	照会		● ただし、末期の悪性腫瘍の利用者の心身の状況等により、主治医の意見を勘案して必要と認める場合、その他やむを得ない理由がある場合については、担当者に対する照会等により意見を求めることができる
	開催義務		● 介護支援専門員は、次に掲げる場合においては、サービス担当者会議の開催により、居宅サービス計画の変更の必要性について、担当者から、専門的な見地からの意見を求めるものとする
		1	要介護認定を受けている利用者が要介護更新認定を受けた場合
		2	要介護認定を受けている利用者が要介護状態区分の変更の認定を受けた場合
計画表の交付	説明および同意		● 介護支援専門員は、居宅サービス計画の原案の内容について利用者またはその家族に対して説明し、文書により利用者の同意を得なければならない
	交付		● 介護支援専門員は、居宅サービス計画を作成した際には、当該居宅サービス計画を利用者および担当者に交付しなければならない
	個別サービス計画の提出		● 居宅サービス計画に位置づけた担当者に個別サービス計画の提出を求める（個別サービス計画の作成が義務づけられていない、訪問入浴介護、居宅療養管理指導は除く）
モニタリング	モニタリングおよびサービスの評価		● 介護支援専門員は、居宅サービス計画の作成後、居宅サービス計画の実施状況の把握（利用者についての継続的なアセスメントを含む）を行い、必要に応じて居宅サービス計画の変更、指定居宅サービス事業者等との連絡調整その他の便宜の提供を行うものとする
	方法		● モニタリング（実施状況の把握）にあたっては、利用者およびその家族、指定居宅サービス事業者等との連絡を継続的に行うこととし、特段の事情のない限り、次に定めるところにより行わなければならない
		1	少なくとも 1 か月に 1 回、利用者の居宅を訪問し、利用者に面接すること
		2	少なくとも 1 か月に 1 回、モニタリングの結果を記録すること
	テレビ電話装置等の活用 **2023 年改正**		● 次の要件を満たす場合は、少なくとも 2 か月に 1 回利用者の居宅を訪問し、利用者の居宅を訪問しない月においては、テレビ電話装置等を活用したモニタリングを行うことができる
		要件	①利用者の同意を得ること ②サービス担当者会議等において、利用者の心身の状態が安定していること、担当者から情報提供を受けることなどについて合意を得ていること

居宅介護支援の介護報酬

居宅介護支援費	1人あたりの 取扱件数 要介護度	45件未満（※）	45～60件未満	60件以上
	要介護1・2	1,086単位／月	544単位／月	326単位／月
	要介護3・4・5	1,411単位／月	704単位／月	422単位／月

（※）一定のICTの活用または事務職員の配置を行っているなど一定の要件を満たす事業者については50件未満

主な加減算

初回加算	● 新規に居宅サービス計画を作成、要介護度が2以上変更の場合に加算
退院・退所加算 （入院・入所期間中1回を限度）	● 退院・退所時に医療機関等と連携し、居宅サービス計画を作成した場合に加算
入院時情報連携加算	● 利用者が入院するにあたり、医療機関に情報提供した場合に加算
緊急時居宅カンファレンス加算	● 病院・診療所の求めにより、病院等の職員とともに、利用者の居宅を訪問してカンファレンスを行った場合に算定（月に2回まで）
通院時情報連携加算	● 利用者が医師（2024年度より歯科医師も対象）の診察を受ける際に同席し、医師等と情報連携を行った場合に加算
ターミナルケアマネジメント加算	● 死亡日および死亡日前14日以内に2日以上在宅の訪問等を行った場合
特定事業所加算	● 一定の条件を満たす居宅介護支援事業所に加算
特定事業所集中減算	● 居宅サービス計画に位置づけた、特定の事業所（訪問介護、通所介護、地域密着型通所介護、福祉用具貸与）の占める割合が6か月間平均で80%以上の場合
● 運営基準減算	● 運営基準違反が「あった月」から、解消された「月の前月」まで減算

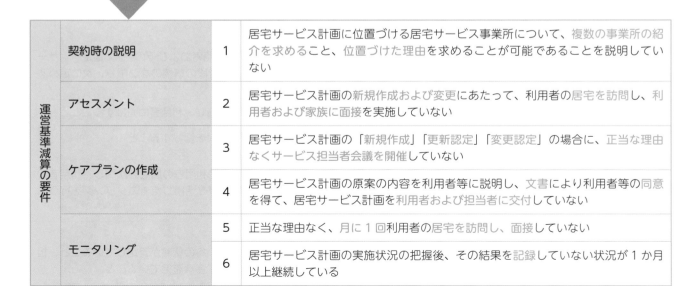

運営基準減算の要件	契約時の説明	1	居宅サービス計画に位置づける居宅サービス事業所について、複数の事業所の紹介を求めること、位置づけた理由を求めることが可能であることを説明していない
	アセスメント	2	居宅サービス計画の新規作成および変更にあたって、利用者の居宅を訪問し、利用者および家族に面接を実施していない
	ケアプランの作成	3	居宅サービス計画の「新規作成」「更新認定」「変更認定」の場合に、正当な理由なくサービス担当者会議を開催していない
		4	居宅サービス計画の原案の内容を利用者等に説明し、文書により利用者等の同意を得て、居宅サービス計画を利用者および担当者に交付していない
	モニタリング	5	正当な理由なく、月に1回利用者の居宅を訪問し、面接していない
		6	居宅サービス計画の実施状況の把握後、その結果を記録していない状況が1か月以上継続している

ケアプラン作成にかかわる帳票の整理

★帳票に関する設問が時々出題されるので、概要を確認しておきましょう

要介護・要支援認定	介護保険要介護認定等申請書	認定調査票 ・概況調査 ・基本調査	主治医意見書	介護保険被保険者証
介護予防ケアマネジメント (要支援者、介護予防・生活支援サービス事業対象者)	利用者基本情報	基本チェックリスト	介護予防サービス・支援計画書	介護予防支援経過記録(サービス担当者会議の要点を含む)
	介護予防サービス・支援評価表	サービス利用票 サービス提供票 (要支援者のみ)		
居宅介護支援	居宅サービス計画書(1)	居宅サービス計画書(2)	週間サービス計画表	サービス担当者会議の要点
	居宅介護支援経過	サービス利用表 サービス提供表		
施設介護支援	施設サービス計画書(1)	施設サービス計画書(2)	週間サービス計画表 選定による使用可	日課計画表
	サービス担当者会議の要点	施設介護支援経過		

ケアマネジメント 介護予防支援

介護予防ケアマネジメントの流れ

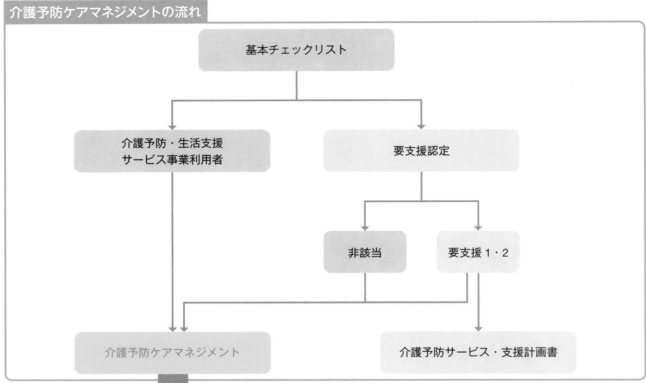

介護予防ケアマネジメントは、次の3つの類型の介護予防ケアマネジメントが可能

類型	ケアマネジメントA	ケアマネジメントB	ケアマネジメントC
概要	● 原則的なケアマネジメントプロセス	● 簡略化したケアマネジメントプロセス	● 初回のみのケアマネジメントプロセス
内容	● 通常の介護予防支援の流れ、様式を利用して実施	● サービス担当者会議は開催しなくてもよい ● モニタリングは適宜行う	● ケアマネジメントの結果、補助や助成のサービス利用やその他の生活支援サービスの利用につなげる場合
実施主体	● 地域包括支援センター ● 居宅介護支援事業所（委託）	● 地域包括支援センター ● 居宅介護支援事業所（委託）	● 地域包括支援センター
対象サービス	● 介護予防・生活支援サービス事業（訪問型・通所型）の指定を受けた事業所のサービスを利用 ● 指定を受けたサービスとその他のサービスを併用	● 指定事業所以外のサービスを利用 ● ケアマネジメントの過程で判断した場合	● 住民主体のサービス利用等、補助や助成のサービス利用や配食サービスなどその他の生活支援サービスを利用

介護予防支援事業者

地域包括支援センター

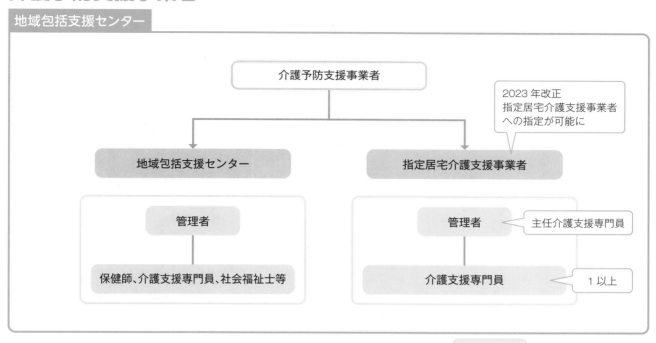

	2023年改正
介護予防支援事業者の指定	● 市町村は、地域包括支援センターの設置者または指定居宅介護支援事業者の申請により、指定居宅介護支援事業を行う事業所ごとに行う
介護予防支援事業に関する情報提供の求め等	● 市町村長は、介護予防サービス計画の検証の実施にあたって必要があると認めるときは、指定介護予防支援事業者に対し、情報の提供を求めることができる ● 指定居宅介護支援事業者である指定介護予防支援事業者は、地域包括支援センターに対し、必要な助言を求めることができる

● 人員基準

管理者			● 事業者は、事業所ごとに常勤の管理者を置かなければならない ● 指定居宅介護支援事業者は、常勤かつ主任介護支援専門員である管理者を置かなければならない ● 管理者は、専らその職務に従事する者でなければならない ● ただし、管理に支障がない場合、当該指定介護予防支援事業所のほかの職務、管理上支障がない範囲でほかの事業所の職務に従事することができる
担当職員	地域包括支援センター		● 指定介護予防支援事業者は、指定介護予防支援事業所ごとに1以上の員数の指定介護予防支援の提供にあたる必要な数の保健師その他の指定介護予防支援に関する知識を有する職員を置かなければならない
		担当職員	● 保健師、介護支援専門員、社会福祉士、経験のある看護師、高齢者保健福祉に関する相談業務等に3年以上従事した社会福祉主事
	居宅介護支援事業者		● 事業所ごとに1以上の員数の介護支援専門員を置かなければならない

介護予防支援の流れ

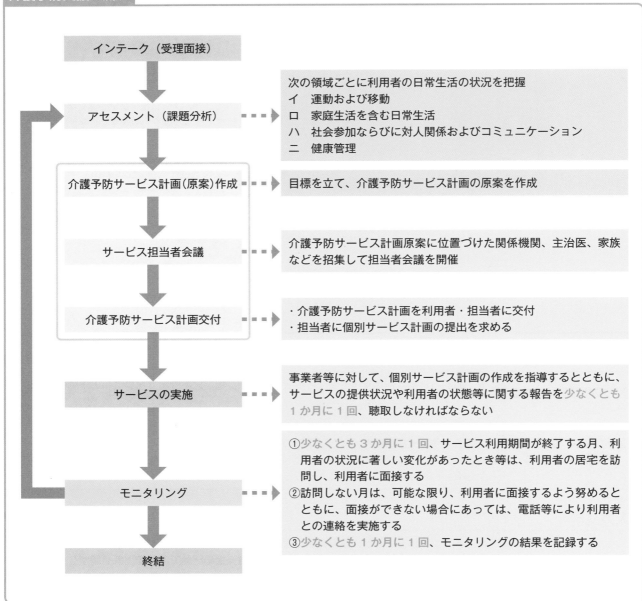

インテーク（受理面接）

アセスメント（課題分析） ----> 次の領域ごとに利用者の日常生活の状況を把握
イ　運動および移動
ロ　家庭生活を含む日常生活
ハ　社会参加ならびに対人関係およびコミュニケーション
ニ　健康管理

介護予防サービス計画（原案）作成 ----> 目標を立て、介護予防サービス計画の原案を作成

サービス担当者会議 ----> 介護予防サービス計画原案に位置づけた関係機関、主治医、家族などを招集して担当者会議を開催

介護予防サービス計画交付 ----> ・介護予防サービス計画を利用者・担当者に交付
・担当者に個別サービス計画の提出を求める

サービスの実施 ----> 事業者等に対して、個別サービス計画の作成を指導するとともに、サービスの提供状況や利用者の状態等に関する報告を少なくとも1か月に1回、聴取しなければならない

モニタリング ----> ①少なくとも3か月に1回、サービス利用期間が終了する月、利用者の状況に著しい変化があったとき等は、利用者の居宅を訪問し、利用者に面接する
②訪問しない月は、可能な限り、利用者に面接するよう努めるとともに、面接ができない場合にあっては、電話等により利用者との連絡を実施する
③少なくとも1か月に1回、モニタリングの結果を記録する

終結

介護予防支援の介護報酬

介護予防支援費	地域包括支援センターが行う場合	442 単位 / 月
	指定居宅介護支援事業者が行う場合	472 単位 / 月
初回加算	新規に介護予防サービス計画を作成する場合に加算	

アセスメント	● 担当職員は、次に掲げる各領域ごとに利用者の日常生活の状況を把握し、介護予防の効果を最大限に発揮し、利用者が自立した日常生活を営むことができるように支援すべき総合的な課題を把握しなければならない	
	1	運動および移動
	2	家庭生活を含む日常生活
	3	社会参加ならびに対人関係およびコミュニケーション
	4	健康管理
訪問・面接	● 担当職員は、アセスメント（解決すべき課題の把握）にあたっては、利用者の居宅を訪問し、利用者およびその家族に面接して行わなければならない	
サービス担当者会議	● 担当職員は、サービス担当者会議の開催により、利用者の状況等に関する情報を担当者と共有するとともに、当該介護予防サービス計画の原案の内容について、担当者から、専門的な見地からの意見を求める	
開催義務	● 次に掲げる場合は、サービス担当者会議を開催しなければならない	
	1	要支援認定を受けている利用者が要支援更新認定を受けた場合
	2	要支援認定を受けている利用者が要支援状態区分の変更の認定を受けた場合
説明および同意	● 担当職員は、介護予防サービス計画の原案の内容について利用者またはその家族に対して説明し、文書により利用者の同意を得なければならない	
交付	● 担当職員は、介護予防サービス計画を作成した際には、当該介護予防サービス計画を利用者および担当者に交付しなければならない	
モニタリング	● 指定介護予防サービス事業者等に対して、サービスの提供状況や利用者の状態等に関する報告を少なくとも1か月に1回、聴取しなければならない ● 介護予防サービス計画に位置づけた期間が終了するときは、当該計画の目標の達成状況について評価しなければならない	
方法	● モニタリング（実施状況の把握）にあたっては、次に定めるところにより行わなければならない	
	1	● 少なくともサービスの提供を開始する月の翌月から起算して3か月に1回およびサービスの評価期間が終了する月ならびに利用者の状況に著しい変化があったときは、利用者の居宅を訪問し、利用者に面接すること
	2	● 利用者の居宅を訪問しない月においては、可能な限り、指定介護予防通所リハビリテーション事業所を訪問する等の方法により利用者に面接するよう努めるとともに、当該面接ができない場合にあっては、電話等により利用者との連絡を実施すること
	3	● 少なくとも1か月に1回、モニタリングの結果を記録すること
テレビ電話装置等の活用	● 次の要件を満たす場合は、少なくとも6か月に1回利用者の居宅を訪問し、利用者の居宅を訪問しない月においては、テレビ電話装置等を活用したモニタリングを行うことができる	
	要件	①利用者の同意を得ること ②サービス担当者会議等において、利用者の心身の状態が安定していること、担当者から情報提供を受けることなどについて合意を得ていること

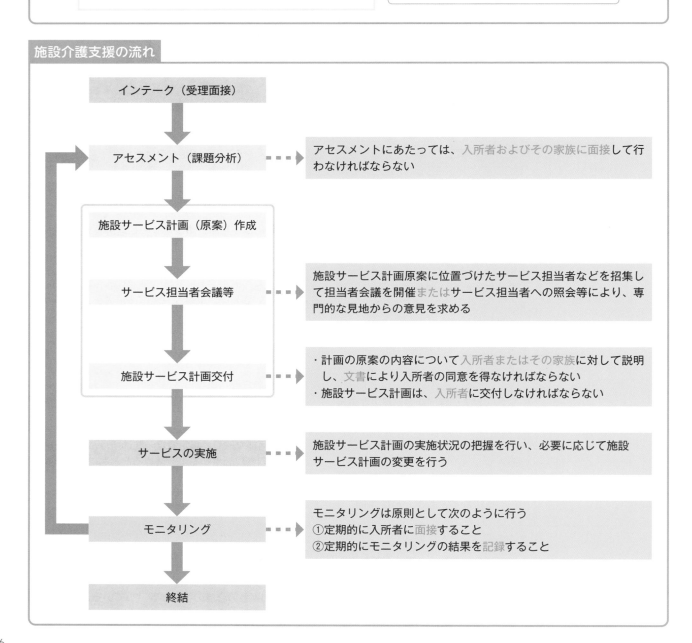

人員基準

サービス担当者

管理者

相談員・看護・介護職員など

介護支援専門員

兼務可

1人以上
（入所者の数が100人またはその端数を増すごとに1人を標準）

● 常勤・専従（増員する場合は非常勤でも可）
● 兼務可（入所者の処遇に支障がない場合は、施設のほかの職務に従事することができる。居宅介護支援とは原則兼務できない）

施設介護支援の流れ

インテーク（受理面接）

アセスメント（課題分析） ・・・▶ アセスメントにあたっては、入所者およびその家族に面接して行わなければならない

施設サービス計画（原案）作成

サービス担当者会議等 ・・・▶ 施設サービス計画原案に位置づけたサービス担当者などを招集して担当者会議を開催またはサービス担当者への照会等により、専門的な見地からの意見を求める

施設サービス計画交付 ・・・▶ ・計画の原案の内容について入所者またはその家族に対して説明し、文書により入所者の同意を得なければならない
・施設サービス計画は、入所者に交付しなければならない

サービスの実施 ・・・▶ 施設サービス計画の実施状況の把握を行い、必要に応じて施設サービス計画の変更を行う

モニタリング ・・・▶ モニタリングは原則として次のように行う
①定期的に入所者に面接すること
②定期的にモニタリングの結果を記録すること

終結

	担当	● 介護保険施設の管理者は、介護支援専門員（計画担当介護支援専門員）に施設サービス計画の作成に関する業務を担当させるものとする ● 計画担当介護支援専門員は、施設サービス計画の作成にあたっては、入所者の日常生活全般を支援する観点から、当該地域の住民による自発的な活動によるサービス等の利用も含めて施設サービス計画上に位置づけるよう努めなければならない
アセスメント	アセスメント	● 計画担当介護支援専門員は、施設サービス計画の作成にあたっては、入所者が自立した日常生活を営むことができるように支援するうえで解決すべき課題を把握（アセスメント）しなければならない
	訪問・面接	● 計画担当介護支援専門員は、アセスメントにあたっては、入所者およびその家族に面接して行わなければならない
ケアプランの作成	施設サービス計画原案の作成	● 計画担当介護支援専門員は、入所者の希望および入所者についてのアセスメントの結果に基づき、入所者の家族の希望を勘案して、施設サービス計画の原案を作成しなければならない
	サービス担当者会議	● 計画担当介護支援専門員は、サービス担当者会議の開催、担当者に対する照会等により、当該施設サービス計画の原案の内容について、担当者から、専門的な見地からの意見を求める
	開催義務	● 計画担当介護支援専門員は、次に掲げる場合においては、サービス担当者会議の開催、担当者に対する照会等により、施設サービス計画の変更の必要性について、担当者から、専門的な見地からの意見を求める 1　入所者が要介護更新認定を受けた場合 2　入所者が要介護状態区分の変更の認定を受けた場合
	説明および同意	● 計画担当介護支援専門員は、施設サービス計画の原案の内容について入所者またはその家族に対して説明し、文書により入所者の同意を得なければならない
	交付	● 計画担当介護支援専門員は、施設サービス計画を作成した際には、当該施設サービス計画を入所者に交付しなければならない
モニタリング	モニタリング	● 計画担当介護支援専門員は、施設サービス計画の作成後、施設サービス計画の実施状況の把握（入所者についての継続的なアセスメントを含む）を行い、必要に応じて施設サービス計画の変更を行うものとする
	方法	計画担当介護支援専門員は、モニタリング（実施状況の把握）にあたっては、入所者およびその家族ならびに担当者との連絡を継続的に行うこととし、特段の事情のない限り、次に定めるところにより行わなければならない 1　定期的に入所者に面接すること 2　定期的にモニタリングの結果を記録すること

国保連と審査会

介護保険審査会・国民健康保険団体連合会・介護認定審査会

名　　　称	業務内容	ポイント
介護保険審査会	● 市町村の行った行政処分に対する不服申立ての審理・裁決	● 訴訟は、介護保険審査会への審査請求の裁決後に提起できる ● 「専門調査員」を置くことができる
国民健康保険団体連合会	● 審査・支払	● 市町村から委託を受けて、介護給付費や総合事業の審査・支払を実施
	● 苦情処理等の業務	● 指定基準違反に至らない程度の苦情の処理を行う
	● 第三者行為求償事務	● 市町村から委託を受けて損害賠償請求権にかかる損害賠償金の徴収・収納の事務を実施
	● 介護保険施設等の運営	● 指定居宅サービス、指定地域密着型サービス、指定介護予防サービス、介護保険施設等の運営
介護認定審査会	● 要介護認定の審査・判定	● 認定は、「市町村」が実施 ● 市町村が共同で設置することも可能 ● 都道府県に委託することも可能

● 各団体の委員構成

名　　　称	設置場所	委員	任命	任期
介護保険審査会	都道府県 1か所	①被保険者代表　　3人 ②市町村代表　　　3人 ③公益代表　　　　3人以上	都道府県 知事	3年
介護給付費等審査委員会 （国民健康保険団体連合会）	都道府県 （国保連内） 1か所	①介護サービス代表 ②市町村代表 ③公益代表	国保連	2年
介護認定審査会	保険者ごと	保健・医療・福祉の学識経験者 5人を標準／合議体（条例で定める）	市町村長	2年（※）

（※）2年を超え3年以下の期間で市町村が条例で定める場合はその期間となる

介護保険審査会

介護保険審査会	● 介護保険審査会は、各都道府県に置く。公益を代表する委員のうちから委員が選挙する会長1人を置く	
審査請求できる処分	● 保険給付に関する処分 ● 被保険者証の交付の請求に関する処分 ● 要介護認定または要支援認定に関する処分 ● 保険料、徴収金に関する処分	
専門調査員	● 介護保険審査会に、要介護認定または要支援認定に関する処分に対する審査請求の事件に関し、専門の事項を調査させるため、専門調査員を置くことができる ● 専門調査員は、要介護者等の保健、医療または福祉に関する学識経験を有する者のうちから、都道府県知事が任命する（専門調査員は、非常勤とする）	
合議体	● 介護保険審査会は、被保険者を代表する委員、市町村を代表する委員、公益を代表する委員で構成する合議体で、審査請求（要介護認定または要支援認定に関する処分に対するものを除く）の事件を取り扱う ● 要介護認定または要支援認定に関する処分に対する審査請求の事件は、公益を代表する委員のうちから、保険審査会が指名する3人をもって構成する合議体で取り扱う	
審査請求の期間および方式	● 審査請求は、処分があったことを知った日の翌日から起算して3か月以内に、文書または口頭でしなければならない	
訴訟との関係	● 処分の取消しの訴えは、当該処分についての審査請求に対する裁決を経た後でなければ、提起することができない	

国民健康保険団体連合会

国民健康保険団体連合会	● 国民健康保険団体連合会は、国民健康保険法の規定による業務のほか、次に掲げる業務を行う	
審査および支払等	● 市町村から委託を受けて行う介護給付費の請求、介護予防・日常生活支援総合事業の支払決定に関する審査および支払	
	介護給付費等審査委員会	● 必要があると認めるときは、都道府県知事の承認を得て、サービス提供事業者・施設に対して、報告、帳簿書類の提出、提示を求め、または開設者・管理者・サービス担当者等の出頭または説明を求めることができる
苦情処理等の業務	● 事業者・施設に対しての質の向上に関する調査ならびに必要な指導および助言	
	苦情処理担当委員	● 学識経験者のなかから苦情処理担当の委員を委嘱する
第三者行為求償事務	● 市町村から委託を受けて行う第三者に対する損害賠償金の徴収または収納の事務	
介護保険施設等の運営	● 指定居宅サービス、指定地域密着型サービス、指定居宅介護支援、指定介護予防サービスおよび指定地域密着型介護予防サービスの事業ならびに介護保険施設の運営	
その他	● 介護保険事業の円滑な運営に資する事業（市町村から依頼を受けての市町村事務の共同電算処理等）	

低所得者対策

高額介護（予防）サービス費

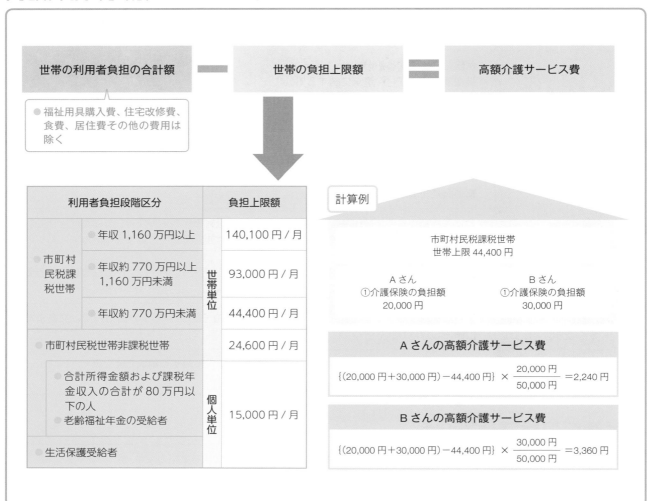

| 世帯の利用者負担の合計額 | − | 世帯の負担上限額 | ＝ | 高額介護サービス費 |

● 福祉用具購入費、住宅改修費、食費、居住費その他の費用は除く

利用者負担段階区分		負担上限額	
市町村民税課税世帯	年収 1,160 万円以上	140,100 円 / 月	世帯単位
	年収約 770 万円以上 1,160 万円未満	93,000 円 / 月	
	年収約 770 万円未満	44,400 円 / 月	
市町村民税世帯非課税世帯		24,600 円 / 月	
● 合計所得金額および課税年金収入の合計が 80 万円以下の人 ● 老齢福祉年金の受給者		15,000 円 / 月	個人単位
生活保護受給者			

計算例

市町村民税課税世帯
世帯上限 44,400 円

A さん
①介護保険の負担額
20,000 円

B さん
①介護保険の負担額
30,000 円

A さんの高額介護サービス費

$$\{(20,000 円＋30,000 円)－44,400 円\} \times \frac{20,000 円}{50,000 円} ＝2,240 円$$

B さんの高額介護サービス費

$$\{(20,000 円＋30,000 円)－44,400 円\} \times \frac{30,000 円}{50,000 円} ＝3,360 円$$

高額介護（予防）サービス費	● 高額介護（予防）サービス費は、1 か月あたりの介護保険サービスの利用負担が著しく高額であるときに、負担上限額を超える金額が高額介護（予防）サービス費として支給される
支給申請	● 高額介護サービス費の支給を受けようとする要介護被保険者は、申請書に証拠書類を添付して市町村に提出 ● 世帯単位の上限額の軽減の適用は、支給対象月ごとに、月の初日における世帯主、世帯員等の課税状況により判断
対象となるもの	● 居宅サービス、地域密着型サービス、施設サービス等にかかる定率 1 〜 3 割の自己負担
支給対象とならないもの	● 福祉用具購入費の自己負担 ● 住宅改修費の自己負担 ● 食費、居住費その他の費用

高額医療合算介護（予防）サービス費

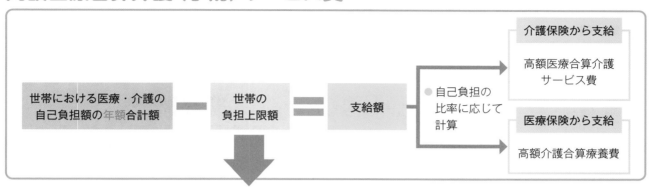

課税所得	70歳以上および後期高齢者医療
690万円以上	212万円
380万円以上	141万円
145万円以上	67万円
145万円未満	56万円
市町村民税世帯非課税	31万円または19万円

標準報酬月額	70歳未満の健康保険の場合
83万円以上	212万円
53万円以上	141万円
28万円以上	67万円
26万円以下	60万円
市町村民税世帯非課税	34万円

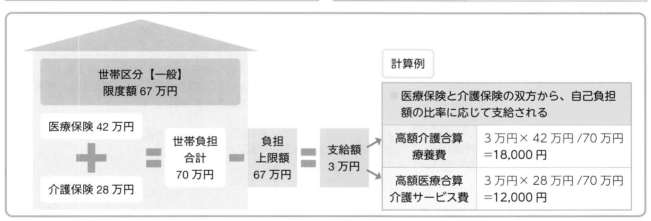

高額医療合算介護（予防）サービス費	●各医療保険における「世帯」内で、「医療保険」と「介護保険」の両制度の自己負担額の1年間（前年8月～当年7月）合計額が一定の上限額を超えた場合に、介護保険からは高額医療合算介護（予防）サービス費が、医療保険からは高額介護合算療養費が支給される
支給申請	●介護保険の保険者（市町村）に申請（市町村は、「介護自己負担額証明書」を交付する） ●「介護自己負担額証明書」を添付して、医療保険者に申請する ●医療保険者は、介護保険の保険者（市町村）へ支給額を通知する ●介護保険の保険者（市町村）は、医療保険者から通知を受けたときは、被保険者に支給額を支給しなければならない

特定入所者介護（予防）サービス費（補足給付）

> 特定入所者介護サービス費は、介護保険施設、地域密着型介護老人福祉施設入所者生活介護、（介護予防）短期入所生活介護、（介護予防）短期入所療養介護における「居住費」および「食費」に対して、負担限度額を超える額を給付する

特別養護老人ホーム・ユニット型個室の場合

特定入所者介護サービス費 ＝ 基準費用額（日額）

居住費（滞在費）　2,006 円

食費　1,445 円

負担限度額（日額）

利用者負担段階		居住費または滞在費	食費
第 1 段階	生活保護受給者 市町村民税非課税世帯である老齢福祉年金受給者	820 円	300 円
第 2 段階	市町村民税世帯非課税　課税年金収入＋合計所得金額が 80 万円以下	820 円	600 円
第 3 段階①	課税年金収入＋合計所得金額が 81 万円以上 120 万円以下	1,310 円	1,000 円
第 3 段階②	課税年金収入＋合計所得金額が 120 万円超	1,310 円	1,300 円

● 特定入所者介護サービス

特定入所者介護（予防）サービス		● 市町村は、低所得の要介護（要支援）被保険者が、介護保険施設等における「食事の提供に要した費用」および「居住または滞在に要した費用」について、特定入所者介護（予防）サービス費を支給する
	支給対象者	● 低所得者→所得区分に応じた利用者負担段階の第 1 段階から第 3 段階に該当する人 ※世帯分離した場合でも配偶者が課税されている場合、預貯金等が一定金額以上は対象外 ※非課税年金（障害年金、遺族年金）も合計所得に含めて判定
	対象サービス	特定介護サービス：● 介護保険施設（介護老人福祉施設、介護老人保健施設、介護医療院）● 地域密着型介護老人福祉施設入所者生活介護 ● 短期入所生活介護 ● 短期入所療養介護 特定介護予防サービス：● 介護予防短期入所生活介護 ● 介護予防短期入所療養介護
	基準費用額	● 施設等による食事の提供、居住等に要する平均的な費用の額等を勘案して厚生労働大臣が定める額（実際にかかった費用がそれより低い場合はその額）
	負担限度額	● 所得の状況その他の事情を勘案して厚生労働大臣が定める額
	支給額	● 「食費の基準費用額から食費の負担限度額を控除した額」と「居住費の基準費用額から居住費の負担限度額を控除した額」の合計額
	手続き	● 被保険者は、保険者（市町村）に「介護保険負担限度額認定証」の交付申請をする

社会福祉法人等による利用者負担額軽減制度

社会福祉法人等による利用者負担額軽減制度		● 低所得で生計が困難である者および生活保護受給者について、介護保険サービスの提供を行う社会福祉法人等が、その社会的な役割にかんがみ、利用者負担を軽減することにより、介護保険サービスの利用促進を図ることを目的としている
実施主体		● 実施主体は、市町村 ● 利用者負担の軽減を行おうとする社会福祉法人等は、事業所および施設の所在地の都道府県知事および市町村長に対して申出を行う
対象者の要件		● 市町村民税世帯非課税者で、一定の要件を満たす者のうち生計が困難と市町村が認めた者および生活保護受給者
対象となる費用	①利用者負担	● 訪問介護 ● 通所介護　● 地域密着型通所介護 ● （介護予防）短期入所生活介護 ● （介護予防）認知症対応型通所介護 ● （介護予防）小規模多機能型居宅介護 ● 夜間対応型訪問介護　● 定期巡回・随時対応型訪問介護看護 ● 看護小規模多機能型居宅介護 ● 地域密着型介護老人福祉施設入所者生活介護 ● 介護老人福祉施設 ● 第1号訪問事業のうち従来の介護予防訪問介護に相当する事業、第1号通所事業のうち従来の介護予防通所介護に相当する事業 ● 訪問看護など医療系の居宅サービスや認知症対応型共同生活介護、訪問入浴介護などは含まれない
	②食費・居住費（滞在費）、宿泊費	
軽減の程度		● 利用者負担の4分の1（老齢福祉年金受給者は2分の1）が原則で、市町村が個別に決定して確認証に記載する ● ただし、生活保護受給者については、利用者負担の全額とする
手続き		● 市町村に申請し、市町村が対象者に対し「社会福祉法人等利用者負担軽減確認証」を交付 ● 社会福祉法人等は、確認証を提示した利用者について確認証の内容に基づき利用料を軽減する
公費助成		● 社会福祉法人等が、利用者負担を減免した総額のうち、本来受領すべき利用料（全員分）の1%を超える部分とし、その2分の1を基本としてそれ以下の範囲内で助成できる

その他の低所得者対策

災害等特別な事情があるとき	● 災害など特別な理由があり（事情が必要）自己負担の支払が困難と認められる方は、市町村は1割負担を減免または控除できる
利用者負担をした場合に生活保護が必要となるとき	● 本来負担すべき、食費・居住費（滞在費）、高額介護サービス費等の基準を適用すると生活保護が必要となってしまうが、より低い基準を適用すれば保護を必要としない状態となる人（境界層該当者）は、その軽減された基準を適用する
市町村民税課税世帯層における食費・居住費の特例減額措置	● 市町村民税課税世帯（第4段階）でも、高齢者夫婦の一方が施設に入所して食費・居住費（滞在費）を負担すると生計が困難になるような場合は、第3段階とみなして特定入所者介護サービス費を支給することができる

ほかの制度との関係

介護保険とほかの制度との給付調整

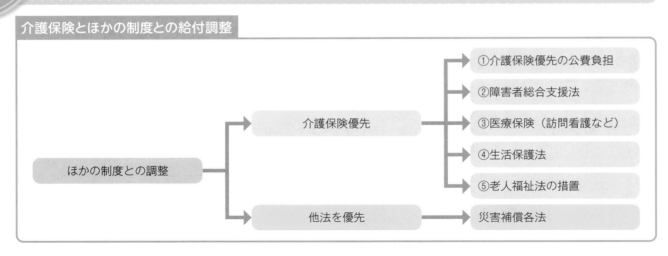

ほかの制度との調整

- 介護保険優先
  - ①介護保険優先の公費負担
  - ②障害者総合支援法
  - ③医療保険（訪問看護など）
  - ④生活保護法
  - ⑤老人福祉法の措置
- 他法を優先
  - 災害補償各法

介護保険を優先した場合の算定例

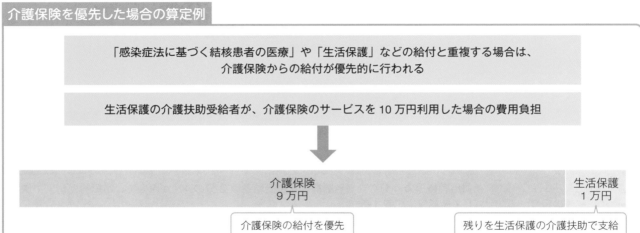

「感染症法に基づく結核患者の医療」や「生活保護」などの給付と重複する場合は、介護保険からの給付が優先的に行われる

生活保護の介護扶助受給者が、介護保険のサービスを10万円利用した場合の費用負担

介護保険 9万円	生活保護 1万円
介護保険の給付を優先	残りを生活保護の介護扶助で支給

他法を優先した場合の算定例

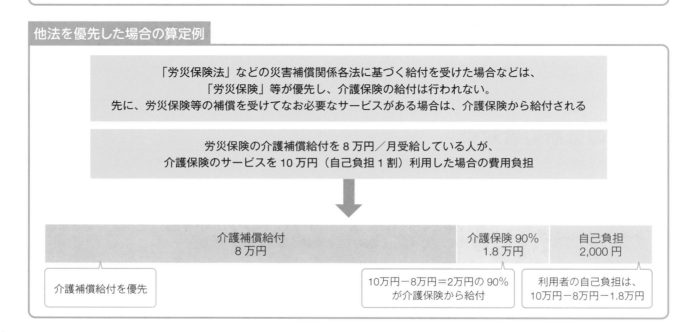

「労災保険法」などの災害補償関係各法に基づく給付を受けた場合などは、「労災保険」等が優先し、介護保険の給付は行われない。
先に、労災保険等の補償を受けてなお必要なサービスがある場合は、介護保険から給付される

労災保険の介護補償給付を8万円／月受給している人が、
介護保険のサービスを10万円（自己負担1割）利用した場合の費用負担

介護補償給付 8万円	介護保険90% 1.8万円	自己負担 2,000円
介護補償給付を優先	10万円－8万円＝2万円の90%が介護保険から給付	利用者の自己負担は、10万円－8万円－1.8万円

災害補償関係各法との調整	●災害補償関係各法によって、介護保険の給付に相当する給付を受けられるときは、他法令の給付が優先し、一定限度で介護保険の給付は行われない	
災害補償各法	労働災害に対する補償給付	●労働者災害補償保険法（労災保険法） ●船員保険法 ●労働基準法　等
	公務災害に対する補償	●国家公務員災害補償法 ●地方公務員災害補償法 ●警察官の職務に協力援助した者の災害給付に関する法律　等
	国家補償的な給付	●戦傷病者特別援護法 ●原子爆弾被爆者に対する援護に関する法律 ●証人等の被害についての給付に関する法律　等
生活保護法の介護扶助	介護保険の被保険者	●第1号被保険者であって生活保護の被保護者が要支援者・要介護者となった場合は、介護保険の給付が優先して行われる ●利用者負担部分について、生活保護の介護扶助が行われる
	介護保険の被保険者以外	●40歳以上65歳未満の被保護者はほとんどが医療保険加入者ではないので介護保険の第2号被保険者には該当しない ●介護が必要になった場合は、障害者総合支援法等が適用される場合は優先して活用したうえで、不足する部分について介護扶助を適用し、介護サービスに要した費用の全額を負担する ●介護扶助の範囲は、基本的に介護保険の給付範囲と同様
保険優先の公費負担医療	●保険優先の公費負担医療制度（感染症の予防及び感染症の患者に対する医療に関する法律等）による給付と、介護保険法による給付とが重複する場合は、介護保険法による給付が優先し、公費負担医療制度からの給付は、介護保険の利用者負担部分について行われる	
医療保険各法	●介護保険と医療保険の両方から同様の給付が行われるような場合（訪問看護や居宅療養管理指導等）には、要支援者・要介護者については、原則として介護保険の給付が優先し、医療保険からの給付は行われない ●末期の悪性腫瘍など厚生労働大臣が定める疾病や急性増悪時で特別指示書が交付された場合は、訪問看護は医療保険から給付される	
障害者総合支援法	●障害者総合支援法の自立支援給付と介護保険法による給付とが重複する場合は、介護保険法による給付が優先する ●重複しない障害者施策固有のサービスについては、障害者総合支援法から給付される	
老人福祉法の措置	●家族による虐待・放置などやむを得ない事由のため契約に基づく介護保険からのサービスが利用できない場合は、例外的に老人福祉法に基づく市町村の措置によるサービスの提供が行われる ●特別養護老人ホームや養護老人ホームへの入所措置など	

⭕❌ 介護支援分野の過去問チェック

① 全般

問題	26 ＝過去の出題回	解答

単元1 統計データ

	問題	解答
□□ 1	第1号被保険者は、3,000万人を超えている。**25**	○
□□ 2	第1号被保険者に占める要介護及び要支援の認定者が占める割合は、40%を超えている。**25**	×（約19%）
□□ 3	要介護（要支援）状態区分別でみると、認定者数が最も多いのは、要介護1である。**23**	○
□□ 4	女性の要介護（要支援）認定者数は、男性の認定者数の約2倍である。**23**	○
□□ 5	給付費は、約14兆円となっている。**24**	×（約10兆円）
□□ 6	第1号被保険者の保険給付費のうち、居宅サービス及び地域密着型サービスが占める割合は、50%を超えている。**25**	○
□□ 7	2021（令和3）年国民生活基礎調査によると、65歳以上の者のいる世帯では「三世代世帯」の割合が一番多い。**26**	×（「夫婦のみ」が一番多い）

単元2 介護保険の変遷

	問題	解答
□□ 1	2020（令和2）年の改正で、高齢者と障害児・者が同一の事業所でサービスを受けやすくするための共生型サービスが創設された。**24**	×（2017（平成29）年の改正）
□□ 2	2020（令和2）年の改正で、国及び地方公共団体は、地域住民が相互に人格と個性を尊重し合いながら、参加し、共生する地域社会の実現に資するよう努めなければならないこととされた。**24**	○
□□ 3	2017（平成29）年の改正で、施設サービスとして、介護医療院サービスを追加した。**23**	○
□□ 4	2017（平成29）年の改正で、看護小規模多機能型居宅介護を創設した。**22**	×（2011（平成23）年の改正）
□□ 5	2014（平成26）年の改正で、地域ケア会議の設置が、市町村の努力義務として法定化された。**20**	○

単元3 制度全般

	問題	解答
□□ 1	社会保険制度の財源は、原則として公費である。**24**	×（保険料と公費である）
□□ 2	社会保険方式は、リスク分散の考え方に立つことで、社会保障の対象を一定の困窮者から国民全体に拡大した普遍的な制度となっている。**24**	○
□□ 3	年金保険は、基本的に任意加入である。**26**	×（基本的に強制加入である）
□□ 4	介護保険法第4条に、加齢に伴って生ずる心身の変化を自覚して常に健康の保持増進に努めると規定されている。**24**	○
□□ 5	介護保険法第2条に、被保険者の要介護状態等に関し、必要な保険給付を行うことが規定されている。**23**	○
□□ 6	介護保険法第1条（目的）に、国民の保健医療の向上及び福祉の増進を図ることが規定されている。**21**	○
□□ 7	介護保険法第4条に、常に健康の保持増進に努めることが規定されている。**20**	○

② 保険者

問題	26 =過去の出題回	解答

単元4 国・都道府県・市町村の役割

	問題	解答
☐☐ **1**	市町村が条例で定めることとされている事項に、区分支給限度基準額の上乗せがある。 **24**	○
☐☐ **2**	市町村が有する権限として、介護サービス情報について、「指定居宅サービス事業者を調査する」がある。 **23**	✕（都道府県の権限である）
☐☐ **3**	介護保険審査会の設置は、都道府県の事務である。 **23**	○
☐☐ **4**	都道府県は、介護報酬の算定基準を定める。 **21**	✕（国が定める）
☐☐ **5**	国は、第2号被保険者負担率を定める。 **21**	○
☐☐ **6**	医療保険者が、介護給付費・地域支援事業支援納付金を納付する。 **22再**	○

単元5 介護保険事業計画

	問題	解答
☐☐ **1**	介護保険事業に係る保険給付の円滑な実施を確保するための基本的な指針は、都道府県知事が定める。 **23**	✕（国が定める）
☐☐ **2**	市町村介護保険事業計画において、介護給付等対象サービスの種類ごとの量の見込みを定める。 **24**	○
☐☐ **3**	市町村介護保険事業計画において、介護保険施設等における生活環境の改善を図るための事業に関する事項を定める。 **24**	✕（都道府県介護保険事業支援計画で定める）
☐☐ **4**	都道府県介護保険事業支援計画で、地域支援事業の量の見込みを定める。 **22再**	✕（市町村介護保険事業計画で定める）
☐☐ **5**	市町村介護保険事業計画を変更したときは、遅滞なく、都道府県知事に提出しなければならない。 **22**	○
☐☐ **6**	市町村介護保険事業計画は、市町村老人福祉計画と一体のものとして作成されなければならない。 **22**	○

単元6 保険財政

	問題	解答
☐☐ **1**	国は、介護給付及び予防給付に要する費用の30%を負担する。 **25**	✕（25%（調整交付金を含む）を負担する。施設等給付費は20%（調整交付金を含む）を負担する）
☐☐ **2**	介護給付及び予防給付に要する費用の50%は、公費により賄われる。 **24**	○
☐☐ **3**	施設等給付に係る都道府県の負担割合は、17.5%である。 **24**	○
☐☐ **4**	市町村は、財政安定化基金を設けるものとする。 **24**	✕（都道府県が設ける）
☐☐ **5**	国は、介護保険の財政の調整を行うため、市町村に対して調整交付金を交付する。 **25**	○
☐☐ **6**	特別調整交付金は、第1号被保険者総数に占める後期高齢者の加入割合などにより、市町村ごとに算定される。 **24**	✕（普通調整交付金）

③ 被保険者

問題	26 =過去の出題回	解答

単元7 被保険者の要件

		問題	解答
□□	1	医療保険加入者が40歳に達したとき、住所を有する市町村の被保険者資格を取得する。**25**	○
□□	2	第2号被保険者のうち保険給付の対象者は、特定疾病を原因として要支援・要介護状態になった者である。**24**	○
□□	3	海外に長期滞在しており、日本に住民票がない日本国籍を持つ70歳の者は、第1号被保険者とはならない。**22再**	○
□□	4	65歳以上の者であって、生活保護法に規定する救護施設の入所者は、介護保険の被保険者とならない。**26**	○
□□	5	被保険者が死亡した場合は、その翌日から、被保険者資格を喪失する。**25**	○
□□	6	居住する市町村から転出した場合は、その翌日から、転出先の市町村の被保険者となる。**25**	×（その日から）
□□	7	入所前の住所地とは別の市町村に所在する養護老人ホームに措置入所した者は、その養護老人ホームが所在する市町村の被保険者となる。**25**	×（入所前の住所地であった市町村の被保険者となる）
□□	8	認知症対応型共同生活介護は、介護保険における住所地特例の適用がある。**26**	×（適用がない）

単元8 保険料の納め方

		問題	解答
□□	1	所得段階別定額保険料の所得区分は原則として9段階であるが、市町村の条例でさらに細分化することができる。**23**	○
□□	2	第1号被保険者と第2号被保険者の一人当たりの平均保険料を同じ水準とする考え方がとられている。**22再**	○
□□	3	普通徴収による第1号被保険者の保険料については、その配偶者に連帯納付義務がある。**23**	○
□□	4	国民健康保険に加入する第2号被保険者の保険料は、都道府県が徴収する。**23**	×（市町村・国民健康保険組合が徴収する）
□□	5	第1号被保険者の保険料は、市町村と委託契約を結んだコンビニエンスストアで支払うことができる。**21**	○
□□	6	第2号被保険者の保険料負担分は、各医療保険者から各市町村に交付される。**23**	×（社会保険診療報酬支払基金から交付される）
□□	7	社会保険診療報酬支払基金は、医療保険者から介護給付費・地域支援事業支援納付金を徴収する。**26**	○

④ 認定

	問題　　　　　　　　　　　　　　　 **26** ＝過去の出題回	解答

単元9 要支援・要介護認定

		問題	解答
☐☐	1	要介護状態とは、基本的な日常生活動作について介護を要する状態が3月以上継続すると見込まれる場合をいう。 **15**	×（6月以上継続すると見込まれる場合をいう）
☐☐	2	被保険者は、介護認定審査会に申請しなければならない。 **26**	×（市町村に申請する）
☐☐	3	地域包括支援センターは、申請に関する手続を代行することができる。 **26**	○
☐☐	4	更新認定の申請は、有効期間満了の日の60日前から行うことができる。 **26**	○
☐☐	5	申請者が遠隔地に居住する場合には、認定調査を他の市町村に嘱託することができる。 **26**	○
☐☐	6	要介護認定の認定調査票（基本調査）に、徘徊は含まれない。 **22再**	×（含まれる）
☐☐	7	新規認定の調査は、指定市町村事務受託法人に委託することができない。 **26**	×（委託することができる）
☐☐	8	主治医意見書の項目には、認知症の中核症状が含まれる。 **23**	○
☐☐	9	主治医がいない場合には、介護認定審査会が指定する医師が主治医意見書を作成する。 **25**	×（市町村が指定する医師の診断を受けることを命ずることができる）
☐☐	10	要介護認定等基準時間の算出根拠は、1分間タイムスタディである。 **25**	○
☐☐	11	要介護認定等基準時間は、同居家族の有無によって異なる。 **25**	×（異ならない）
☐☐	12	介護認定審査会の委員は、要介護者等の保健、医療又は福祉に関する学識経験を有する者のうちから任命される。 **23**	○
☐☐	13	介護認定審査会は、必要があると認めるときは、主治の医師の意見を聴くことができる。 **23**	○
☐☐	14	介護認定審査会は、被保険者の要介護状態の軽減又は悪化の防止のために必要な療養について、市町村に意見を述べることができる。 **24**	○
☐☐	15	介護保険における特定疾病として、関節リウマチが含まれる。 **25**	○
☐☐	16	区分変更申請の場合は、24月間の設定が可能である。 **19**	×（3～12月間の設定が可能である）
☐☐	17	介護認定審査会は、複数の市町村で共同設置することができる。 **17**	○

⑤ 保険給付

問題	26 =過去の出題回	解答

単元10 保険給付の概要

	問題	解答
□□ 1	居宅介護サービス計画費の支給は、介護給付の一つである。 **20**	○
□□ 2	居宅介護福祉用具購入費の支給は、介護保険法において現物給付化されている。 **26**	×（償還払いが原則）
□□ 3	市町村は、要介護被保険者が災害により住宅に著しい損害を受けた場合、定率の利用者負担を減免することができる。 **23**	○
□□ 4	看護小規模多機能型居宅介護は、要支援者が利用できる。 **23**	×（利用できない）
□□ 5	償還払い方式による介護給付費の請求権の時効は、10 年である。 **26**	×（2 年である）

単元11 支給限度基準額

	問題	解答
□□ 1	福祉用具貸与は、区分支給限度基準額が適用される。 **24**	○
□□ 2	居宅療養管理指導は、区分支給限度基準額が適用される。 **24**	×（適用されない）
□□ 3	地域密着型サービスには、居宅介護サービス費等種類支給限度基準額は適用されない。 **21**	×（適用されるものもある）
□□ 4	転居した場合には、改めて支給限度基準額まで居宅介護住宅改修費の支給を受けることができる。 **21**	○

単元12 介護サービス情報の公表

	問題	解答
□□ 1	原則として、介護サービス事業者は、毎年、介護サービス情報を報告する。 **25**	○
□□ 2	指定居宅介護支援事業者は、介護サービス情報をその事業所の所在地の市町村長に報告する。 **25**	×（都道府県知事に報告する）
□□ 3	従業者の労働時間は、介護サービスの提供開始時に事業者が都道府県知事へ報告すべき情報として規定されている。 **26**	○
□□ 4	指定居宅サービス事業者が報告内容の是正命令に従わないときには、指定を取り消されることがある。 **25**	○

単元13 サービス事業所

	問題	解答
□□ 1	介護老人福祉施設の入所定員は、50 人以上でなければならない。 **25**	×（30 人以上）
□□ 2	認知症対応型共同生活介護事業者は、都道府県知事が指定する。 **24**	×（市町村長が指定する）
□□ 3	指定居宅サービス事業者は、6 年ごとに更新を受けなければ、効力を失う。 **22**	○
□□ 4	市町村や社会福祉法人は、介護老人福祉施設を設置することができる。 **22再**	○
□□ 5	訪問介護は、共生型サービスの指定の対象となる。 **24**	○

⑥ 地域支援事業

問題	**26** ＝過去の出題回	解答
単元14 地域支援事業		
☐☐ **1** 居宅要支援被保険者は、介護予防・生活支援サービス事業を利用できる。 **25**		○
☐☐ **2** 要介護の第1号被保険者は、一般介護予防事業の対象となる。 **24**		○
☐☐ **3** 一般介護予防事業には、地域リハビリテーション活動支援事業が含まれる。 **18**		○
☐☐ **4** 介護予防・生活支援サービス事業には、生活支援体制整備事業が含まれる。 **22再**		×（生活支援体制整備事業は、包括的支援事業に含まれる）
☐☐ **5** 一般介護予防事業は、地域支援事業の包括的支援事業に含まれる。 **26**		×（介護予防・日常生活支援総合事業に含まれる）
☐☐ **6** 地域支援事業の任意事業には、家族介護支援事業が含まれる。 **23**		○
☐☐ **7** 基本チェックリストの質問項目として、「15分位続けて歩いていますか。」がある。 **19**		○
☐☐ **8** 地域ケア会議の機能として、地域づくり・資源開発がある。 **26**		○
単元15 地域包括支援センター		
☐☐ **1** 地域包括支援センターは、包括的支援事業を行う施設である。 **15**		○
☐☐ **2** 地域包括支援センターは、社会福祉法人は、設置できない。 **19**		×（社会福祉法人は設置することができる）
☐☐ **3** 地域包括支援センターの業務に、介護・医療連携推進会議の開催がある。 **19**		×（指定定期巡回・随時対応型訪問介護看護事業者が開催する）
☐☐ **4** 担当する区域における第1号被保険者の数おおむね3,000人以上6,000人未満の区分を基本として、配置すべき人員の数が設定されている。 **10**		○
☐☐ **5** 地域包括支援センター運営協議会は、地域包括支援センターの適切、公正及び中立な運営を確保することを目的に、原則として、市町村ごとに設置される。 **10**		○

⑦ ケアマネジメント

	問題	26 =過去の出題回	解答

単元16 ケアマネジメントの概要

□□ **1**	都道府県知事は、信用を傷つけるような行為をした介護支援専門員の登録を消除することができる。 **25**	○
□□ **2**	登録を受けている者が死亡した場合には、その相続人はその旨を届け出なければならない。 **25**	○
□□ **3**	その業務を行うに当たり、関係者から請求があったときは、介護支援専門員証を提示しなければならない。 **24**	○
□□ **4**	その業務のために正当な理由がある場合に限り、その名義を他人に使用させることができる。 **24**	×（使用させることはできない）
□□ **5**	介護支援専門員でなくなった後も、正当な理由なしに、その業務に関して知り得た人の秘密を漏らしてはならない。 **22**	○
□□ **6**	指定居宅介護支援の提供に当たっては、公正中立に行われなければならない。 **26**	○

単元17 居宅介護支援

□□ **1**	利用者の数が 20 人の場合には、常勤の介護支援専門員を 1 人以上置かなければならない。 **24**	○
□□ **2**	管理者は、管理者研修の受講が義務づけられている。 **22**	×（義務づけられていない）
□□ **3**	被保険者証に認定審査会意見の記載がある場合には、これに沿って作成する。 **24**	○
□□ **4**	居宅サービス計画の原案の内容について利用者やその家族に対して説明し、口頭で利用者の同意を得るものとする。 **25**	×（文書で同意を得なければならない）
□□ **5**	作成した居宅サービス計画は、利用者から求めがなければ、利用者に交付しなくてもよい。 **25**	×（交付しなければならない）
□□ **6**	サービス担当者会議等の記録は、その完結の日から 5 年間保存しなければならない。 **25**	×（2 年間保存しなければならない）
□□ **7**	指定居宅介護支援の提供の開始に際し、利用者に入院する必要が生じたときは、介護支援専門員の氏名と連絡先を入院先の病院又は診療所に伝えるよう、あらかじめ利用者や家族に求めなければならない。 **23**	○
□□ **8**	継続して居宅サービス計画に福祉用具貸与を位置付けるときは、貸与が必要な理由を記載しなくてもよい。 **23**	×（記載しなければならない）
□□ **9**	利用者が訪問看護の利用を希望した場合には、利用者の同意を得て主治の医師に意見を求めなければならない。 **22**	○
□□ **10**	利用者の選定により通常の事業の実施地域以外の地域で指定居宅介護支援を行うときは、要した交通費の支払を利用者から受けることができる。 **23**	○
□□ **11**	課題分析標準項目には、地域の社会資源に関する項目が含まれる。 **24**	×（含まれない）
□□ **12**	課題分析の結果は、居宅サービス計画書に記載しない。 **26**	×（記載する）
□□ **13**	月に 1 回以上、モニタリングの結果を記録しなければならない。 **19**	○

問題	26 =過去の出題回	解答

単元18 介護予防支援

		問題	解答
☐☐	1	事業所ごとに介護支援専門員を有しなければならない。**22再**	×（介護支援専門員に限定されない）
☐☐	2	指定介護予防支援の一部を委託する場合には、地域包括支援センター運営協議会の議を経なければならない。**22再**	○
☐☐	3	地域ケア会議から個別のケアマネジメントの事例の提供の求めがあった場合には、これに協力するよう努めなければならない。**22**	○
☐☐	4	アセスメントには、「家庭生活を含む日常生活」の状況の把握を含む。**22再**	○
☐☐	5	目標指向型の介護予防サービス計画原案を作成しなければならない。**22**	○
☐☐	6	介護予防サービス計画には、地域住民による自発的な活動によるサービス等の利用を位置付けるよう努めなければならない。**22再**	○
☐☐	7	計画に位置付けた指定介護予防サービス事業者から、利用者の状態等に関する報告を少なくとも3月に1回、聴取しなければならない。**25**	×（少なくとも1月に1回）
☐☐	8	介護予防サービス計画に位置付けた期間が終了するときは、目標の達成状況について評価しなければならない。**21**	○

単元19 施設介護支援

		問題	解答
☐☐	1	地域の住民による自発的な活動によるサービス等の利用も含めて位置付けるよう努めなければならない。**26**	○
☐☐	2	目標の「期間」については、「認定の有効期間」は考慮しない。**24**	×（考慮する）
☐☐	3	施設サービス計画の作成について、アセスメントは、入所者及びその家族に面接して行う必要がある。**22**	○
☐☐	4	施設サービス計画の課題分析標準項目には、認知に関する項目は含まれない。**22再**	×（含まれる）
☐☐	5	計画の交付は、家族に行えばよい。**26**	×（入所者に行う）
☐☐	6	指定介護老人福祉施設におけるモニタリングは、少なくとも月に1回行わなければならない。**26**	×（定期的に行わなければならない）

第1章 介護支援分野

123

⑧ その他

単元20 国保連と審査会

□□ **1** 介護保険審査会の専門調査員は、介護支援専門員のうちから任命される。**22再**
× （保健、医療または福祉に関する学識経験者のうちから任命される）

□□ **2** 要介護認定に関する処分は、介護保険審査会への審査請求が認められる。**26**
○

□□ **3** 保険給付に関する処分又は保険料その他介護保険法の規定による徴収金に関する処分は、審査請求の対象となる。**22再**
○

□□ **4** 国民健康保険団体連合会が行う業務として、市町村から委託を受けて行う第三者行為求償事務がある。**25**
○

□□ **5** 国民健康保険団体連合会が行う業務として、居宅介護サービス計画費の請求に関する審査がある。**21**
○

□□ **6** 国民健康保険団体連合会は、事業者に対する必要な指導及び助言を行う。**25**
○

単元21 低所得者対策

□□ **1** 高額介護サービス費は、世帯単位で算定される。**23**
○

□□ **2** 施設介護サービス費に係る利用者負担は、高額介護サービス費の対象となる。**23**
○

□□ **3** 高額医療合算介護サービス費は、医療保険から支給される。**23**
× （介護保険から支給される）

□□ **4** 特定入所者介護サービス費の対象となる費用は、食費と居住費（滞在費）である。**23**
○

□□ **5** 特定入所者介護サービス費の対象者には、生活保護受給者は含まれない。**23**
× （含まれる）

□□ **6** 訪問入浴介護は、社会福祉法人による利用者負担額軽減制度の対象となる。**19**
× （対象ではない）

□□ **7** 震災で住宅等の財産が著しく損害を受けたときは、市町村は、1割の定率負担を免除することができる。**16**
○

単元22 ほかの制度との関係

□□ **1** 生活保護の被保護者は、介護保険給付を受給できない。**26**
× （給付を受けることができる）

□□ **2** 労働者災害補償保険法の療養給付は、介護保険給付に優先する。**26**
○

□□ **3** 介護保険の訪問看護は、原則として、医療保険の訪問看護に優先する。**26**
○

□□ **4** 障害者総合支援法による行動援護を利用している障害者が、要介護認定を受けた場合には、行動援護は利用できなくなる。**21**
× （介護保険にはない行動援護は利用できる）

第**2**章

保健医療福祉サービス分野
サービス事業所
21単元

サービス事業所の21単元を整理しましょう！

訪問サービス	23	訪問介護
	24	（介護予防）訪問入浴介護
	25	（介護予防）訪問看護
	26	（介護予防）訪問リハビリテーション
	27	（介護予防）居宅療養管理指導
	28	定期巡回・随時対応型訪問介護看護
	29	夜間対応型訪問介護

通所が中心のサービス	30	通所介護、地域密着型通所介護
	31	（介護予防）通所リハビリテーション
	32	（介護予防）認知症対応型通所介護
	33	（介護予防）小規模多機能型居宅介護
	34	看護小規模多機能型居宅介護
短期入所	35	（介護予防）短期入所生活介護
	36	（介護予防）短期入所療養介護

福祉用具・住宅改修	37	（介護予防）福祉用具貸与、特定（介護予防）福祉用具販売
	38	（介護予防）住宅改修
入居	39	（介護予防）特定施設入居者生活介護、地域密着型特定施設入居者生活介護
	40	（介護予防）認知症対応型共同生活介護
入所	41	介護老人福祉施設、地域密着型介護老人福祉施設入所者生活介護
	42	介護老人保健施設
	43	介護医療院

単元 23 訪問サービス 訪問介護

定義

「訪問介護」とは、要介護者であって、居宅（軽費老人ホーム、有料老人ホームを含む）において介護を受けるものについて、その者の居宅において介護福祉士その他政令で定める者により行われる入浴、排泄、食事等の介護その他の日常生活上の世話であって、厚生労働省令で定めるものをいう

人員基準

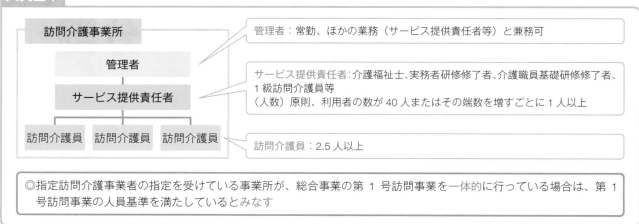

管理者：常勤、ほかの業務（サービス提供責任者等）と兼務可

サービス提供責任者：介護福祉士、実務者研修修了者、介護職員基礎研修修了者、1級訪問介護員等
（人数）原則、利用者の数が40人またはその端数を増すごとに1人以上

訪問介護員：2.5人以上

◎指定訪問介護事業者の指定を受けている事業所が、総合事業の第1号訪問事業を一体的に行っている場合は、第1号訪問事業の人員基準を満たしているとみなす

訪問介護の内容

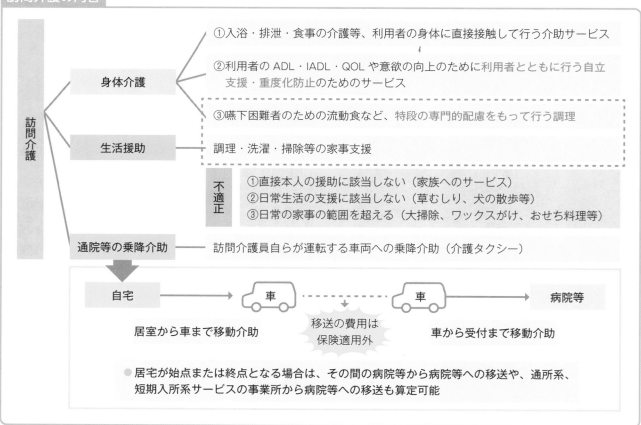

訪問介護

身体介護
①入浴・排泄・食事の介護等、利用者の身体に直接接触して行う介助サービス
②利用者のADL・IADL・QOLや意欲の向上のために利用者とともに行う自立支援・重度化防止のためのサービス
③嚥下困難者のための流動食など、特段の専門的配慮をもって行う調理

生活援助
調理・洗濯・掃除等の家事支援

不適正
①直接本人の援助に該当しない（家族へのサービス）
②日常生活の支援に該当しない（草むしり、犬の散歩等）
③日常の家事の範囲を超える（大掃除、ワックスがけ、おせち料理等）

通院等の乗降介助
訪問介護員自らが運転する車両への乗降介助（介護タクシー）

自宅 → 車 … 車 → 病院等
居室から車まで移動介助　移送の費用は保険適用外　車から受付まで移動介助

●居宅が始点または終点となる場合は、その間の病院等から病院等への移送や、通所系、短期入所系サービスの事業所から病院等への移送も算定可能

訪問介護の内容		● 訪問介護は、「身体介護」「生活援助」「通院等の乗降介助」がある	
	身体介護	① 利用者の身体に直接接触して行う介助サービス（そのために必要となる準備、後片づけなどの一連の行為を含む） ② 利用者の ADL・IADL・QOL や意欲の向上のために利用者とともに行う自立支援・重度化防止のためのサービス ③ その他専門的知識・技術（介護を要する状態となった要因である心身の障害や疾病等に伴って必要となる特段の専門的配慮）をもって行う利用者の日常生活上・社会生活上のためのサービス	
	生活援助	● 身体介護以外の訪問介護で、掃除、洗濯、調理などの日常生活の援助（そのために必要な一連の行為を含む）	
		算定理由	● 利用者が一人暮らしであるかまたは家族等が障害・疾病等のため、利用者や家族等が家事を行うことが困難な場合 ● 居宅サービス計画に生活援助を位置づける場合は、居宅サービス計画書に「算定理由」について記載する
		含まれない	● 商品の販売・農作業等生業の援助的な行為 ● 直接、本人の日常生活の援助に属しないと判断される行為
	通院等の乗降介助	● 利用者に対して、通院等のため、訪問介護員が自らの運転する車両への乗車または降車の介助を行い、併せて、乗車前や降車後の屋内外の移動等の介助、通院先・外出先での受診等の手続き・移動等の介助を行うこと	
	医療行為	● 医師、歯科医師、看護師等の免許を有さない者による医業は、禁止されている ● 「医業」とは、当該行為を行うにあたり、医師の医学的判断および技術をもってするのでなければ人体に危害を及ぼし、または危害を及ぼすおそれのある行為（医行為）を、反復継続する意思をもって行うこと	
身体介護の取扱い	医療行為ではないもの	● 体温測定、自動血圧測定器による血圧測定、パルスオキシメーター装着（新生児以外で入院治療の必要がない人） ● 軽微な切り傷、擦り傷、やけど等について、専門的な判断や技術を必要としない処置をすること ● 皮膚への軟膏の塗布（褥瘡の処置を除く）、皮膚への湿布の貼付、点眼薬の点眼、一包化された内用薬の内服、肛門からの座薬挿入、鼻腔粘膜への薬剤噴霧を介助することなど ● 爪の手入れ、歯・口腔粘膜・舌に付着している汚れを取り除くこと、耳垢の除去（耳垢塞栓の除去を除く）、ストーマ装具のパウチにたまった排泄物を捨てる（肌に接着したパウチの取り替えを除く（※））など （※）医療職の指導を受け、ストーマおよびその周辺の状態が安定している場合は医行為には該当しない	
	社会福祉士及び介護福祉士法	● 一定の研修を受けた介護福祉士等は、医師の指示の下に喀痰吸引等の医療行為を実施できる	
		実施可能な行為	● 喀痰吸引（口腔内、鼻腔内、気管カニューレ内部） ● 経管栄養（胃ろうまたは腸ろう、経鼻経管栄養）

訪問介護計画

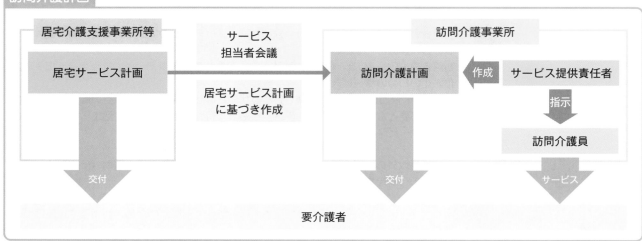

訪問介護費

区分	時間	20分未満	20分以上30分未満	30分以上60分未満	60分以上90分未満	以降30分ごと
1	身体介護	163	244	387	567	82

区分	時間	20分以上45分未満		45分以上		
2	生活援助	179		220		
3	通院等乗降介助	97				

（単位／回）

主な加算

2人派遣	●1人の利用者に同時に2人の訪問介護員等がサービスを提供した場合に算定
早朝・夜間・深夜	●早朝6～8時、夜間18～22時、深夜22時～翌6時にサービスを提供した場合に算定
初回加算	●新規に訪問介護計画を作成した利用者に対し、サービス提供責任者が同行した場合等に算定
緊急時訪問介護加算	●利用者等の要請に基づき、介護支援専門員が必要であると認め、計画的に訪問することとなっていない身体介護を緊急に行った場合に算定
生活機能向上連携加算	●サービス提供責任者が訪問リハビリテーション事業所、通所リハビリテーション事業所またはリハビリテーションを実施している医療提供施設（原則200床未満等）の医師、理学療法士等の助言に基づき、生活機能の向上を目的とした訪問介護計画を作成し、サービスを実施したときに算定
認知症専門ケア加算	●認知症日常生活自立度Ⅲ以上の利用者の占める割合が2分の1以上等一定の要件を満たす場合に算定
口腔連携強化加算	●口腔の健康状態の評価を実施した場合において、歯科医療機関および介護支援専門員に対し、当該評価の結果を情報提供した場合に算定

サービス提供責任者	● 指定訪問介護事業所ごとに、常勤の訪問介護員等のうち、原則として利用者の数が40人またはその端数を増すごとに1人以上の者をサービス提供責任者としなければならない
業務内容	● 訪問介護計画の作成 ● 指定訪問介護の利用の申込みにかかる調整をすること ● 利用者の状態の変化やサービスに関する意向を定期的に把握すること ● サービス担当者会議への出席等により、居宅介護支援事業者等と連携を図ること ● 訪問介護員等に対し、「援助目標および援助内容」「業務の実施状況の把握」「業務管理」「研修・技術指導」などを行う
訪問介護計画の作成	● サービス提供責任者は、訪問介護計画を作成しなければならない ● 訪問介護計画は、居宅サービス計画の内容に沿って作成しなければならない ● 訪問介護計画の作成にあたっては、利用者またはその家族に対して説明し、利用者の同意を得なければならない ● 訪問介護計画を作成した際には、利用者に交付しなければならない ● 訪問介護計画の作成後、実施状況の把握を行い、必要に応じて計画の変更を行う
同居家族に対するサービス提供の禁止	● 指定訪問介護事業者は、訪問介護員等に、その同居の家族である利用者に対する訪問介護の提供をさせてはならない
介護報酬	● 1回の訪問において、身体介護と生活援助が混在する場合は、具体的なサービス内容を身体介護と生活援助に区分してそれに要する標準的な時間に基づき、身体介護と生活援助を組み合わせて算定する ● 訪問介護の所要時間は、実際に行われた指定訪問介護の時間ではなく、訪問介護計画において位置づけられた内容の指定訪問介護を行うのに要する標準的な時間とする
2時間未満の間隔の場合	● 前回提供した指定訪問介護からおおむね2時間未満の間隔で指定訪問介護が行われた場合は、それぞれの所要時間を合算する（緊急時訪問介護加算を算定する場合、看取り期等を除く）
同一時間帯に複数種類の訪問サービスを利用した場合	● 利用者は同一時間帯に1つの訪問サービスを利用することが原則 ● ただし、「訪問介護と訪問看護」「訪問介護と訪問リハビリテーション」を利用する場合は、利用者の心身の状況や介護内容に応じ必要があると認められる場合は、それぞれのサービスについて所定単位数が算定される
複数の要介護者がいる世帯において同一時間帯に訪問サービスを利用した場合	● それぞれに標準的な所要時間を見込んで居宅サービス計画上に位置づける（ただし、生活援助については、要介護者間で適宜所要時間を振り分ける）
訪問サービスの利用者の居宅について	● 訪問サービス（訪問介護、訪問入浴介護、訪問看護、訪問リハビリテーション）は、要介護者の居宅において行われるものとされており、要介護者の居宅以外で行われるものは算定できない
2人派遣が認められる場合	1 利用者の身体的理由により1人の訪問介護員等による介護が困難と認められる場合
	2 暴力行為、著しい迷惑行為、器物破損行為等が認められる場合
	3 その他利用者の状況等から判断して、1または2に準ずると認められる場合

単元 24 訪問サービス （介護予防）訪問入浴介護

定義

「訪問入浴介護」とは、居宅要介護者について、その者の居宅を訪問し、浴槽を提供して行われる入浴の介護をいう

人員基準

- 訪問入浴介護事業所
  - 管理者
    - 看護職員　介護職員　介護職員
  - 協力医療機関

管理者：常勤・専従、ほかの業務と兼務可能

看護職員1人以上、介護職員2人以上（介護予防は1人以上）このうち、1人以上は常勤でなければならない

訪問入浴車などの設備が必要

- 指定訪問入浴介護事業者の指定を受けている事業所が、介護予防訪問入浴介護の事業を一体的に行っている場合は、介護予防訪問入浴介護の人員基準を満たしているとみなす

（介護予防）訪問入浴介護費

訪問入浴介護	1,266 単位／回
介護予防訪問入浴介護	856 単位／回

主な加算

介護職員3人で実施	● 主治医の意見を確認し、状態が安定している等の理由で介護職員3人（介護予防訪問入浴介護は2人）で行った場合、95% を算定
部分浴を実施	● 訪問時の利用者の心身の状況等から全身入浴が困難な場合であって、利用者の希望により清拭または部分浴を実施したときは、所定単位数の90% を算定（2021年改正）
初回加算	● 初回のサービス提供を行う前に居宅を訪問し、訪問入浴の利用に関する調整（浴槽の設置場所や給排水の方法の確認等）を行った場合に算定
看取り連携体制加算	● 医学的知見に基づき回復の見込みがないと診断された利用者に、訪問看護ステーション等と連携しサービスを提供した場合に算定

人員等	● 指定訪問入浴介護の提供は、1回の訪問につき、看護職員1人および介護職員2人をもって行うものとし、これらの者のうち1人を当該サービス提供の責任者とする ● ただし、利用者の身体の状況が安定していること等から、入浴により利用者の身体の状況等に支障を生じるおそれがないと認められる場合においては、主治の医師の意見を確認したうえで、看護職員に代えて介護職員を充てることができる
設備および備品等	● 指定訪問入浴介護事業所には、事業の運営を行うために必要な広さを有する専用の区画を設けるほか、指定訪問入浴介護の提供に必要な浴槽等の設備および備品等を備えなければならない
設備、器具等の清潔の保持	● 指定訪問入浴介護の提供にあたっては、サービスの提供に用いる設備、器具その他の用品の使用に際して安全および清潔の保持に留意し、特に利用者の身体に接触する設備、器具その他の用品については、サービスの提供ごとに消毒したものを使用する
緊急時等の対応	● 訪問入浴介護従業者は、現に指定訪問入浴介護の提供を行っているときに利用者に病状の急変が生じた場合その他必要な場合は、速やかに主治の医師またはあらかじめ当該指定訪問入浴介護事業者が定めた協力医療機関への連絡を行う等の必要な措置を講じなければならない
訪問入浴介護計画	● 訪問入浴介護では、訪問入浴介護計画は義務づけられていない ● ただし、介護サービス情報の公表制度における調査項目には、訪問入浴介護計画の作成が評価項目の1つになっている
利用料等の受領	● 指定訪問入浴介護事業者は、次の費用の支払を利用者から受けることができる 　・利用者の選定により通常の事業の実施地域以外の地域の居宅において指定訪問入浴介護を行う場合のそれに要する交通費 　・利用者の選定により提供される特別な浴槽水等にかかる費用
介護報酬	● 利用者に対して、指定訪問入浴介護事業所の看護職員1人、介護職員2人（介護予防訪問入浴は、看護職員1人、介護職員1人）が指定訪問入浴介護を行った場合に算定する ● 入浴により利用者の身体状況等に支障を生じるおそれがない場合、主治の医師の意見を確認したうえで、指定訪問入浴介護事業所の介護職員3人（介護予防訪問入浴介護は2人）で行った場合は、所定単位数の95%を算定する ● 訪問時の利用者の心身の状況等から全身入浴が困難な場合であって、利用者の希望により清拭または部分浴（洗髪、陰部、足部等の洗浄をいう）を実施したときは、所定単位数の90%を算定する

訪問入浴介護の要介護度別サービス利用状況

凡例：■ 要支援1・2　■ 要介護1　■ 要介護2　■ 要介護3　■ 要介護4　■ 要介護5　■ その他

厚生労働省「令和3年介護サービス施設・事業所調査の概況」

131

（訪問サービス）

（介護予防）訪問看護

定義

「訪問看護」とは、居宅要介護者（主治の医師がその治療の必要の程度につき厚生労働省令で定める基準に適合していると認めたものに限る）について、その者の居宅において看護師その他厚生労働省令で定める者により行われる療養上の世話または必要な診療の補助をいう

人員基準

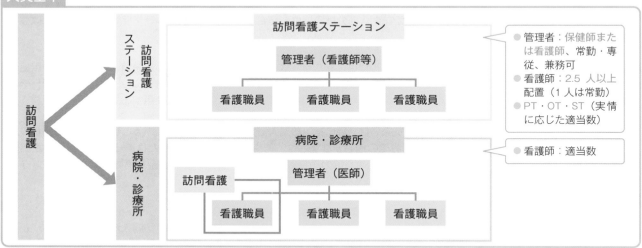

- 管理者：保健師または看護師、常勤・専従、兼務可
- 看護師：2.5 人以上配置（1 人は常勤）
- PT・OT・ST（実情に応じた適当数）

- 看護師：適当数

（介護予防）訪問看護費

（単位／回）

区　分		20 分未満	30 分	60 分	90 分
1 訪問看護ステーション	要支援	303	451	794	1,090
	要介護	314	471	823	1,128
2 病院・診療所	要支援	256	382	553	814
	要介護	266	399	574	844
3 定期巡回・随時対応サービス連携型		2,961 単位 / 月（要介護 1 ～ 4） 3,761 単位 / 月（要介護 5）			

● PT・OT・ST の訪問	● 訪問看護ステーションから理学療法士、作業療法士、言語聴覚士が訪問した場合は、「294 単位 / 回（1 回あたり 20 分）」を算定（1 日 2 回を超えて実施する場合は 90% を算定。1 週間に 6 回を限度）

主な加算

● 初回加算	● 新規に訪問看護計画を作成した利用者に対して、1 か月につき所定単位数を算定
● 長時間訪問看護加算	● 特別な管理を必要とする利用者に対して、所要時間が 1 時間 30 分以上となる場合に算定
● 退院時共同指導加算	● 退院または退所にあたり、病院等の主治の医師その他の職員と共同し、在宅での療養上必要な指導を行った後に訪問看護を行った場合に算定
● 看護・介護職員連携強化加算	● 訪問介護事業所と連携し、喀痰吸引や経管栄養が必要な利用者の計画の作成や訪問介護員に対する助言等を行った場合に算定
● 口腔連携強化加算	● 口腔の健康状態の評価を実施した場合において、利用者の同意を得て、歯科医療機関および介護支援専門員に対し、評価の結果の情報提供を行った場合に算定

人員基準	指定訪問看護ステーション	●管理者は、保健師または看護師でなければならない ●保健師、看護師または准看護師は、常勤換算方法で、2.5人以上 ●理学療法士、作業療法士または言語聴覚士は、実情に応じた適当数	
	病院または診療所	●指定訪問看護の提供にあたる看護職員を適当数（みなし指定）	
訪問看護の内容	1 病状の観察と情報収集	●身体状況に関する問診等の専門的方法や心理・社会的な側面、生活環境や家族関係等さまざまな角度からの情報収集	
	2 療養上の世話	●清潔、排泄、移動、食事、衣服の着脱などの支援	
	3 診療の補助	●バイタルサインの測定、状態観察、薬剤管理などの診療の補助	
	4 精神的支援	●精神的問題を抱えている利用者等に対する支援など	
	5 リハビリテーション	●理学療法士、作業療法士等との連携の下に行われるリハビリテーションなど	
	6 家族支援	●介護負担を軽減するための支援、家族関係の調整など	
	7 療養指導	●介護方法、医療処置の方法などの、本人や家族への指導	
	8 在宅での看取りの支援	●在宅での死を望む利用者やその家族を支援し、症状の緩和に努めながら死までの過程を支援	
介護報酬	緊急時訪問看護加算	●利用者の同意を得て、利用者またはその家族等に対して、24時間連絡体制にあって、計画的に訪問することとなっていない緊急時訪問を必要に応じて行う場合に算定する ●1人の利用者に対し、1か所の事業所に限り算定できる	区分支給限度基準額の算定対象外
	特別管理加算	●在宅悪性腫瘍等患者指導管理など、特別な管理を必要とする利用者に対して、指定訪問看護の実施に関する計画的な管理を行った場合に算定する	
	ターミナルケア加算	●在宅で死亡した利用者に対して、その死亡日および死亡日前14日以内に2日以上（医療保険による訪問看護の提供を受けている場合は1日以上）ターミナルケアを行った場合に算定する	
	複数名訪問加算	●利用者の体重が重いなどの「身体的理由」や利用者の「暴力行為」など一定の理由がある場合、同時に複数の職員（看護師等）が1人の利用者に対して訪問看護を行った場合に算定する	
	看護体制強化加算	●「緊急時訪問看護加算」「特別管理加算」「ターミナルケア加算」について、一定割合以上の実績がある場合に算定する	
	専門管理加算	●緩和ケア、褥瘡ケアまたは人工肛門ケアおよび人工膀胱ケアにかかる専門の研修を受けた看護師が計画的な管理を行った場合に算定する	
	遠隔死亡診断補助加算	●在宅での看取りにかかる研修を受けた看護師が、主治医の指示に基づき、情報通信機器を用いて医師の死亡診断の補助を行った場合に算定する	

訪問看護の利用（介護保険で利用する場合）

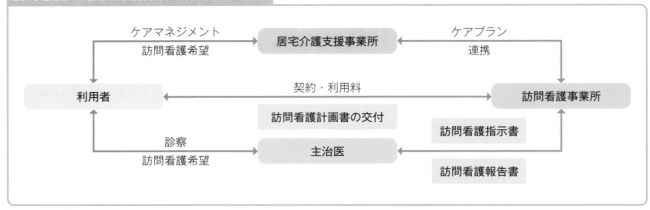

「医療保険」と「介護保険」の適用関係

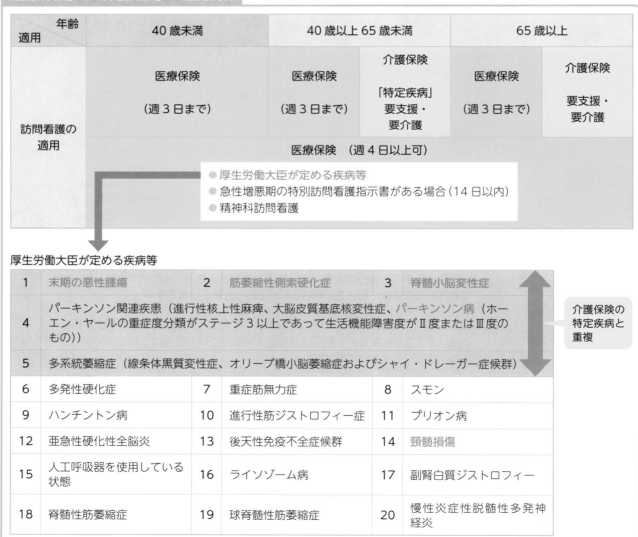

適用 / 年齢	40 歳未満	40 歳以上 65 歳未満		65 歳以上	
訪問看護の適用	医療保険 （週 3 日まで）	医療保険 （週 3 日まで）	介護保険 「特定疾病」 要支援・要介護	医療保険 （週 3 日まで）	介護保険 要支援・要介護
	医療保険　（週 4 日以上可）				
	● 厚生労働大臣が定める疾病等 ● 急性増悪期の特別訪問看護指示書がある場合（14 日以内） ● 精神科訪問看護				

厚生労働大臣が定める疾病等

1	末期の悪性腫瘍	2	筋萎縮性側索硬化症	3	脊髄小脳変性症
4	パーキンソン関連疾患（進行性核上性麻痺、大脳皮質基底核変性症、パーキンソン病（ホーエン・ヤールの重症度分類がステージ 3 以上であって生活機能障害度がⅡ度またはⅢ度のもの））				
5	多系統萎縮症（線条体黒質変性症、オリーブ橋小脳萎縮症およびシャイ・ドレーガー症候群）				
6	多発性硬化症	7	重症筋無力症	8	スモン
9	ハンチントン病	10	進行性筋ジストロフィー症	11	プリオン病
12	亜急性硬化性全脳炎	13	後天性免疫不全症候群	14	頸髄損傷
15	人工呼吸器を使用している状態	16	ライソゾーム病	17	副腎白質ジストロフィー
18	脊髄性筋萎縮症	19	球脊髄性筋萎縮症	20	慢性炎症性脱髄性多発神経炎

介護保険の特定疾病と重複

主治の医師との関係	● 管理者は、主治の医師の指示に基づき適切な指定訪問看護が行われるよう必要な管理をしなければならない ● 指定訪問看護の提供の開始に際し、主治の医師による指示を文書で受けなければならない ● 訪問看護指示書の有効期間は、6 か月以内		
	● 指定訪問看護事業者は、主治の医師に訪問看護計画書および訪問看護報告書を提出しなければならない ● 指定訪問看護事業所が指定訪問看護を担当する医療機関である場合は、主治の医師の文書による指示、訪問看護計画書、訪問看護報告書の提出は、診療記録への記載をもって代えることができる		
訪問看護計画書および訪問看護報告書の作成	● 看護師等は、訪問看護計画書を作成しなければならない ● 看護師等は、すでに居宅サービス計画等が作成されている場合は、当該計画の内容に沿って訪問看護計画書を作成しなければならない		
	● 看護師等は、訪問看護計画書の作成にあたっては、利用者またはその家族に対して説明し、利用者の同意を得なければならない ● 看護師等は、訪問看護計画書を利用者に交付しなければならない ● 看護師等は、訪問日、提供した看護内容等を記載した訪問看護報告書を作成しなければならない		
介護保険と医療保険	● 要介護者に対して医療保険と介護保険の両方から給付が可能な場合には、原則として介護保険を優先して適用する		
医療保険から給付される場合	1	厚生労働大臣が定める疾病等	● 末期の悪性腫瘍その他厚生労働大臣が定める疾病等の患者については、医療保険の対象となるため、訪問看護費は算定しない
	2	特別訪問看護指示書	● 指定訪問看護を利用しようとする者の主治の医師（介護老人保健施設の医師を除く）が、当該者が急性増悪等により一時的に頻回の訪問看護を行う必要がある旨の特別の指示を行った場合は、その指示の日から 14 日間に限って、訪問看護費は算定しない
			● 特別訪問看護指示書が交付された者のうち、①気管カニューレを使用している状態、②真皮を超える褥瘡の状態にある患者は、1 か月に 2 回（28 日間）まで利用できる
	3	精神科訪問看護	● 精神疾患を有する患者（認知症が主傷病である者を除く）であり、精神科訪問看護指示書が交付された場合は、要介護被保険者等の患者であっても医療保険の精神科訪問看護・指導料を算定できる
訪問看護費が算定されない場合	● 利用者が短期入所生活介護、短期入所療養介護、特定施設入居者生活介護、認知症対応型共同生活介護、看護小規模多機能型居宅介護などを受けている間は、訪問看護費は算定しない		
	● 退院・退所日については、特別管理加算の対象者を除き、訪問看護費は算定できない（主治医が必要と認める場合は算定可能）		
同居家族に対するサービス提供の禁止	● 指定訪問看護事業者は、看護師等にその同居の家族である利用者に対する指定訪問看護の提供をさせてはならない		

訪問サービス （介護予防）訪問リハビリテーション

定義

「訪問リハビリテーション」とは、居宅要介護者（主治の医師がその治療の必要の程度につき厚生労働省令で定める基準に適合していると認めたものに限る）について、その者の居宅において、その心身の機能の維持回復を図り、日常生活の自立を助けるために行われる理学療法、作業療法その他必要なリハビリテーションをいう

人員基準

訪問リハビリテーションの内容

①廃用症候群の予防と改善、②基本的動作能力の維持・回復、③ ADL の維持・回復、④ IADL の維持・回復、⑤対人交流・社会参加の維持・拡大、⑥介護負担の軽減、⑦訪問介護事業所等に対する自立支援技術の助言・指導、⑧生活環境の整備（福祉用具利用・住宅改修）に関する助言指導

リハビリテーションの類型と保険の対応

※介護保険は生活期（維持期）リハビリテーションに対応

（介護予防）訪問リハビリテーション費

訪問リハビリテーション費	308 単位 / 回	● 20 分間リハビリテーションを行った場合を 1 回として算定（週に 6 回を限度） ● 退院・退所日から 3 か月以内は、週に 12 回を限度（2021 年度より）

主な加算

● リハビリテーションマネジメント加算	● 訪問リハビリテーション計画の定期的評価、医師による指示、リハビリテーション会議の定期的な開催などの一定の要件を満たす場合に算定
● 短期集中リハビリテーション実施加算	● リハビリテーションマネジメント加算を算定している場合で、退院日または認定日から 3 か月以内の期間に、リハビリテーションを集中的に行った場合に算定
認知症短期集中リハビリテーション実施加算	● 認知症の利用者に対し、退院（所）日または訪問開始日から起算して 3 月以内の期間に、リハビリテーションを集中的に行った場合に算定
退院時共同指導加算	● 退院または退所にあたり、病院等の主治の医師その他の職員と共同し、在宅での療養上必要な指導を行った後に訪問リハビリテーションを行った場合に算定

人員基準	医師	指定訪問リハビリテーションの提供にあたらせるために必要な1人以上の数（常勤）
	理学療法士、作業療法士または言語聴覚士	1人以上（常勤・非常勤等の定めなし）
設備および備品等の要件		●指定訪問リハビリテーション事業所は、病院、診療所、介護老人保健施設または介護医療院であって、事業の運営を行うために必要な広さを有する専用の区画を設けているとともに、指定訪問リハビリテーションの提供に必要な設備および備品等を備えているものでなければならない
指定訪問リハビリテーションの具体的取扱方針		●指定訪問リハビリテーションの提供は理学療法士、作業療法士または言語聴覚士が行う ●指定訪問リハビリテーションの提供にあたっては、医師の指示、訪問リハビリテーション計画に基づき、利用者の心身機能の維持回復を図り、日常生活の自立に資するよう行う ●それぞれの利用者について、訪問リハビリテーション計画に従ったサービスの実施状況およびその評価について、速やかに診療記録を作成するとともに、医師に報告する
訪問リハビリテーション計画の作成		●医師および理学療法士、作業療法士または言語聴覚士は、当該医師の診療に基づき、利用者の病状、心身の状況、希望およびその置かれている環境を踏まえて、当該サービスの目標、当該目標を達成するための具体的なサービスの内容等を記載した訪問リハビリテーション計画を作成しなければならない ●訪問リハビリテーションと通所リハビリテーションを同一事業所が提供する場合、共通のリハビリテーション計画、利用者および家族の同意、サービス実施状況の診療記録への記載等を一体的に実施できる
訪問リハビリテーションの分類	急性期リハビリテーション	●疾患・リスク管理に重点を置いて廃用症候群の予防を中心としたリハビリテーション
	回復期リハビリテーション	●ADLの改善を中心に集中的に行うリハビリテーション
	生活期（維持期）リハビリテーション	●社会生活を維持・改善することを支援するリハビリテーション
要介護度別のリハビリテーションの目安	要支援1・2	予防的リハビリテーション	●要介護化の予防に重点
	要介護1・2	自立支援型リハビリテーション	●ADL・IADLの自立を図る
	要介護3・4・5	介護負担軽減型リハビリテーション	●介護者の負担を軽減する
訪問リハビリテーション費		●通院が困難な利用者に対して、指定訪問リハビリテーション事業所の理学療法士、作業療法士または言語聴覚士が、計画的な医学的管理を行っている医師の指示に基づき、指定訪問リハビリテーションを行った場合に算定する ●訪問リハビリテーションは、指示を行う医師の診療の日から3か月以内に行われた場合に算定する

（介護予防）居宅療養管理指導

定義

「居宅療養管理指導」とは、居宅要介護者について、病院、診療所または薬局の医師、歯科医師、薬剤師その他厚生労働省令で定める者により行われる療養上の管理および指導であって、厚生労働省令で定めるものをいう

サービス類型

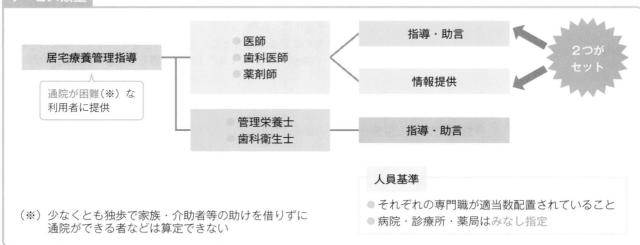

（※）少なくとも独歩で家族・介助者等の助けを借りずに
　　　通院ができる者などは算定できない

（介護予防）居宅療養管理指導費

区分		限度	単一建物居住者が1人	単一建物居住者が2～9人	単一建物居住者が10人以上
医師	（Ⅰ）	月2回	515 単位	487 単位	446 単位
	（Ⅱ）		299 単位	287 単位	260 単位
歯科医師		月2回	517 単位	487 単位	441 単位
薬剤師	病院診療所	月2回	566 単位	417 単位	380 単位
	薬局	月4回	518 単位	379 単位	342 単位
管理栄養士		月2回	545 単位	487 単位	444 単位
歯科衛生士		月4回	362 単位	326 単位	295 単位

※薬局の薬剤師の場合について、がん末期の患者、中心静脈栄養患者および心不全や呼吸不全で麻薬注射剤を使用する患者については、週2回かつ月8回算定できる
※管理栄養士が行う場合について、計画的な医学管理を行っている医師が、利用者の急性増悪等により特別の指示を行った場合は、指示の日から30日間に限って、さらに2回を限度として算定できる
※歯科衛生士等が行う場合について、がん末期の患者については、月6回を限度として算定できる

 居宅療養管理指導は、区分支給限度基準額の対象になりません。

人員基準	病院・診療所	● 医師または歯科医師 ● 薬剤師、歯科衛生士、管理栄養士	みなし指定
	薬局	● 薬剤師	

利用料等の受領	● 指定居宅療養管理指導事業者は、指定居宅療養管理指導の提供に要する交通費（通常の事業の実施地域内も含む）の支払を利用者から受けることができる ● 指定居宅療養管理指導事業者は、サービスの提供にあたっては、あらかじめ利用者またはその家族に対し、当該サービスの内容および費用について説明を行い、利用者の同意を得なければならない

医師または歯科医師	● 訪問診療等により常に利用者の病状および心身の状況を把握し、計画的かつ継続的な医学的管理または歯科医学的管理に基づいて、居宅介護支援事業者に対する居宅サービス計画の作成等に必要な情報提供ならびに利用者またはその家族に対し、居宅サービスの利用に関する留意事項、介護方法等についての指導、助言等を行う ● 療養上適切な居宅サービスが提供されるために必要があると認める場合または居宅介護支援事業者もしくは居宅サービス事業者から求めがあった場合は、居宅介護支援事業者または居宅サービス事業者に対し、居宅サービス計画の作成、居宅サービスの提供等に必要な情報提供または助言を行う ● 1か月に2回まで算定できる	
	情報提供等の方法	● 居宅介護支援事業者または居宅サービス事業者に対する情報提供または助言については、原則として、サービス担当者会議に参加することにより行わなければならない ● サービス担当者会議への参加によることが困難な場合については、居宅介護支援事業者または居宅サービス事業者に対して、原則として、情報提供または助言の内容を記載した文書を交付して行わなければならない

薬剤師、歯科衛生士または管理栄養士の共通事項	● 指定居宅療養管理指導の提供にあたっては、医師または歯科医師の指示に基づき、利用者の心身機能の維持回復を図り、居宅における日常生活の自立に資するように行う ● それぞれの利用者について、提供した指定居宅療養管理指導の内容について、速やかに診療記録を作成するとともに、医師または歯科医師に報告する

薬剤師	● 薬局の薬剤師は、医師または歯科医師の指示に基づき、当該薬剤師が策定した薬学的管理指導計画に基づき、利用者を訪問し、薬学的な管理指導を行う ● 介護支援専門員に対する居宅サービス計画の策定等に必要な情報提供を行わなければならない ● 医療機関の薬剤師は、1か月に2回、薬局の薬剤師は1か月に4回まで算定できる

管理栄養士	● 特別食を必要とする利用者または低栄養状態にあると医師が判断した者に対して、医師、歯科医師、管理栄養士、看護師、その他の職種の者が共同して、利用者ごとの摂食・嚥下機能および食形態にも配慮した栄養ケア計画を作成する ● 1か月に2回まで算定できる

歯科衛生士等	● 歯科衛生士、保健師または看護職員が実地指導を行った場合に算定できる ● 居宅療養管理指導が必要であると歯科医師が判断した者に対して、歯科衛生士等が利用者を訪問し、歯科医師、歯科衛生士、その他の職種が共同して、利用者ごとの口腔衛生状態および摂食・嚥下機能に配慮した管理指導計画を作成する ● 1か月に4回まで算定できる

訪問サービス

定期巡回・随時対応型訪問介護看護

定義

「定期巡回・随時対応型訪問介護看護」とは、居宅要介護者について、定期的な巡回訪問により、または随時通報を受け、その者の居宅において、介護福祉士等により行われる入浴、排泄、食事等の介護その他の日常生活上の世話であって、厚生労働省令で定めるものを行うとともに、看護師その他厚生労働省令で定める者により行われる療養上の世話または必要な診療の補助を行うことをいう

概要

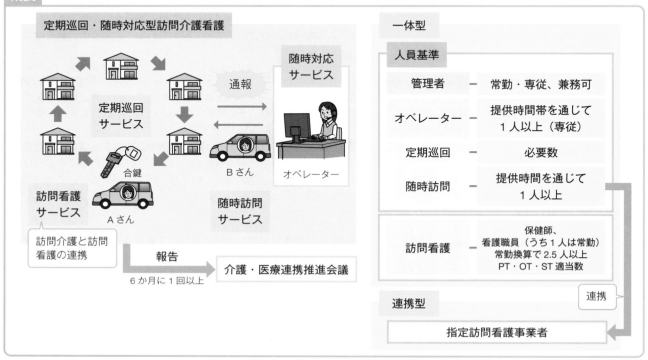

定期巡回・随時対応型訪問介護看護費

区分	要介護度	単位数 （単位／月）	通所サービス利用時の 調整（単位／日）
（Ⅰ）一体型（訪問看護サービスを行う場合）	要介護1	7,946	−91
	要介護2	12,413	−141
	要介護3	18,948	−216
	要介護4	23,358	−266
	要介護5	28,298	−322
（Ⅰ）一体型（訪問看護サービスを行わない場合）（Ⅱ）連携型	要介護1	5,446	−62
	要介護2	9,720	−111
	要介護3	16,140	−184
	要介護4	20,417	−233
	要介護5	24,692	−281

区分		単位数（単位／回）
（Ⅲ）夜間訪問型	基本夜間訪問型サービス費	989 単位／回
	定期巡回サービス費	372 単位／回
	随時訪問サービス費	567 単位／回 （2 人派遣 764 単位／回）

● 1 つの事業所で訪問介護と訪問看護のサービスを提供する「一体型」と訪問介護事業所が訪問看護事業所と連携してサービスを提供する「連携型」がある

【報酬】
● 報酬は、月単位の定額制
● 通所サービス（通所介護、通所リハビリテーション、地域密着型通所介護、認知症対応型通所介護）を利用した日は所定単位数を減算する
● 「一体型」でも、訪問看護サービスを行う場合と行わない場合の報酬が異なる

2024 年度より、定期巡回・随時対応型訪問介護看護と夜間対応型訪問介護の将来的なサービスの統合を見据えて、夜間のみのサービスを提供する「夜間訪問型」が創設された

定期巡回・随時対応型訪問 介護看護の類型	一体型	● 定期巡回・随時対応型訪問介護看護事業所が、訪問看護サービスを自ら提供するタイプ
	連携型	● 定期巡回・随時対応型訪問介護看護事業所が、訪問看護サービスを指定訪問看護事業者との契約に基づき連携して提供するタイプ
提供するサービス	定期巡回サービス	● 訪問介護員等が定期的に利用者の居宅を巡回して行う日常生活上の世話
	随時対応サービス	● あらかじめ利用者の心身の状況、その置かれている環境等を把握したうえで、随時、利用者や家族等からの通報を受け、通報内容等をもとに相談援助を行うまたは訪問介護員等の訪問もしくは看護師等による対応の要否等を判断するサービス
	随時訪問サービス	● 随時対応サービスにおける訪問の要否等の判断に基づき、訪問介護員等が利用者の居宅を訪問して行う日常生活上の世話
	訪問看護サービス	● 指定定期巡回・随時対応型訪問介護看護の一部として看護師等が利用者の居宅を訪問して行う療養上の世話または必要な診療の補助
人員に関する基準		● 指定定期巡回・随時対応型訪問介護看護は、「オペレーター」「定期巡回サービスを行う訪問介護員等」「随時訪問サービスを行う訪問介護員等」「訪問看護サービスを行う看護師等」を配置しなければならない
	オペレーター	● オペレーターは、看護師、介護福祉士、医師、保健師、准看護師、社会福祉士、介護支援専門員（以下、「看護師、介護福祉士等」）をもって充てなければならない ● オペレーターのうち1人以上は、常勤でなければならない
	計画作成責任者	● 看護師、介護福祉士等であるもののうち1人以上を、計画作成責任者としなければならない
設備に関する基準		●「利用者の心身の状況等の情報を蓄積できる機器等」、「随時適切に利用者からの通報を受けることができる通信機器等」を備え、必要に応じてオペレーターに携帯させなければならない ● 利用者が援助を必要とする状態となったときに適切にオペレーターに随時通報を行うことができる端末機器を配布しなければならない
主治の医師との関係		● 訪問看護サービスの提供の開始に際し、主治の医師による指示を文書で受けなければならない ● 主治の医師に定期巡回・随時対応型訪問介護看護計画（訪問看護サービスの利用者にかかるものに限る）および訪問看護報告書を提出し、訪問看護サービスの提供にあたって主治の医師との密接な連携を図らなければならない
定期巡回・随時対応型訪問 介護看護計画等の作成		● 定期巡回・随時対応型訪問介護看護計画は、居宅サービス計画の内容に沿って作成しなければならない ● 指定定期巡回・随時対応型訪問介護看護を提供する日時等については、居宅サービス計画に定められた日時等にかかわらず、計画作成責任者が決定することができる ● この場合は、計画作成責任者は、定期巡回・随時対応型訪問介護看護計画を、当該利用者を担当する介護支援専門員に提出しなければならない
介護・医療連携推進会議		● 利用者、利用者の家族、地域住民の代表者、地域の医療関係者、市町村の職員、地域包括支援センターの職員等により構成される「介護・医療連携推進会議」を設置しなければならない ● 介護・医療連携推進会議に対して、おおむね6か月に1回以上、指定定期巡回・随時対応型訪問介護看護の提供状況等を報告し、評価を受けるとともに、必要な要望、助言等を聴く機会を設けなければならない

夜間対応型訪問介護

定義

「夜間対応型訪問介護」とは、居宅要介護者について、夜間において、定期的な巡回訪問により、または随時通報を受け、その者の居宅において介護福祉士等により行われる入浴、排泄、食事等の介護その他の日常生活上の世話であって、厚生労働省令で定めるもの（定期巡回・随時対応型訪問介護看護に該当するものを除く）をいう

概要

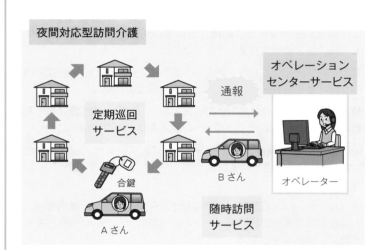

夜間対応型訪問介護

定期巡回サービス
通報
合鍵
Bさん
随時訪問サービス
Aさん
オペレーションセンターサービス
オペレーター

人員基準

管理者	－	常勤・専従、兼務可
オペレーター	－	専任1人以上
定期巡回	－	訪問介護員等（サービス提供に必要数）
随時訪問	－	訪問介護員1人以上

- オペレーションセンターは、通常の事業の実施地域内に1か所以上設置
- オペレーションセンターには、通報を受けることができる通信機器を設置
- 利用者には、原則として通報端末機器を配布

夜間対応型訪問介護費

区　分			単位数
夜間対応型訪問介護費（Ⅰ） オペレーションセンター設置	基本夜間対応型訪問介護費		989単位／月
	定期巡回サービス費		372単位／回
	随時訪問（Ⅰ）	1人派遣	567単位／回
	随時訪問（Ⅱ）	2人派遣	764単位／回
夜間対応型訪問介護費（Ⅱ） オペレーションセンターを設置しない場合			2,702単位／月

サービス提供時間
18時から翌朝8時までの間で事業所が設定
（22時から翌朝6時までは必ず含む）

- オペレーションセンターを設置している場合には、基本夜間対応型訪問介護費に加え、定期巡回および随時訪問について1回ごとに介護報酬を算定できる

主な加算

● 24時間通報対応加算	● 日中においてもオペレーションセンターサービスを実施する場合に算定
● 認知症専門ケア加算	● 認知症日常生活自立度Ⅲ以上の利用者の占める割合が2分の1以上等一定の要件を満たす場合に算定

サービス提供時間	●提供時間帯は、各事業所において設定するが、22時から翌朝6時までの間は最低限含むものとする		
提供するサービス	1	定期巡回サービス	●定期的に利用者の居宅を巡回して行う夜間対応型訪問介護
	2	随時訪問サービス	●オペレーションセンター等からの随時の通報に対応して行う夜間対応型訪問介護
	3	オペレーションセンターサービス	●あらかじめ利用者の心身の状況、その置かれている環境等を把握したうえで、随時、利用者からの通報を受け、通報内容等をもとに訪問介護員等の訪問の要否等を判断するサービス
オペレーションセンター	●オペレーションセンターは、通常の事業の実施地域内に1か所以上設置しなければならない ●ただし、定期巡回サービスを行う訪問介護員等が利用者から通報を受けることにより適切にオペレーションセンターサービスを実施することが可能であると認められる場合は、オペレーションセンターを設置しないことができる		
人員に関する基準	●「オペレーションセンター従業者」「定期巡回サービスを行う訪問介護員等」「随時訪問サービスを行う訪問介護員等」を置かなければならない		
	オペレーター	●オペレーターは、看護師、介護福祉士、医師、保健師、准看護師、社会福祉士、介護支援専門員（以下、「看護師、介護福祉士等」）をもって充てなければならない	
設備に関する基準	●「利用者の心身の状況等の情報を蓄積することができる機器等」「随時適切に利用者からの通報を受けることができる通信機器等」を備え、必要に応じてオペレーターに当該機器等を携帯させなければならない ●指定夜間対応型訪問介護事業者は、利用者が援助を必要とする状態となったときに適切にオペレーションセンターに通報できるよう、利用者に対し、原則として通信のための端末機器を配布しなければならない		
具体的取扱方針	●定期巡回サービスの提供にあたっては、夜間対応型訪問介護計画に基づき、利用者が安心してその居宅において生活を送るのに必要な援助を行うものとする ●オペレーションセンター従業者は、随時訪問サービスを適切に行うため、利用者の面接および1か月ないし3か月に1回程度の利用者の居宅への訪問を行い、随時利用者の心身の状況、その置かれている環境等の的確な把握に努め、利用者またはその家族に対し、適切な相談および助言を行うものとする ●随時訪問サービスの提供にあたっては、夜間対応型訪問介護計画に基づき、利用者からの随時の連絡に迅速に対応し、必要な援助を行うものとする ●夜間対応型訪問介護従業者は、利用者からの連絡内容や利用者の心身の状況を勘案し、必要があると認めるときは、利用者が利用する指定訪問看護ステーションへの連絡を行う等の適切な措置を講じるものとする ●利用者から合鍵を預かる場合には、その管理を厳重に行うとともに、管理方法、紛失した場合の対処方法その他必要な事項を記載した文書を利用者に交付するものとする		

通所介護

定義

「通所介護」とは、居宅要介護者について、老人デイサービスセンターに通わせ、当該施設において入浴、排泄、食事等の介護その他の日常生活上の世話であって厚生労働省令で定めるものおよび機能訓練を行うこと（利用定員が 19 人以上であるものに限り、認知症対応型通所介護を除く）をいう

概要

サービス類型

通所介護 定員19人以上		前年度平均利用延べ人数
	通常規模事業所 ➡	750 人以下／月
	大規模事業所（Ⅰ）➡	751〜900 人以下／月
	大規模事業所（Ⅱ）➡	901 人以上／月

人員基準

管理者	ー	常勤・専従、兼務可
生活相談員	ー	1 人以上
介護職員	ー	1 人以上（定員 15 人まで）以降超えた人数 ÷5＋1 以上
看護職員	ー	1 人以上
機能訓練指導員	ー	1 人以上・兼務可

生活相談員または介護職員のうち 1 人以上は常勤

通所介護費

(単位／日)

区分	要介護度	3〜4 時間	4〜5 時間	5〜6 時間	6〜7 時間	7〜8 時間	8〜9 時間
通常規模	要介護 1	370	388	570	584	658	669
	要介護 2	423	444	673	689	777	791
	要介護 3	479	502	777	796	900	915
	要介護 4	533	560	880	901	1,023	1,041
	要介護 5	588	617	984	1,008	1,148	1,168

※事業所規模区分（通常規模、大規模事業所（Ⅰ）・（Ⅱ））で平均利用延べ人員数が増えるとともに、介護報酬は逓減する

主な加算

口腔・栄養スクリーニング加算	● 利用開始時および利用中 6 か月ごとに口腔の健康状態または栄養状態のスクリーニングを行った場合に算定
栄養改善加算	● 管理栄養士を 1 人以上配置し、栄養ケア計画を作成し、栄養改善サービスを実施した場合に算定（1 か月に 2 回を限度）
栄養アセスメント加算	● 管理栄養士が介護職員等と共同して栄養アセスメントを実施した場合に算定
口腔機能向上加算	● 言語聴覚士、歯科衛生士等を 1 人以上配置し、口腔機能改善管理指導計画を作成、口腔機能向上サービスを実施した場合に算定（1 か月に 2 回を限度）
若年性認知症利用者受入加算	● 若年性認知症利用者ごとに個別に担当者を定め、利用者の特性やニーズに応じたサービス提供を行う場合に算定（ただし、認知症加算を算定している場合は算定しない）
認知症加算	● 指定基準に加え 2 人以上介護・看護職員を配置、利用者の総数のうち認知症日常生活自立度Ⅲ以上の利用者が 20％ 以上等の要件を満たす場合に算定
入浴介助加算	● 入浴介助を適切に行うことができる人員および設備を有する事業所が入浴介助を行った場合に算定
中重度者ケア体制加算	● 指定基準に加え 2 人以上介護・看護職員を配置、利用者総数のうち要介護 3 以上が 30％ 以上、専従の看護職員を 1 人以上確保
生活機能向上連携加算	● 外部の理学療法士等と事業所の機能訓練指導員等が共同してアセスメントや個別機能訓練計画の作成等を行い、定期的に評価、見直しを行った場合に算定

人員基準	管理者	● 特段の専門資格は不要 ● 事業所ごとに常勤・専従で 1 人以上
	生活相談員	● 提供日ごとにサービス提供時間に応じて専従で 1 人以上 ● 生活相談員の勤務時間数として、サービス担当者会議、地域ケア会議等も含めることが可能
	看護職員	● 単位ごとに専従で 1 人以上 ● 病院、診療所、訪問看護ステーションと連携し、健康状態の確認を行った場合は人員基準を満たす
	介護職員	● 特段の専門資格は不要（資格を有さない者は認知症介護基礎研修の受講が必要） ● 単位ごとに利用者数が 15 人までは 1 人以上 （15 人を超す場合は超えた人数÷ 5 ＋ 1 以上）
	機能訓練指導員	● 理学療法士、作業療法士、言語聴覚士、看護職員、柔道整復師またはあん摩マッサージ指圧師、一定の実務経験を有するはり師、きゅう師を 1 人以上
設備および備品等		● 食堂、機能訓練室、静養室、相談室および事務室、消火設備等を備えなければならない ● 食堂および機能訓練室は、その合計した面積は、3㎡に利用定員を乗じて得た面積以上
利用料等の受領		● 食事の提供に要する費用、おむつ代などの支払を利用者から受けることができる
通所介護計画の作成		● 管理者は、通所介護計画を作成しなければならない ● 通所介護計画は、居宅サービス計画の内容に沿って作成しなければならない ● 管理者は、通所介護計画の作成にあたっては、利用者またはその家族に対して説明し、利用者の同意を得なければならない ● 管理者は、通所介護計画を利用者に交付しなければならない
宿泊サービスの届出		● 通所介護事業所の設備を利用して、介護保険制度外の夜間および深夜のサービス（宿泊サービス）を実施している事業所は、その開始前に都道府県知事に届け出なければならない
介護報酬		● 通所介護の介護報酬は、①事業所の規模、②介護の所要時間、③要介護度によって設定され、送迎にかかる費用は利用料に含まれている
送迎時の居宅内介助		● 送迎時の居宅内介助等（着替え、車いすへの移乗、戸締まり等）を一定の要件を満たす場合に、通所介護の所要時間に含める（30 分 / 日以内）
送迎減算		● 利用者に対して送迎を行わない場合は、片道につき所定単位数を減算
延長加算		● 通所介護とその前後の日常生活上の世話の所要時間が通算して 9 時間以上になった場合は、延長時間に応じた所定の単位数を加算（9 時間以上 14 時間未満） ● 利用者が当該事業所の設備を利用して宿泊する場合には、延長加算を算定できない
個別機能訓練加算		● 専従の理学療法士等を配置し、利用者宅を訪問したうえで個別機能訓練計画を作成し、その後 3 か月ごとに 1 回以上訪問し訓練内容の見直し等を行っている場合に算定
ADL 維持等加算		● ADL（日常生活動作）の維持または改善の度合いが一定の水準を超えた場合に算定
科学的介護推進体制加算		● 利用者ごとの ADL 値、栄養状態、口腔機能、認知症の状況などの情報を厚生労働大臣に提出している場合に算定

● 食費、おむつ代は自己負担

地域密着型通所介護

定義

「地域密着型通所介護」とは、居宅要介護者について、老人デイサービスセンター等に通わせ、当該施設において入浴、排泄、食事等の介護その他の日常生活上の世話であって厚生労働省令で定めるものおよび機能訓練を行うこと（利用定員が 19 人未満であるものに限り、認知症対応型通所介護に該当するものを除く）をいう

概要

サービス類型

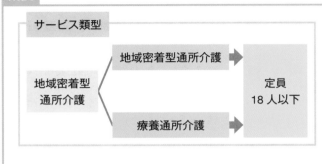

人員基準

	定員 11 人以上	定員 10 人以下
管理者	1 人	1 人（常勤・専従）
生活相談員	1 人以上	1 人以上（専従）
介護職員	1 人以上（定員 15 人まで）以降超えた人数÷5＋1 以上	1 人以上
看護職員	1 人以上	
機能訓練指導員	1 人以上	1 人以上

地域密着型通所介護費

（単位／日）

区分	要介護度	3～4 時間	4～5 時間	5～6 時間	6～7 時間	7～8 時間	8～9 時間
地域密着型通所介護費	要介護 1	416	436	657	678	753	783
	要介護 2	478	501	776	801	890	925
	要介護 3	540	566	896	925	1,032	1,072
	要介護 4	600	629	1,013	1,049	1,172	1,220
	要介護 5	663	695	1,134	1,172	1,312	1,365

人員基準	定員 11 人以上 18 人以下	看護職員	● 単位ごとに専従の看護職員を 1 人以上
		介護職員	● 単位ごとに定員 15 人まで 1 人以上 （15 人を超す場合は、超えた人数÷5＋1 以上）
	定員 10 人以下	看護職員または介護職員	● 単位ごとに専従の看護職員または介護職員を 1 人以上
地域密着型通所介護計画の作成			● 管理者は、利用者の心身の状況、希望およびその置かれている環境を踏まえて、機能訓練等の目標、当該目標を達成するための具体的なサービスの内容等を記載した地域密着型通所介護計画を作成しなければならない
運営推進会議			● 事業者は、運営推進会議を設置し、おおむね 6 か月に 1 回以上開催しなければならない ● 一定の条件を満たす場合、複数の事業所の合同開催が可能
地域との連携			● 指定地域密着型通所介護事業者は、その事業の運営にあたっては、地域住民またはその自発的な活動等との連携および協力を行う等の地域との交流を図らなければならない

療養通所介護

定義

「療養通所介護」とは、指定地域密着型通所介護であって、難病等を有する重度要介護者またはがん末期の者であって、サービス提供にあたり常時看護師による観察が必要なものを対象者とし、療養通所介護計画に基づき、入浴、排泄、食事等の介護その他の日常生活上の世話および機能訓練を行うものをいう

概要

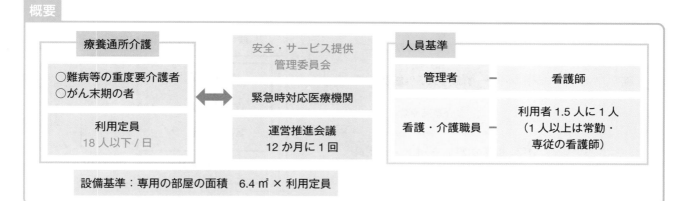

療養通所介護	
○難病等の重度要介護者 ○がん末期の者	
利用定員 18 人以下 / 日	

安全・サービス提供管理委員会

緊急時対応医療機関

運営推進会議　12 か月に 1 回

人員基準	
管理者 －	看護師
看護・介護職員 －	利用者 1.5 人に 1 人 （1 人以上は常勤・専従の看護師）

設備基準：専用の部屋の面積　6.4 ㎡ × 利用定員

療養通所介護費

区分	介護報酬	
療養通所介護費	12,785 単位 / 月	月単位包括報酬
短期利用療養通所介護費	1,335 単位 / 日	1 日単位

2024 年度に、1 日単位で利用できる短期利用療養通所介護が創設された

加減算

過少サービスに対する減算	●30％減算
重度者ケア体制加算	●重度の要介護者を受け入れる体制を構築した場合に算定

人員基準	●管理者は、常勤の看護師でなければならない ●利用者の数が 1.5 人に対し、従業者が 1 人以上（1 人以上は、常勤・専従の看護師）
利用定員	●利用定員は、18 人以下とする
療養通所介護計画の作成	●管理者は、利用者の心身の状況、希望およびその置かれている環境を踏まえて、機能訓練等の目標、当該目標を達成するための具体的なサービスの内容等を記載した療養通所介護計画を作成しなければならない
緊急時等の対応	●利用者の病状の急変が生じた場合等に備え、主治の医師とともに、その場合の対応策について利用者ごとに検討し、緊急時等の対応策をあらかじめ定めておかなければならない
緊急時対応医療機関	●指定療養通所介護事業者は、利用者の病状の急変等に備えるため、あらかじめ、緊急時対応医療機関を定めておかなければならない
安全・サービス提供管理委員会の設置	●指定療養通所介護事業者は、安全かつ適切なサービスの提供を確保するため、地域の医療関係団体に属する者、地域の保健、医療または福祉の分野を専門とする者などから構成される安全・サービス提供管理委員会（おおむね 6 か月に 1 回以上開催）を設置しなければならない

通所が中心のサービス（介護予防）通所リハビリテーション

定義

「通所リハビリテーション」とは、居宅要介護者（主治の医師が必要性を認めたものに限る）について、介護老人保健施設、介護医療院、病院、診療所その他の厚生労働省令で定める施設に通わせ、当該施設において、その心身の機能の維持回復を図り、日常生活の自立を助けるために行われる理学療法、作業療法その他必要なリハビリテーションをいう

概要

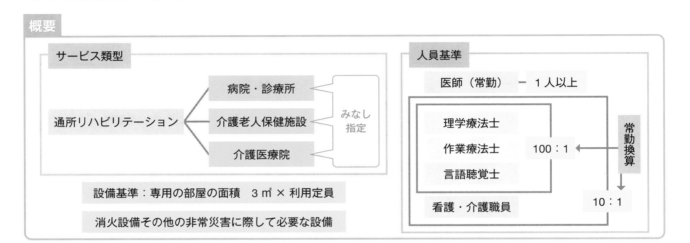

設備基準：専用の部屋の面積　3㎡ × 利用定員

消火設備その他の非常災害に際して必要な設備

通所リハビリテーション費

（単位／日）

区分	要介護度	1～2時間	2～3時間	3～4時間	4～5時間	5～6時間	6～7時間	7～8時間
通常規模型通所リハビリテーション費	要介護1	369	383	486	553	622	715	762
	要介護2	398	439	565	642	738	850	903
	要介護3	429	498	643	730	852	981	1,046
	要介護4	458	555	743	844	987	1,137	1,215
	要介護5	491	612	842	957	1,120	1,290	1,379

※事業所規模区分は、通常規模、大規模事業所がある。大規模事業所で一定の要件を満たす場合は通常規模の報酬を算定できる

主な加減算

● 送迎減算	● 利用者に対して送迎を行わない場合は片道につき所定単位数を減算
● 延長加算	● 通所リハビリテーションとその前後の日常生活上の世話の所要時間が通算して8時間以上になった場合は、延長時間に応じた所定の単位数を加算（8時間以上14時間未満）
● 入浴介助加算	● 入浴介助を適切に行うことができる人員および設備を有する事業所が入浴介助を行った場合に算定
● 口腔・栄養スクリーニング加算	● 利用開始時および利用中6か月ごとに口腔の健康状態または栄養状態のスクリーニングを行った場合に算定
● 栄養改善加算	● 管理栄養士を1人以上配置し、栄養ケア計画を作成し、栄養改善サービスを実施した場合に算定（1か月に2回を限度）
● 栄養アセスメント加算	● 管理栄養士が介護職員等と共同して栄養アセスメントを実施した場合に算定
● 口腔機能向上加算	● 言語聴覚士、歯科衛生士等を1人以上配置し、口腔機能改善管理指導計画を作成、口腔機能向上サービスを実施した場合に算定（1か月に2回を限度）
● 若年性認知症利用者受入加算	● 若年性認知症利用者ごとに個別に担当者を定め、利用者の特性やニーズに応じたサービス提供を行う場合に算定（ただし、認知症加算を算定している場合は算定しない）
● 重度療養管理加算	● 要介護3～5で頻回の喀痰吸引を実施している等重度の状態にある者にリハビリテーションを実施した場合に算定
● リハビリテーションマネジメント加算	● 通所リハビリテーション計画の定期的評価、医師による指示、リハビリテーション会議の定期的な開催などの一定の要件を満たす場合に算定

指定		● 通所リハビリテーションは、「病院・診療所」「介護老人保健施設」「介護医療院」が指定を受けることができる（みなし指定）
人員基準 （診察所を除く）	管理者	● 管理者は、医師、理学療法士、作業療法士または専ら指定通所リハビリテーションの提供にあたる看護師のうちから選任した者に、必要な管理の代行をさせることができる
	医師	● 常勤　1人以上
	理学療法士、作業療法士もしくは言語聴覚士または看護職員もしくは介護職員	● 単位ごとに、利用者数10人以下の場合1人以上（10人を超える場合は、利用者数を10で除した数以上）
	上記のうち理学療法士、作業療法士または言語聴覚士	● 専らリハビリテーションの提供にあたる理学療法士、作業療法士または言語聴覚士が、利用者が100人またはその端数を増すごとに1人以上
具体的取扱方針		● 指定通所リハビリテーションの提供にあたっては、医師の指示および通所リハビリテーション計画に基づき、利用者の心身の機能の維持回復を図り、日常生活の自立に資するよう、妥当適切に行う ● リハビリテーション会議を開催し、リハビリテーションに関する専門的な見地から利用者の状況等に関する情報を、会議の構成員と共有するように努めなければならない
通所リハビリテーション計画の作成		● 医師および理学療法士、作業療法士等は、診療または運動機能検査、作業能力検査等をもとに、共同して、利用者の心身の状況、希望およびその置かれている環境を踏まえて、リハビリテーションの目標、当該目標を達成するための具体的なサービスの内容等を記載した通所リハビリテーション計画を作成しなければならない ● 通所リハビリテーション計画は、居宅サービス計画の内容に沿って作成しなければならない ● 医師等の従業者は、通所リハビリテーション計画を作成した際には、当該通所リハビリテーション計画を利用者に交付しなければならない
介護報酬	認知症短期集中リハビリテーション実施加算	● 認知症であると医師が判断した利用者に対し、医師または医師の指示を受けた理学療法士等が退院（所）日または通所開始日から起算して、3か月以内の期間に集中的なリハビリテーションを行った場合に算定
	生活行為向上リハビリテーション実施加算	● 生活行為の内容の充実を図るためのリハビリテーションを実施した場合に算定
	短期集中個別リハビリテーション実施加算	● 退院（所）日または認定日から3か月以内に、医師または医師の指示を受けた理学療法士等が集中的な個別リハビリテーションを行った場合に算定
	中重度者ケア体制加算	● 指定基準に加え1人以上介護・看護職員を配置、利用者総数のうち要介護3以上が30%以上、専従の看護職員を1人以上確保
	移行支援加算	● ADL・IADLの向上により、社会参加を維持できる通所サービス等に移行できた割合が高い場合などに算定（評価対象期間の次の年度内に算定する）
	リハビリテーション提供体制加算	● リハビリテーションマネジメント加算を算定し、常時、理学療法士、作業療法士または言語聴覚士の合計数が、利用者の数が25人またはその端数を増すごとに1人以上であること
	科学的介護推進体制加算	● 利用者ごとのADL値、栄養状態、口腔機能、認知症の状況などの情報を厚生労働大臣に提出している場合に算定

介護予防通所リハビリテーション

定義

「介護予防通所リハビリテーション」とは、居宅要支援者（主治の医師が必要性を認めたものに限る）について、介護老人保健施設、介護医療院、病院、診療所その他の厚生労働省令で定める施設に通わせ、当該施設において、その介護予防を目的として、介護予防サービス計画において定めた期間にわたり行われる理学療法、作業療法その他必要なリハビリテーションをいう

介護予防通所リハビリテーション費

区分	要介護度	報酬
介護予防通所リハビリテーション費	要支援1	2,268 単位／月
	要支援2	4,228 単位／月

【介護報酬の特徴】
基本部分となる介護報酬は「1か月あたりの包括報酬」となっている

主な加算

運動器機能向上加算	● 理学療法士、作業療法士、言語聴覚士を1人以上配置し、運動器機能向上計画に従いリハビリテーションを実施した場合に算定
口腔・栄養スクリーニング加算	● 利用開始時および利用中6か月ごとに口腔の健康状態または栄養状態のスクリーニングを行った場合に算定
栄養改善加算	● 管理栄養士を1人以上配置し、栄養ケア計画を作成し、栄養改善サービスを実施した場合に算定
栄養アセスメント加算	● 管理栄養士が介護職員等と共同して栄養アセスメントを実施した場合に算定
口腔機能向上加算	● 言語聴覚士、歯科衛生士等を1人以上配置し、口腔機能改善管理指導計画を作成、口腔機能向上サービスを実施した場合に算定
若年性認知症利用者受入加算	● 若年性認知症利用者ごとに個別に担当者を定め、利用者の特性やニーズに応じたサービス提供を行う場合に算定
生活行為向上リハビリテーション実施加算	● 生活行為の内容の充実を図るためのリハビリテーションを実施した場合に算定

	基本取扱方針	● 指定介護予防通所リハビリテーションは、利用者の介護予防に資するよう、その目標を設定し、計画的に行われなければならない
具体的取扱方針	アセスメント	● 指定介護予防通所リハビリテーションの提供にあたっては、主治の医師もしくは歯科医師からの情報伝達またはサービス担当者会議もしくはリハビリテーション会議を通じる等の適切な方法により、利用者の病状、心身の状況、その置かれている環境等利用者の日常生活全般の状況の的確な把握を行う
	介護予防通所リハビリテーション計画	● 医師および理学療法士、作業療法士その他専ら指定介護予防通所リハビリテーションの提供にあたる介護予防通所リハビリテーション従業者は、診療または運動機能検査、作業能力検査等をもとに、共同して、利用者の心身の状況、希望およびその置かれている環境を踏まえて、リハビリテーションの目標、当該目標を達成するための具体的なサービスの内容、サービスの提供を行う期間等を記載した介護予防通所リハビリテーション計画を作成しなければならない
	モニタリング	● 医師等の従業者は、介護予防通所リハビリテーション計画に基づくサービスの提供の開始時から、少なくとも1か月に1回は、利用者の状態、サービスの提供状況等について、指定介護予防支援事業者に報告しなければならない
		● 介護予防通所リハビリテーション計画に記載したサービスの提供を行う期間が終了するまでに、少なくとも1回は、当該介護予防通所リハビリテーション計画の実施状況の把握を行う

利用者の居住と同一建物に所在する事業所等に対する算定

事業所と同一建物に居住する者に対してサービスを提供した場合、一定の単位数が減算されます。

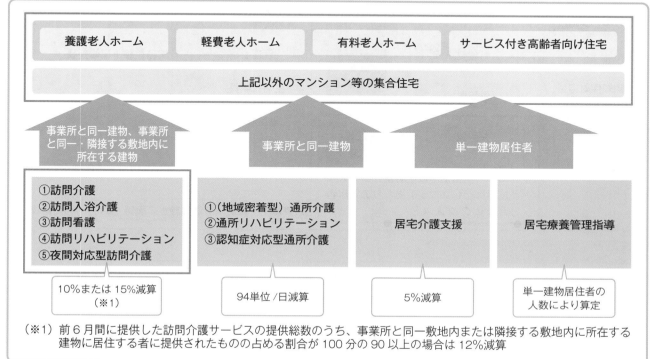

| 養護老人ホーム | 軽費老人ホーム | 有料老人ホーム | サービス付き高齢者向け住宅 |

上記以外のマンション等の集合住宅

事業所と同一建物、事業所と同一・隣接する敷地内に所在する建物

①訪問介護
②訪問入浴介護
③訪問看護
④訪問リハビリテーション
⑤夜間対応型訪問介護

10%または15%減算（※1）

事業所と同一建物

①（地域密着型）通所介護
②通所リハビリテーション
③認知症対応型通所介護

94単位／日減算

単一建物居住者

居宅介護支援

5%減算

居宅療養管理指導

単一建物居住者の人数により算定

（※1）前6月間に提供した訪問介護サービスの提供総数のうち、事業所と同一敷地内または隣接する敷地内に所在する建物に居住する者に提供されたものの占める割合が100分の90以上の場合は12%減算

対象サービス	算定		算定要件
訪問介護 訪問入浴介護 訪問看護 訪問リハビリテーション 夜間対応型訪問介護	10%または15%減算	区分支給限度基準額を計算する際には、減算前の単位数を用いる	● 事業所と同一建物、事業所と同一・隣接する敷地内に所在する建物（マンション等の集合住宅も含む）に居住する利用者 （利用者の人数が1か月あたり50人以上は15%減算） ● 上記以外の範囲に所在する建物で、同一建物に居住する利用者の人数が1か月あたり20人以上の場合
（地域密着型）通所介護 通所リハビリテーション 認知症対応型通所介護	94単位／日減算		● 事業所と同一建物に居住する利用者または事業所と同一建物（マンション等の集合住宅も含む）から事業所に通う利用者（ただし、やむを得ず送迎が必要な場合は減算しない）
居宅介護支援	5%減算		● 事業所と同一建物の利用者またはこれ以外の同一建物の利用者20人以上に居宅介護支援を行う場合
居宅療養管理指導	単一建物居住者（※2）の人数により算定		● 医師が行う居宅療養管理指導費（Ⅰ）は、単一建物居住者が1人515単位、2～9人487単位、10人以上446単位

（※2）当該利用者が居住する建築物に居住する者のうち、当該指定居宅療養管理指導事業所の医師等が、同一月に指定居宅療養管理指導等を行う場合の当該利用者

通所が中心のサービス

（介護予防）認知症対応型通所介護

定義

「認知症対応型通所介護」とは、居宅要介護者であって、認知症であるものについて、老人デイサービスセンター等に通わせ、当該施設において入浴、排泄、食事等の介護その他の日常生活上の世話であって厚生労働省令で定めるものおよび機能訓練を行うことをいう

概要

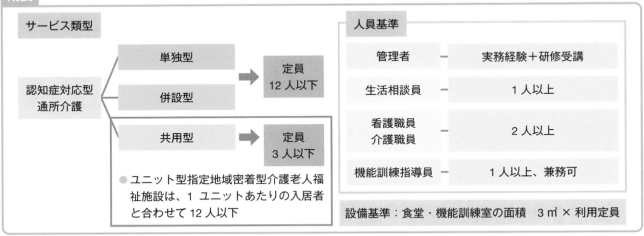

サービス類型

認知症対応型通所介護
- 単独型
- 併設型
→ 定員 12 人以下

- 共用型
→ 定員 3 人以下

● ユニット型指定地域密着型介護老人福祉施設は、1 ユニットあたりの入居者と合わせて 12 人以下

人員基準

管理者	実務経験＋研修受講
生活相談員	1 人以上
看護職員 介護職員	2 人以上
機能訓練指導員	1 人以上、兼務可

設備基準：食堂・機能訓練室の面積　3 ㎡ × 利用定員

（介護予防）認知症対応型通所介護費

区分	要介護度	3～4 時間未満	4～5 時間未満	5～6 時間未満	6～7 時間未満	7～8 時間未満	8～9 時間未満
認知症対応型通所介護費（Ⅰ）（単独型）	要支援 1	475	497	741	760	861	888
	要支援 2	526	551	828	851	961	991
	要介護 1	543	569	858	880	994	1,026
	要介護 2	597	626	950	974	1,102	1,137
	要介護 3	653	684	1,040	1,066	1,210	1,248
	要介護 4	708	741	1,132	1,161	1,319	1,362
	要介護 5	762	799	1,225	1,256	1,427	1,472

（単位／日）

主な加算

延長加算	● 認知症対応型通所介護の所要時間が通算して 9 時間以上になった場合は、延長時間に応じた所定の単位数を加算（9 時間以上 14 時間未満）
個別機能訓練加算	● 専従の理学療法士等を 1 人以上配置し、個別の計画に基づき機能訓練を行っている場合に算定
栄養アセスメント加算	● 管理栄養士が介護職員等と共同して栄養アセスメントを実施した場合に算定
栄養改善加算	● 管理栄養士を 1 人以上配置し、栄養ケア計画を作成し、栄養改善サービスを実施した場合に算定（1 か月に 2 回を限度）
口腔機能向上加算	● 言語聴覚士、歯科衛生士等を 1 人以上配置し、口腔機能改善管理指導計画を作成し、口腔機能向上サービスを実施した場合に算定（1 か月に 2 回を限度）
入浴介助加算	● 入浴介助を適切に行うことができる人員および設備を有する事業所が入浴介助を行った場合に算定
若年性認知症利用者受入加算	● 若年性認知症利用者ごとに個別に担当者を定め、利用者の特性やニーズに応じたサービス提供を行う場合に算定
生活機能向上連携加算	● 外部の理学療法士等と事業所の機能訓練指導員等が共同してアセスメントや個別機能訓練計画の作成等を行い、定期的に評価、見直しを行った場合に算定

認知症対応型通所介護の類型	単独型		● 特別養護老人ホーム等（特別養護老人ホーム、養護老人ホーム、病院、診療所、介護老人保健施設、介護医療院、社会福祉施設、特定施設）に併設されていない事業所において行われる指定認知症対応型通所介護
	併設型		● 特別養護老人ホーム等に併設されている事業所において行われる指定認知症対応型通所介護
	共用型		● 指定認知症対応型共同生活介護事業所、指定地域密着型特定施設、指定地域密着型介護老人福祉施設の「食堂・居間（共同生活室）」において、事業所（施設）の入居者（入所者）と共に行う認知症対応型通所介護
人員基準と定員	単独型・併設型	人員基準	● 生活相談員　提供時間帯を通じて専従1人以上 ● 看護職員または介護職員　2人以上（1人は提供時間帯を通じて専従） ● 生活相談員、看護職員または介護職員のうち1人以上は常勤 ● 機能訓練指導員　事業所ごとに1人以上
		利用定員	● 1単位あたり12人以下
	共用型	人員基準	● 「入居者（入所者）」の数と「共用型指定認知症対応型通所介護の利用者」の数を合計した数について、指定認知症対応型共同生活介護、地域密着型特定施設入居者生活介護、地域密着型介護老人福祉施設入所者生活介護の人員基準を満たすこと
		利用定員	● 認知症対応型共同生活介護の共同生活住居ごとに1日あたり3人以下
			● 地域密着型特定施設、地域密着型介護老人福祉施設（ユニット型以外）　→　施設ごとに1日あたり3人以下
			● ユニット型指定地域密着型介護老人福祉施設　→　ユニットごとに入居者の数と共用型指定認知症対応型通所介護の利用者の数の合計が1日あたり12人以下となる数
認知症対応型通所介護計画の作成			● 管理者は、認知症対応型通所介護計画を作成しなければならない ● 認知症対応型通所介護計画は、居宅サービス計画の内容に沿って作成しなければならない ● 管理者は、認知症対応型通所介護計画の作成にあたっては、その内容について利用者またはその家族に対して説明し、利用者の同意を得なければならない ● 管理者は、認知症対応型通所介護計画を作成した際には、利用者に交付しなければならない ● 認知症対応型通所介護計画に位置づけられ、効果的な機能訓練等のサービスが提供できる場合は、事業所の屋外でサービスを提供することができる
運営推進会議			● 指定認知症対応型通所介護事業者は、運営推進会議を設置し、おおむね6か月に1回以上開催しなければならない

● 地域密着型サービスの人員基準・運営基準に規定されている研修

	認知症対応型共同生活介護	小規模多機能型居宅介護 看護小規模多機能型居宅介護	認知症対応型通所介護
代表者	認知症対応型サービス事業開設者研修		
管理者	認知症介護実践者研修　＋　認知症対応型サービス事業管理者研修		
計画作成担当者	認知症介護実践者研修	認知症介護実践者研修	
		小規模多機能型サービス等計画作成担当者研修	

153

通所が中心のサービス

（介護予防）小規模多機能型居宅介護

定義

「小規模多機能型居宅介護」とは、居宅要介護者について、その者の心身の状況、その置かれている環境等に応じて、その者の選択に基づき、その者の居宅において、またはサービスの拠点に通わせ、もしくは短期間宿泊させ、当該拠点において、入浴、排泄、食事等の介護その他の日常生活上の世話および機能訓練を行うことをいう

概要

利用登録定員　29人以下

「通い」
定員…登録定員の2分の1〜最大18人以下

「宿泊」
定員…通いサービスの定員の3分の1〜9人以下

「訪問」　「ケアプラン」

おおむね2か月に1回以上活動報告

運営推進会議

急変時　協力医療機関

支援　介護保険施設等

人員基準

代表者	―	実務または経営経験＋研修受講
管理者	―	3年以上の実務経験＋研修受講
介護職員看護職員		【通い】…利用者3人に対し1人以上 【訪問】…昼間1人以上 【宿泊】…夜勤1人以上＋宿直必要数以上（宿泊者がいないときは不要）
介護支援専門員	―	1名（兼務可）・研修受講

介護支援専門員は「登録者」の「居宅サービス計画」を作成

ケアプランに位置づけ可

【利用可能な他事業所のサービス】
● 訪問看護　● 訪問リハビリテーション　● 居宅療養管理指導
● 福祉用具貸与　● 特定福祉用具販売　● 住宅改修

（介護予防）小規模多機能型居宅介護費

区分	介護度	同一建物以外（単位／月）	短期利用居宅介護費（単位／日）
予防給付	要支援1	3,450	424
	要支援2	6,972	531
介護給付	要介護1	10,458	572
	要介護2	15,370	640
	要介護3	22,359	709
	要介護4	24,677	777
	要介護5	27,209	843

【過少サービスに対する減算】
● 「通い」「訪問」「宿泊」サービスの登録者1人あたりの平均回数が、週4回に満たない場合は所定単位数の70％を算定

【実費徴収】
● 食事代　● おむつ代　● 宿泊費など

主な加算

● 初期加算	● 利用を開始した日から30日以内の期間について、所定の単位数を加算
● 認知症加算	● 介護を必要とする認知症の者に対してサービスを提供した場合に、所定の単位数を加算
● 訪問体制強化加算	● 訪問サービスの従事者を2人以上配置し、訪問回数が一定以上の場合に算定
● 看取り連携体制加算	● 看護師による24時間連絡体制を確保し看取り期のサービスを提供した場合に算定
● 総合マネジメント体制強化加算	● 小規模多機能型居宅介護計画を各職種が共同して見直しを行い、地域の行事や活動等に積極的に参加している場合に算定
● 若年性認知症利用者受入加算	● 若年性認知症利用者ごとに個別に担当者を定め、利用者の特性やニーズに応じたサービス提供を行う場合に算定
● 認知症行動・心理症状緊急対応加算	● 認知症の行動・心理症状が認められ、在宅生活が困難であると医師が判断した者に対して、緊急受入を行った場合に7日を限度として算定（短期利用のみ）

人員基準	管理者	● 管理者は、3年以上認知症である者の介護に従事した経験を有する者であって、別に厚生労働大臣が定める研修を修了しているものでなければならない ● 管理上支障がない場合は、ほかの職務と兼務することができる	
	日中	● 通いサービス：常勤換算で、利用者の数が3人に対し、1人以上 ● 訪問サービス：常勤換算で、1人以上	
	夜間および深夜	● 夜間および深夜の勤務にあたる者を1人以上および宿直勤務にあたる者を必要な数以上 ● 宿泊者がいない場合、夜間および深夜の勤務者、宿直勤務者を置かないことができる	
	看護職員	● 従業者のうち1人以上の者は、看護師または准看護師でなければならない（同一敷地内または道路を隔てて隣接する事業所と兼務することができる）	
	介護支援専門員	● 登録者にかかる居宅サービス計画および小規模多機能型居宅介護計画の作成に専ら従事する介護支援専門員を置く	
登録定員および利用定員		**本体事業所**	**サテライト事業所**
	登録定員	29人まで	18人まで
	通いサービスの定員	登録定員（25人まで）の1/2から15人 登録定員（26～27人）16人まで 登録定員（28人）　　　17人まで 登録定員（29人）　　　18人まで	登録定員の1/2から12人
	宿泊サービスの定員	通いサービスの定員の1/3から9人	通いサービスの定員の1/3から6人
		● サテライト事業所は、本体事業所からおおむね20分以内の近距離で、2か所まで設置することができる ● 通いサービスの利用者が登録定員に比べておおむね3分の1を下回る状態を続けてはならない	
利用者登録		● 利用者は、1か所の小規模多機能型居宅介護事業所に限って、利用者登録をすることができる	
居宅サービス計画の作成		● 管理者は、介護支援専門員に、登録者の居宅サービス計画の作成に関する業務を担当させる	
小規模多機能型居宅介護計画の作成		● 管理者は、介護支援専門員に、小規模多機能型居宅介護計画の作成に関する業務を担当させる ● 介護支援専門員は、小規模多機能型居宅介護計画の作成にあたっては、地域における活動への参加の機会が提供されること等により、利用者の多様な活動が確保されるものとなるように努めなければならない	
短期利用居宅介護		● 登録定員に空きがあり、介護支援専門員が緊急に利用することが必要であると認めた場合、7日（やむを得ない事情の場合は14日）以内の利用期間を定めて利用することができる	

通所が中心のサービス

看護小規模多機能型居宅介護

定義

訪問看護および小規模多機能型居宅介護を一体的に提供することにより、居宅要介護者について、その者の居宅において、またはサービスの拠点に通わせ、もしくは短期間宿泊させ、日常生活上の世話および機能訓練並びに療養上の世話または診療の補助を行う

概要

● 看護小規模多機能型居宅介護

小規模多機能型居宅介護

- 登録定員　29人以下
- 通いサービス　登録定員の1/2～最大18人
- 宿泊サービス　通いサービスの1/3～9人

訪問看護

- 管理者　常勤の保健師または看護師
- 看護職員　常勤換算方法で2.5人以上

● 人員基準

管理者	常勤・専従で、「3年以上認知症介護の経験・研修修了者」または「保健師もしくは看護師」
日中（通い）	常勤換算3：1（1人以上は看護職員）
日中（訪問）	常勤換算2人以上（1人以上は看護職員）
夜間（夜勤）	時間帯を通じて1人以上
夜間（宿直）	時間帯を通じて1人以上
看護職員	常勤換算2.5人以上（1人以上は常勤の保健師または看護師）
介護支援専門員	1人以上・兼務可・研修修了者

看護小規模多機能型居宅介護費

	要介護度	同一建物以外（単位／月）	医療保険Ⅰ（単位／月）	医療保険Ⅱ（単位／日）
看護小規模多機能型居宅介護費	要介護1	12,447		
	要介護2	17,415	−925	−30
	要介護3	24,481		
	要介護4	27,766	−1,850	−60
	要介護5	31,408	−2,914	−95

【医療保険Ⅰ】
● 末期の悪性腫瘍その他厚生労働大臣が定める疾病等に該当する場合で、医療保険による訪問看護が提供されている場合の減算
【医療保険Ⅱ】
● 急性増悪期等で、特別指示書による医療保険の訪問看護が行われている場合の減算

主な加算

● 認知症加算	● 介護を必要とする認知症の者に対してサービスを提供した場合に算定
● 退院時共同指導加算	● 退院または退所にあたり、病院等の主治の医師その他の職員と共同し、在宅での療養上必要な指導を行った後に訪問看護を行った場合に算定
● 緊急時対応看護加算	● 24時間連絡体制にあって、計画的に訪問することとなっていない緊急時訪問を必要に応じて行う場合に算定
● ターミナルケア加算	● 死亡日および死亡日前14日以内に2日以上ターミナルケアを行った場合に算定
● 訪問体制強化加算	● 訪問サービスの従業者を2人以上配置し、訪問回数が一定以上の場合に算定
● 若年性認知症利用者受入加算	● 若年性認知症利用者ごとに個別に担当者を定め、利用者の特性やニーズに応じたサービス提供を行う場合に算定
● 褥瘡マネジメント加算	● 継続的に利用者ごとの褥瘡管理をした場合に算定

人員基準	管理者	● 管理者は、3年以上認知症である者の介護に従事した経験を有する者であって、別に厚生労働大臣が定める研修を修了しているもの、または保健師もしくは看護師	
	日中	● 通いサービス：常勤換算方法で、3：1以上 ● 訪問サービス：常勤換算方法で、2人以上 ● 通いサービスおよび訪問サービス提供のうちそれぞれ1人以上は看護職員	
	夜間および深夜	● 夜間および深夜の勤務にあたる者を1人以上および宿直勤務にあたる者を必要数以上 ● 宿泊者がいない場合、夜間および深夜の勤務者、宿直勤務者を置かないことができる	
	看護職員	● 従業者のうち1人以上の者は、常勤の保健師または看護師でなければならない ● 従業者のうち、看護職員は、常勤換算方法で2.5人以上	
	介護支援専門員	● 登録者にかかる居宅サービス計画および看護小規模多機能型居宅介護計画の作成に専ら従事する介護支援専門員を置く（非常勤可、兼務可）	
登録定員および利用定員		**本体事業所**	**サテライト事業所**
	登録定員	29人まで	18人まで
	通いサービスの定員	登録定員（25人まで）の1/2から15人 登録定員（26～27人）16人まで 登録定員（28人）　　　17人まで 登録定員（29人）　　　18人まで	登録定員の1/2から12人
	宿泊サービスの定員	通いサービスの定員の 1/3から9人	通いサービスの定員の 1/3から6人
居宅サービス計画の作成		● 管理者は、介護支援専門員に、登録者の居宅サービス計画の作成に関する業務を担当させる	
看護小規模多機能型居宅介護計画および看護小規模多機能型居宅介護報告書		● 管理者は、介護支援専門員に看護小規模多機能型居宅介護計画の作成に関する業務を、看護師等に看護小規模多機能型居宅介護報告書の作成に関する業務を担当させるものとする ● 介護支援専門員は、看護小規模多機能型居宅介護計画の作成にあたっては、看護師等と密接な連携を図りつつ行わなければならない ● 介護支援専門員は、看護小規模多機能型居宅介護計画を利用者に交付しなければならない	
主治の医師との関係		● 常勤の保健師または看護師は、主治の医師の指示に基づき適切な看護サービスが提供されるよう、必要な管理をしなければならない ● 看護サービスの提供の開始に際し、主治の医師による指示を文書で受けなければならない ● 主治の医師に看護小規模多機能型居宅介護計画および看護小規模多機能型居宅介護報告書を提出し、看護サービスの提供にあたって主治の医師との密接な連携を図らなければならない	

（介護予防）短期入所生活介護

定義

「短期入所生活介護」とは、居宅要介護者について、老人短期入所施設等に短期間入所させ、当該施設において入浴、排泄、食事等の介護その他の日常生活上の世話および機能訓練を行うことをいう

概要

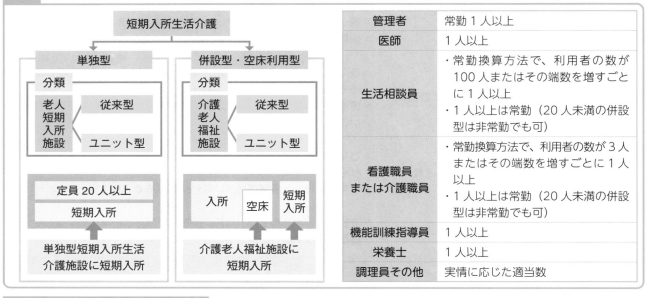

管理者	常勤1人以上
医師	1人以上
生活相談員	・常勤換算方法で、利用者の数が100人またはその端数を増すごとに1人以上 ・1人以上は常勤（20人未満の併設型は非常勤でも可）
看護職員 または介護職員	・常勤換算方法で、利用者の数が3人またはその端数を増すごとに1人以上 ・1人以上は常勤（20人未満の併設型は非常勤でも可）
機能訓練指導員	1人以上
栄養士	1人以上
調理員その他	実情に応じた適当数

（介護予防）短期入所生活介護費

要介護度	多床室単独	多床室併設	ユニット単独	ユニット併設
要支援1	479	451	561	529
要支援2	596	561	681	656
要介護1	645	603	746	704
要介護2	715	672	815	772
要介護3	787	745	891	847
要介護4	856	815	959	918
要介護5	926	884	1,028	987

（単位／日）

【短期入所サービスの自己負担の費用】
● 食費・滞在費
● 理美容代など

【定員超過の例外】
災害時、虐待等のケースは、定員超過の上限を定めない

主な加算

● 送迎加算	● 送迎が必要な利用者に対して送迎を行った場合に算定
● 療養食加算	● 医師の発行する食事箋に基づいた糖尿病食、腎臓病食等を提供した場合に算定
● 若年性認知症利用者受入加算	● 若年性認知症利用者ごとに個別に担当者を定め、利用者の特性やニーズに応じたサービス提供を行う場合に算定
● 看護体制加算	● 看護職員の加配、24時間の連絡体制、要介護3～5の利用者割合など一定の要件を満たす場合に算定
● 機能訓練体制加算	● 常勤、専従の理学療法士等を1人以上配置している場合に算定
● 生活機能向上連携加算	● 外部の理学療法士等と事業所の機能訓練指導員等が共同してアセスメントや個別機能訓練計画の作成等を行い、定期的に評価、見直しを行った場合に算定
看取り連携体制加算	● 看取り期におけるサービス提供を行った場合は、死亡日および死亡日以前30日以下について、7日を限度として算定

短期入所生活介護の類型	単独型	● 併設の施設と一体的に運営されていない短期入所生活介護事業所 ● 利用定員 20 人以上
	併設型	● 本体施設（特別養護老人ホーム、養護老人ホーム、病院・診療所、介護老人保健施設、介護医療院、特定施設入居者生活介護など）に併設される短期入所生活介護事業所
	空床利用型	● 特別養護老人ホームの空床を利用して短期入所生活介護を行う事業所
利用対象者		● 利用者の心身の状況により、もしくはその家族の疾病、冠婚葬祭、出張等の理由により、または利用者の家族の身体的および精神的な負担の軽減等を図るために、一時的に居宅において日常生活を営むのに支障がある者を対象に、指定短期入所生活介護を提供する
指定短期入所生活介護の取扱方針		● 利用者の要介護状態の軽減または悪化の防止に資するよう、認知症の状況等利用者の心身の状況を踏まえて、日常生活に必要な援助を妥当適切に行わなければならない ● 相当期間（おおむね 4 日）以上にわたり継続して入所する利用者については、短期入所生活介護計画に基づき、漫然かつ画一的なものとならないよう配慮して行われなければならない
短期入所生活介護計画の作成		● 管理者は、相当期間（おおむね 4 日）以上にわたり継続して入所することが予定される利用者については、短期入所生活介護計画を作成しなければならない ● 短期入所生活介護計画は、居宅サービス計画の内容に沿って作成しなければならない ● 事業所に介護支援専門員の資格を有する者がいる場合は、その者に短期入所生活介護計画のとりまとめを行わせることが望ましい
指定居宅介護支援の具体的取扱方針		● 介護支援専門員は、短期入所生活介護および短期入所療養介護を利用する日数が要介護認定の有効期間のおおむね半数を超えないようにしなければならない
緊急時における基準緩和		● 利用者の状況や家族等の事情により、介護支援専門員が緊急やむを得ないと認めた場合などの一定の条件下においては、専用の居室以外の静養室での受け入れが可能（7 日（やむを得ない事情がある場合は 14 日）を限度とする）
介護報酬	連続利用	● 利用者が連続して 30 日を超えて指定短期入所生活介護を受けている場合においては、30 日を超える日以降に受けた指定短期入所生活介護については、短期入所生活介護費は、算定しない
	緊急短期入所受入加算	● 介護支援専門員が、緊急に指定短期入所生活介護を受けることが必要と認めた利用者に対し、居宅サービス計画に位置づけられていない指定短期入所生活介護を緊急に行った場合に 7 日（やむを得ない事情がある場合は 14 日）を限度として算定。ただし、認知症行動・心理症状緊急対応加算を算定している場合は算定できない
	認知症行動・心理症状緊急対応加算	● 医師が、認知症の行動・心理症状が認められるため、緊急に指定短期入所生活介護を利用することが適当であると判断した者に対し、指定短期入所生活介護を行った場合は、7 日を限度として加算する
	個別機能訓練加算	● 専従の理学療法士等を配置し、利用者の居宅を訪問して個別機能訓練計画を作成し、利用者の心身の状況に応じた機能訓練を実施した場合に算定
	長期利用者に対する減算	● 自費利用などを挟み実質連続 30 日を超えて同一の事業所に入所している利用者については、基本報酬から 30 単位 / 日を減算する

（介護予防）短期入所療養介護

定義

「短期入所療養介護」とは、居宅要介護者について、介護老人保健施設、介護医療院その他の厚生労働省令で定める施設に短期間入所させ、当該施設において看護、医学的管理の下における介護および機能訓練その他必要な医療ならびに日常生活上の世話を行うことをいう

概要

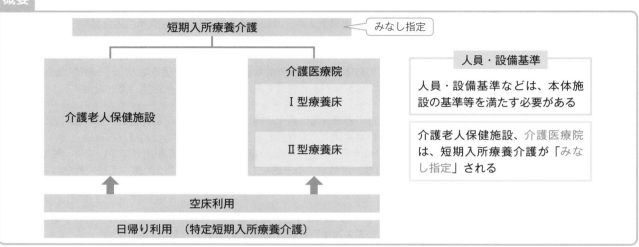

（介護予防）短期入所療養介護費

要介護度	介護老人保健施設 (I)(i)	介護医療院 I型 (I)(i)	特定短期入所療養介護
要支援1	579	603	
要支援2	726	741	
要介護1	753	778	
要介護2	801	893	・3〜4時間　664単位
要介護3	864	1,136	・4〜6時間　927単位
要介護4	918	1,240	・6〜8時間　1,296単位
要介護5	971	1,333	

(単位／日)

特定短期入所療養介護
● 難病やがん末期の要介護者が、一定の基準を満たした短期入所療養介護事業所において日帰り利用を行うサービス

主な加算

● 緊急短期入所受入加算	● 居宅サービス計画に位置づけられていない指定短期入所療養介護を緊急に行った場合に算定（原則7日以内、やむを得ない事情がある場合は14日以内）
● 重度療養管理加算	● 要介護4・5で頻回の喀痰吸引を実施している等の利用者など一定の要件を満たす場合に算定
● 個別リハビリテーション実施加算	● 個別リハビリテーション計画を作成し、医師または医師の指示を受けた理学療法士等が個別リハビリテーションを実施した場合に算定
● 認知症ケア加算	● 日常生活に支障をきたすおそれのある症状や行動が認められる入所者に、ほかの入所者と区別して支援した場合に算定
● 認知症専門ケア加算	● 認知症日常生活自立度III以上の利用者の占める割合が2分の1以上等一定の要件を満たす場合に算定
● 療養食加算	● 医師の発行する食事箋に基づいた糖尿病食、腎臓病食等を提供した場合に算定
● 総合医学管理加算	● 治療管理を目的として、居宅サービス計画において計画的に行うこととなっていない短期入所療養介護を行った場合に7日を限度として算定

対象者と提供施設		● 利用者の心身の状況・病状により、もしくはその家族の疾病、冠婚葬祭、出張等の理由により、または利用者の家族の身体的および精神的な負担の軽減等を図るために、一時的に入所して看護、医学的管理の下における介護および機能訓練その他必要な医療等を受ける必要がある者を対象に、介護老人保健施設もしくは介護医療院で指定短期入所療養介護を提供する
類型	空床利用型	● 短期入所療養介護は、一般に介護老人保健施設等の空床を利用して行う
短期入所療養介護の内容		● 疾病に対する医学的管理、装着された医療機器の調整・交換、リハビリテーション、認知症患者への対応、緊急時の受け入れ、急変時の対応、ターミナルケア
短期入所療養介護計画の作成		● 管理者は、相当期間（おおむね4日）以上にわたり継続して入所することが予定される利用者については、短期入所療養介護計画を作成しなければならない ● 短期入所療養介護計画は、居宅サービス計画の内容に沿って作成しなければならない
指定居宅介護支援の具体的取扱方針		● 介護支援専門員は、短期入所生活介護および短期入所療養介護を利用する日数が要介護認定の有効期間のおおむね半数を超えないようにしなければならない
連続利用		● 利用者が連続して30日を超えて指定短期入所療養介護を受けている場合においては、30日を超える日以降に受けた指定短期入所療養介護については、介護老人保健施設における短期入所療養介護費は、算定しない
緊急時施設療養費	緊急時治療管理（1日につき）	● 利用者の病状が重篤となり救命救急医療が必要となる場合において緊急的な治療管理として、投薬、検査、注射、処置等を行ったときに、月に1回、連続する3日を限度として算定
	特定治療	● 介護老人保健施設においてやむを得ない事情により行われるリハビリテーション、処置、手術、麻酔または放射線治療について、医科診療報酬点数表により算定する点数に10円を乗じた額を算定

利用料の整理

介護報酬の1割（2割、3割）負担分以外に、食事の費用や居住費、おむつ代等が請求できますが、それぞれの施設で何が請求できるのかをまとめて整理しましょう

○介護老人福祉施設 ○地域密着型介護老人福祉施設入所者生活介護 ○介護老人保健施設 ○介護医療院	○短期入所生活介護 ○短期入所療養介護	○認知症対応型共同生活介護 ○小規模多機能型居宅介護 ○看護小規模多機能型居宅介護	○通所介護 ○通所リハビリテーション ○認知症対応型通所介護 ○地域密着型通所介護	○特定施設入居者生活介護 ○地域密着型特定施設入居者生活介護

食費、食材料費など

居住費、滞在費、宿泊費など

おむつ代

低所得者の食費・居住費、滞在費は、特定入所者介護サービス費として一部給付

利用者の選定による介護費用

福祉用具・住宅改修

（介護予防）福祉用具貸与

定義

「福祉用具貸与」とは、居宅要介護者について福祉用具のうち厚生労働大臣が定めるものの政令で定めるところにより行われる貸与をいう

人員基準

指定福祉用具貸与事業所	
管理者	管理者：常勤、ほかの業務と兼務可能
福祉用具専門相談員　福祉用具専門相談員	福祉用具専門相談員等（※）　2人以上（常勤換算） （（※）保健師、（准）看護師、理学療法士、作業療法士、義肢装具士、社会福祉士、介護福祉士を含む） 【設備基準】 ● 保管設備　● 消毒設備（ほかの事業者に委託できる）　● 必要な広さの区画　など

● 福祉用具貸与品目

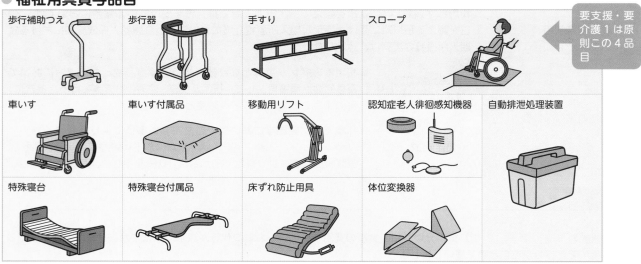

歩行補助つえ	歩行器	手すり	スロープ	要支援・要介護1は原則この4品目
車いす	車いす付属品	移動用リフト	認知症老人徘徊感知機器	自動排泄処理装置
特殊寝台	特殊寝台付属品	床ずれ防止用具	体位変換器	

福祉用具貸与にかかる福祉用具

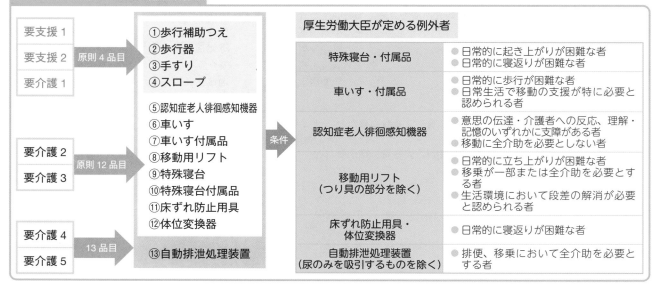

要支援1 要支援2　原則4品目 要介護1	①歩行補助つえ ②歩行器 ③手すり ④スロープ		厚生労働大臣が定める例外者	
			特殊寝台・付属品	● 日常的に起き上がりが困難な者 ● 日常的に寝返りが困難な者
	⑤認知症老人徘徊感知機器 ⑥車いす ⑦車いす付属品 ⑧移動用リフト ⑨特殊寝台 ⑩特殊寝台付属品 ⑪床ずれ防止用具 ⑫体位変換器	条件	車いす・付属品	● 日常的に歩行が困難な者 ● 日常生活で移動の支援が特に必要と認められる者
要介護2 要介護3　原則12品目			認知症老人徘徊感知機器	● 意思の伝達・介護者への反応、理解・記憶のいずれかに支障がある者 ● 移動に全介助を必要としない者
			移動用リフト （つり具の部分を除く）	● 日常的に立ち上がりが困難な者 ● 移乗が一部または全介助を必要とする者 ● 生活環境において段差の解消が必要と認められる者
要介護4 要介護5　13品目	⑬自動排泄処理装置		床ずれ防止用具・体位変換器	● 日常的に寝返りが困難な者
			自動排泄処理装置 （尿のみを吸引するものを除く）	● 排便、移乗において全介助を必要とする者

福祉用具貸与計画の作成		● 福祉用具専門相談員は、福祉用具貸与計画を作成しなければならない ● 特定福祉用具販売の利用があるときは、特定福祉用具販売計画と一体のものとして作成する ● 福祉用具専門相談員は、福祉用具貸与計画を利用者および介護支援専門員に交付しなければならない ● 福祉用具専門相談員は、モニタリングの結果を記録し、居宅介護支援事業者に報告しなければならない
指定福祉用具貸与の 具体的取扱方針		● 貸与しようとする商品の特徴や貸与価格に加え、当該商品の全国平均貸与価格を利用者に説明し、機能や価格帯の異なる複数の商品を利用者に提示する ● 指定福祉用具貸与の提供にあたっては、福祉用具貸与計画に基づき、福祉用具が適切に選定・使用されるよう、目録等の文書を示して福祉用具の機能、使用方法、利用料等に関する情報を提供し、個別の福祉用具の貸与にかかる同意を得る
福祉用具貸与の品目	歩行補助つえ	● 松葉づえ、カナディアン・クラッチ、ロフストランド・クラッチ、プラットホームクラッチおよび多点づえ
	歩行器	● 歩行が困難な者の歩行機能を補う機能を有し、移動時に体重を支える構造を有するものであって、「車輪を有するものにあっては、身体の前および左右を囲む把手等を有するもの」「四脚を有するものにあっては、上肢で保持して移動させることが可能なもの」のいずれかに該当するもの
	手すり	● 取付けに際し工事を伴わないもの
	スロープ	● 段差解消のためのものであって、取付けに際し工事を伴わないもの
	車いす	● 標準型車いす（自走用、介助用）、電動車いす（普通型）
	車いす付属品	● クッション、電動補助装置等であって、車いすと一体的に使用されるもの
	移動用リフト	● 床走行式、固定式または据置式であり、かつ、身体をつり上げまたは体重を支える構造を有するものであって、その構造により、自力での移動が困難な者の移動を補助する機能を有するもの（取付けに住宅の改修を伴うものを除く）
	認知症老人徘徊感知機器	● 認知症である高齢者が屋外へ出ようとしたとき等、センサーにより感知し、家族、隣人等へ通報するもの
	特殊寝台	● サイドレールが取り付けてあるものまたは取り付けることが可能なものであって、「背部または脚部の傾斜角度が調整できる機能」「床板の高さが無段階に調整できる機能」のいずれかを有するもの
	特殊寝台付属品	● マットレス、サイドレール、ベッド用手すり、テーブル、スライディングボード・スライディングマット、介助用ベルトであって、特殊寝台と一体的に使用されるもの
	床ずれ防止用具	● 「送風装置または空気圧調整装置を備えた空気マット」「水等によって減圧による体圧分散効果をもつ全身用のマット」のいずれかに該当するもの
	体位変換器	● 空気パッド等を身体の下に挿入することにより、居宅要介護者等の体位を容易に変換できる機能を有するものに限り、体位の保持のみを目的とするものを除く
	自動排泄処理装置	● 尿または便が自動的に吸収されるものであり、かつ、尿や便の経路となる部分を分割することが可能な構造を有するものであって、要介護者等またはその介護者が容易に使用できるもの（交換可能部品を除く）

163

特定（介護予防）福祉用具販売

「特定福祉用具販売」とは、居宅要介護者について福祉用具のうち入浴または排泄の用に供するものその他の厚生労働大臣が定めるものの政令で定めるところにより行われる販売をいう

● 販売対象の特定福祉用具

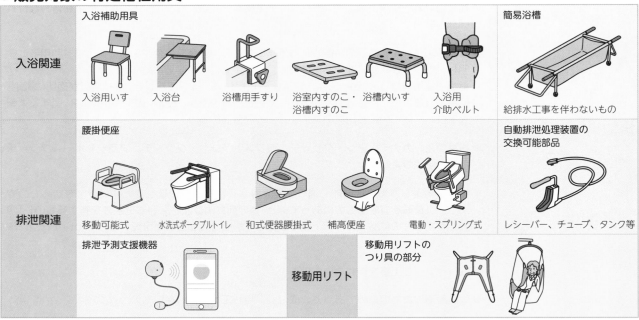

入浴関連	入浴補助用具 入浴用いす　入浴台　浴槽用手すり　浴室内すのこ・浴槽内すのこ　浴槽内いす　入浴用介助ベルト	簡易浴槽 給排水工事を伴わないもの
排泄関連	腰掛便座 移動可能式　水洗式ポータブルトイレ　和式便器腰掛式　補高便座　電動・スプリング式	自動排泄処理装置の交換可能部品 レシーバー、チューブ、タンク等
	排泄予測支援機器　　　移動用リフト	移動用リフトのつり具の部分

選択制の対象福祉用具の提供　　2023年改正

単点杖（松葉杖を除く）　多点杖　歩行器（歩行車を除く）　固定用スロープ

【選択制の対象福祉用具】
● 利用者が購入の判断を行いやすい比較的廉価な福祉用具のうち、貸与価格の累計額が販売価格を上回るケースも少なくない品目は、利用者の選択に基づき貸与か販売を選択できる

● 選択制の対象となる福祉用具を貸与した場合、福祉用具専門相談員は、利用開始から少なくとも6か月以内に一度モニタリングを行い、貸与継続の必要性について検討する

福祉用具購入費

福祉用具購入費が支給される特定福祉用具

入浴	①入浴補助用具　②簡易浴槽
排泄	③腰掛便座　④自動排泄処理装置の交換可能部品
その他	⑤移動用リフトのつり具の部分

【福祉用具購入費支給限度基準額】
● 福祉用具の購入は、4月～翌3月の期間で限度額管理される。限度額は10万円

【支給方法】
● 償還払い
いったん利用者が購入代金の全額を事業所に支払い、その後、7～9割分の払戻しを受ける

項目	内容
人員に関する基準	● 福祉用具専門相談員を、常勤換算方法で、2人以上 ● 指定特定福祉用具販売事業者が、指定福祉用具貸与事業者の指定を併せて受け、同一の事業所において一体的に運営されている場合は、指定特定福祉用具販売の人員基準を満たしているものとみなすことができる
保険給付の申請に必要となる書類等の交付	● 指定特定福祉用具販売事業者は、指定特定福祉用具販売にかかる販売費用の額の支払を受けた場合は、次の事項を記載した書面を利用者に対して交付しなければならない ①　当該指定特定福祉用具販売事業所の名称 ②　販売した特定福祉用具の種目および品目の名称および販売費用の額等を記載した証明書 ③　領収書 ④　当該特定福祉用具のパンフレットその他の当該特定福祉用具の概要
指定特定福祉用具販売の具体的取扱方針	● 指定特定福祉用具販売の提供にあたっては、目録等の文書を示して特定福祉用具の機能、使用方法、販売費用の額等に関する情報を提供し、個別の特定福祉用具の販売にかかる同意を得るものとする ● 指定特定福祉用具販売の提供にあたっては、利用者の身体の状況等に応じて特定福祉用具の調整を行うとともに、使用方法、使用上の留意事項等を記載した文書を利用者に交付し、必要に応じて利用者に実際に当該特定福祉用具を使用させながら使用方法の指導を行う
特定福祉用具販売計画の作成	● 福祉用具専門相談員は、特定福祉用具販売計画を作成しなければならない ● 指定福祉用具貸与の利用があるときは、福祉用具貸与計画と一体のものとして作成しなければならない ● 福祉用具専門相談員は、特定福祉用具販売計画を利用者に交付しなければならない
特定福祉用具の種目 — 腰掛便座	● 次のいずれかに該当するものに限る ①　和式便器の上に置いて腰掛式に変換するもの ②　洋式便器の上に置いて高さを補うもの ③　電動式またはスプリング式で便座から立ち上がる際に補助できる機能を有しているもの ④　便座、バケツ等からなり、移動可能である便器（水洗機能を有する便器を含み、居室において利用可能であるものに限る。ただし、設置に要する費用は給付の対象とはならない）
特定福祉用具の種目 — 自動排泄処理装置の交換可能部品	● レシーバー、チューブ、タンク等のうち、尿や便の経路となるものであって、要介護者またはその介護者が容易に交換できるもの（専用パッドや洗浄液等は除く）
特定福祉用具の種目 — 排泄予測支援機器	● 利用者が常時装着した上で、膀胱内の状態を感知し、尿量を推定するものであって、一定の量に達したと推定された際に、排尿の機会を居宅要介護者等又はその介護を行う者に自動で通知するもの（専用ジェルや専用シート等は除く）
特定福祉用具の種目 — 入浴補助用具	● 座位の保持、浴槽への出入り等の入浴に際しての補助を目的とする用具で次のいずれかに該当するものに限る ①　入浴用いす ②　浴槽用手すり ③　浴槽内いす ④　入浴台（浴槽の縁にかけて利用する台であって、浴槽への出入りのためのもの） ⑤　浴室内すのこ ⑥　浴槽内すのこ ⑦　入浴用介助ベルト
特定福祉用具の種目 — 簡易浴槽	● 空気式または折りたたみ式等で容易に移動できるものであって、取水または排水のために工事を伴わないもの
特定福祉用具の種目 — 移動用リフトのつり具の部分	● 移動用リフトを使用の際に利用者の身体を支え、包み込み移動のために使用するもの（スリングシート）

（介護予防）住宅改修

居宅介護住宅改修費の支給

市町村は、居宅要介護被保険者が、手すりの取付けその他の厚生労働大臣が定める種類の住宅の改修（次の6種類）を行ったときは、当該居宅要介護被保険者に対し、居宅介護住宅改修費を支給する

● 住宅改修の種類

種類	対象工事		内容
1	手すりの取付け		● 廊下、便所、浴室、玄関、玄関から道路までの通路等に、転倒の予防や移動・移乗動作のために手すりを設置する
		×	● 取付けに住宅改修工事を伴わないもの（福祉用具に含まれる）
2	段差の解消		● 居室、廊下、便所、浴室、玄関等の各室間の床の段差や、玄関から道路までの通路等の段差を解消するための改修
		○	● 敷居を低くする、撤去する、スロープを設置する、浴室の床のかさ上げ等 ● 通路等の傾斜の解消、転落防止用柵の設置
		×	● 昇降機、リフト、段差解消機等の動力により段差を解消する機器の設置工事
3	滑りの防止および移動の円滑化のための床または通路面の材料の変更		● 居室、廊下、階段、便所、浴室、玄関、玄関から道路までの通路等の、滑りの防止や移動の円滑化のために床材を変更する改修
		○	● 畳敷きから板製床材などへ変更、浴室の滑りにくい床材の変更 ● 階段の滑り止めカーペットの取付け、滑り止めのための表面加工 ● 屋外通路面の滑りにくい舗装材への変更など
4	引き戸等への扉の取替え		● 開き戸を引き戸、折戸、アコーディオンカーテン等に取り換える等の改修
		○	● ドアノブの変更、右開きの戸を左開きに変更する工事 ● 引き戸の新設 ● 扉の撤去
		×	● 自動ドアとした場合の、動力部分の設置工事
5	洋式便器への便器の取替え		● 和式便器から洋式便器への取替え工事
		○	● 和式便器から暖房便座、洗浄機能付きの洋式便器への取替え ● 便器の位置・向きの変更
		×	● 洋式便器から暖房便座、洗浄機能付きの洋式便器への取替え ● 取替えの際の、水洗化工事の費用 ● 特定福祉用具に該当する腰掛便座の設置
6	上記に付帯する工事		● 1～5の住宅改修に付帯して必要となる住宅改修
		○	● 手すりの取付けのための壁の下地補強 ● 浴室の床の段差解消に伴う給排水設置工事 ● 床材の変更のための下地補強 ● 扉の取替えに伴う壁や柱の改修工事 ● 便器の取替えに伴う床材の変更、給排水工事　など

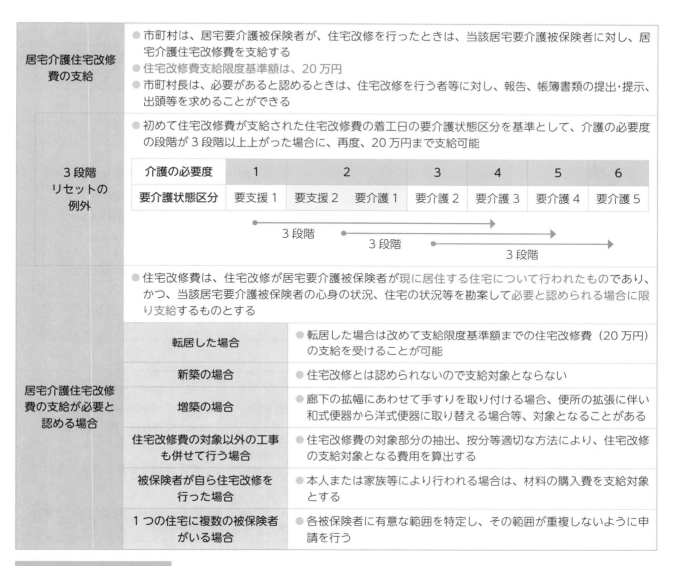

介護の必要度	1	2	3	4	5	6
要介護状態区分	要支援1	要支援2	要介護1	要介護2	要介護3	要介護4	要介護5

居宅介護住宅改修費の支給

- 市町村は、居宅要介護被保険者が、住宅改修を行ったときは、当該居宅要介護被保険者に対し、居宅介護住宅改修費を支給する
- 住宅改修費支給限度基準額は、20万円
- 市町村長は、必要があると認めるときは、住宅改修を行う者等に対し、報告、帳簿書類の提出・提示、出頭等を求めることができる

3段階リセットの例外

- 初めて住宅改修費が支給された住宅改修費の着工日の要介護状態区分を基準として、介護の必要度の段階が3段階以上上がった場合に、再度、20万円まで支給可能

居宅介護住宅改修費の支給が必要と認める場合

- 住宅改修費は、住宅改修が居宅要介護被保険者が現に居住する住宅について行われたものであり、かつ、当該居宅要介護被保険者の心身の状況、住宅の状況等を勘案して必要と認められる場合に限り支給するものとする

転居した場合	● 転居した場合は改めて支給限度基準額までの住宅改修費（20万円）の支給を受けることが可能
新築の場合	● 住宅改修とは認められないので支給対象とならない
増築の場合	● 廊下の拡幅にあわせて手すりを取り付ける場合、便所の拡張に伴い和式便器から洋式便器に取り替える場合等、対象となることがある
住宅改修費の対象以外の工事も併せて行う場合	● 住宅改修費の対象部分の抽出、按分等適切な方法により、住宅改修の支給対象となる費用を算出する
被保険者が自ら住宅改修を行った場合	● 本人または家族等により行われる場合は、材料の購入費を支給対象とする
1つの住宅に複数の被保険者がいる場合	● 各被保険者に有意な範囲を特定し、その範囲が重複しないように申請を行う

申請から支給までの流れ

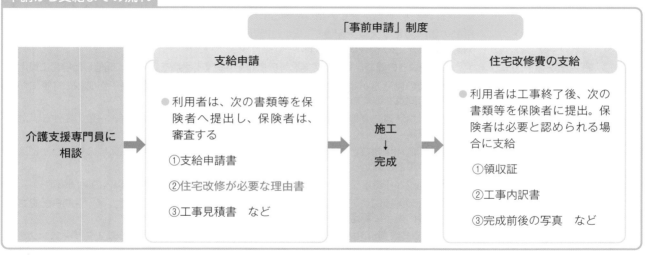

（介護予防）特定施設入居者生活介護

定義

特定施設に入居している要介護者について、特定施設サービス計画に基づき行われる入浴、排泄、食事等の介護その他の日常生活上の世話であって厚生労働省令で定めるもの、機能訓練および療養上の世話をいう

概要

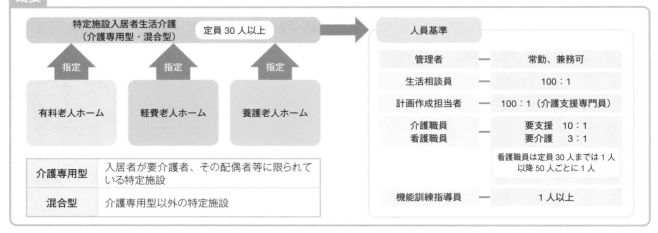

介護専用型	入居者が要介護者、その配偶者等に限られている特定施設
混合型	介護専用型以外の特定施設

人員基準

管理者	—	常勤、兼務可
生活相談員	—	100：1
計画作成担当者	—	100：1（介護支援専門員）
介護職員 看護職員	—	要支援　10：1　要介護　3：1
		看護職員は定員30人までは1人 以降50人ごとに1人
機能訓練指導員	—	1人以上

（介護予防）特定施設入居者生活介護費

（単位／日）

区分	要介護度	介護報酬	短期利用
予防給付	要支援1	183	
	要支援2	313	
介護給付	要介護1	542	542
	要介護2	609	609
	要介護3	679	679
	要介護4	744	744
	要介護5	813	813

実費徴収	家賃、共益費、食費 おむつ代・理美容代 上乗せ介護費用、横出し介護費用

【上乗せ介護費用】
人員基準以上の手厚い介護体制を整えて提供する介護費用
【横出し介護費用】
「個別的な買い物対応」「個別的な外出介助」など介護保険の対象外となっている介護費用

主な加算

個別機能訓練加算	●常勤・専従の理学療法士等を1人以上配置し、ほかの職種と共同して作成した個別機能訓練計画に基づき機能訓練を実施した場合に算定
夜間看護体制加算	●常勤の看護師を1人以上配置し、24時間連絡体制を確保し、利用者が重度化した場合の対応の指針を定めている場合に算定
協力医療機関連携加算	●協力医療機関との間で、利用者の病歴等の情報を共有する会議を定期的に開催した場合に算定
看取り介護加算	●医師が回復の見込みがないと判断した利用者に対して、医師等が共同で作成した介護にかかる計画の同意を得たうえで看取り介護を行った場合に算定
認知症専門ケア加算	●認知症日常生活自立度Ⅲ以上の利用者の占める割合が2分の1以上等、一定の要件を満たす場合に算定
若年性認知症入居者受入加算	●若年性認知症利用者ごとに個別に担当者を定め、利用者の特性やニーズに応じたサービス提供を行う場合に算定
退院・退所時連携加算	●医療提供施設から特定施設に入居した場合は、入居した日から30日以内の期間算定
入居継続支援加算	●喀痰吸引等の医療的ケアが必要な入居者が一定割合以上で、介護福祉士が一定割合配置されている等の場合に算定
口腔・栄養スクリーニング加算	●利用開始時および利用中6か月ごとに口腔の健康状態または栄養状態のスクリーニングを行った場合に算定

基本方針	● 指定特定施設入居者生活介護は、特定施設サービス計画に基づき、入浴、排泄、食事等の介護その他の日常生活上の世話、機能訓練および療養上の世話を行うことにより、要介護状態となった場合でも、利用者が当該指定特定施設においてその有する能力に応じ自立した日常生活を営むことができるようにするものでなければならない	
内容および手続の説明および契約の締結等	● 事業者は、あらかじめ、入居申込者またはその家族に対し、入居申込者のサービスの選択に資すると認められる重要事項を記した文書を交付して説明を行い、入居および指定特定施設入居者生活介護の提供に関する契約を文書により締結しなければならない ● 契約において、入居者の権利を不当に狭めるような契約解除の条件を定めてはならない	
指定特定施設入居者生活介護の提供の開始等	● 指定特定施設入居者生活介護事業者は、正当な理由なく入居者に対する指定特定施設入居者生活介護の提供を拒んではならない ● 指定特定施設入居者生活介護事業者は、入居者が指定特定施設入居者生活介護に代えて当該指定特定施設入居者生活介護事業者以外の者が提供する介護サービスを利用することを妨げてはならない	
利用料等の受領	● 法定代理受領サービス等にかかる支払を受ける額のほか、次の費用の支払を受けることができる	
	1	利用者の選定により提供される介護その他の日常生活上の便宜に要する費用
	2	おむつ代
	3	日常生活においても通常必要となる費用で、利用者に負担させることが適当と認められるもの
計画作成担当者	● 計画作成担当者　1人以上（総利用者数が100人またはその端数を増すごとに1人を標準） ● 計画作成担当者は、専従の介護支援専門員に担当させる（ほかの職務と兼務可）	
特定施設サービス計画の作成	● 管理者は、計画作成担当者に特定施設サービス計画の作成に関する業務を担当させるものとする ● 計画作成担当者は、特定施設サービス計画の作成にあたっては、利用者が自立した日常生活を営むことができるように支援するうえで解決すべき課題を把握しなければならない ● 計画作成担当者は特定施設サービス計画の原案を作成しなければならない ● 計画作成担当者は、特定施設サービス計画の原案の内容について利用者またはその家族に対して説明し、文書により利用者の同意を得なければならない ● 計画作成担当者は、特定施設サービス計画を利用者に交付しなければならない	
健康管理	● 指定特定施設の看護職員は、常に利用者の健康の状況に注意するとともに、健康保持のための適切な措置を講じなければならない	
協力医療機関等	● 指定特定施設入居者生活介護事業者は、利用者の病状の急変等に備えるため、あらかじめ、協力医療機関を定めておかなければならない	
短期利用特定施設入居者生活介護	● 1人または定員の10%までを上限として、30日以内の期間を定めて、短期利用が認められる	

外部サービス利用型特定施設入居者生活介護

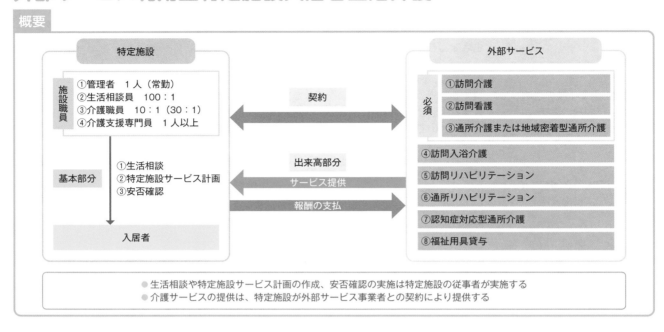

● 生活相談や特定施設サービス計画の作成、安否確認の実施は特定施設の従事者が実施する
● 介護サービスの提供は、特定施設が外部サービス事業者との契約により提供する

地域密着型特定施設入居者生活介護

定義

「地域密着型特定施設入居者生活介護」とは、介護専用型特定施設のうち、その入居定員が 29 人以下であるもの（地域密着型特定施設）に入居している要介護者について、地域密着型特定施設サービス計画に基づき行われる入浴、排泄、食事等の介護その他の日常生活上の世話であって厚生労働省令で定めるもの、機能訓練および療養上の世話をいう

概要

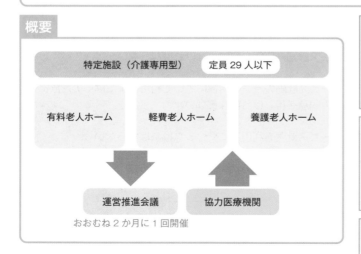

おおむね 2 か月に 1 回開催

【地域密着型特定施設】
● 地域密着型特定施設は、有料老人ホーム・養護老人ホーム・軽費老人ホームで、入居者が要介護者と配偶者等に限られる介護専用型特定施設のうち、定員が 29 人以下のもの

【サテライト型特定施設】
● 本体施設と密接な連携を確保しつつ、本体施設とは別の場所で運営される指定地域密着型特定施設
● サテライト型特定施設は、看護・介護職員が 1 人以上、その他は本体施設の職員の提供でよい

【短期利用地域密着型特定施設入居者生活介護】
● 30 日の利用期間を定めて利用できる（利用定員は 1 人または定員の 10％まで）

高齢者関連施設の整理

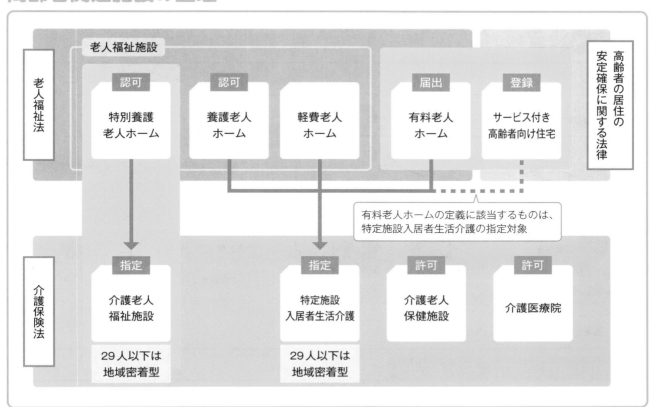

老人福祉施設	特別養護老人ホーム	●65歳以上の者であって、身体上または精神上著しい障害があるために常時の介護を必要とし、居宅においてこれを受けることが困難なものが、市町村の措置により入所する施設
	介護老人福祉施設	●老人福祉法に規定する特別養護老人ホームであって、要介護者に対し、施設サービス計画に基づいて、入浴、排泄、食事等の介護その他の日常生活上の世話、機能訓練、健康管理および療養上の世話を行うことを目的とする施設
	養護老人ホーム	●65歳以上の者であって、環境上の理由および経済的理由により居宅において養護を受けることが困難な人が、市町村の措置により入所する施設
	軽費老人ホーム	●無料または低額な料金で、老人を入所させ、食事の提供その他日常生活上必要な便宜を供与することを目的とする施設（ケアハウス等）
特定施設	有料老人ホーム	●おおむね60歳以上の入居者に対して、「食事の提供」「入浴・排泄・食事の介護」「洗濯・掃除等の家事」「健康管理」のうちいずれかのサービスを提供しているもの（老人福祉施設ではない） ●介護付、住宅型、健康型がある
	サービス付き高齢者向け住宅	●高齢者の居住の安定確保に関する法律に定められた基準を満たし、都道府県知事の登録を受けた住宅 ●サービス基準：状況把握サービスと生活相談サービス（必須）、その他のサービス（任意）

（介護予防）認知症対応型共同生活介護

定義

「認知症対応型共同生活介護」とは、要介護者であって認知症であるもの（その者の認知症の原因となる疾患が急性の状態にある者を除く）について、その共同生活を営むべき住居において、入浴、排泄、食事等の介護その他の日常生活上の世話および機能訓練を行うことをいう

概要

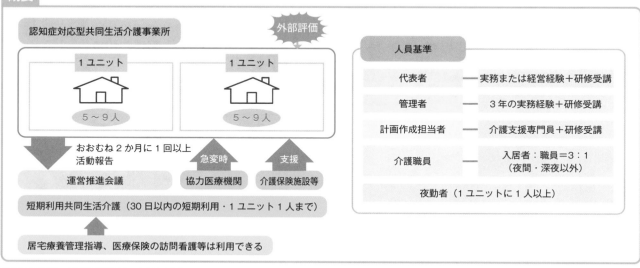

（介護予防）認知症対応型共同生活介護費

区分	要介護度	1ユニット	2ユニット以上
予防給付	要支援2	761	749
介護給付	要介護1	765	753
	要介護2	801	788
	要介護3	824	812
	要介護4	841	828
	要介護5	859	845

【緊急時短期利用】
- 利用者の状況や家族等の事情により介護支援専門員が緊急に利用が必要と認めた場合などの一定の条件下において、定員を超えて受入れが認められる（1ユニットごとに1人まで、原則7日以内、やむを得ない事情がある場合には14日以内）

【実費徴収】
- 食事代　● おむつ代　● 理美容代　● 家賃・共益費など

主な加算

● 夜間支援体制加算	● 夜勤を行う介護従事者および宿直勤務者の合計が、共同生活住居の数より1人以上多い場合に算定
● 看取り介護加算	● 医師が回復の見込みがないと判断した利用者に対して、医師等が共同で作成した介護にかかる計画の同意を得たうえで看取り介護を行った場合に算定
● 医療連携体制加算	● 看護師を1人以上確保し、看護師による24時間連絡体制を確保し、重度化した場合の対応にかかる指針を定める等、一定の基準に適合する場合に算定
● 若年性認知症利用者受入加算	● 若年性認知症利用者ごとに個別に担当者を定め、利用者の特性やニーズに応じたサービス提供を行う場合に算定
● 認知症専門ケア加算	● 認知症日常生活自立度Ⅲ以上が5割以上を占め、認知症介護にかかる専門的な研修修了者を一定数配置する等、一定の基準に適合する場合に算定
● 認知症行動・心理症状緊急対応加算	● 認知症の行動・心理症状が認められ、在宅生活が困難であると医師が判断した者に対して、緊急受入れを行った場合に7日を限度として算定
● 入院時費用	● 利用者が医療機関への入院を要した場合は、1か月に6日を限度として算定
認知症チームケア推進加算	● 日常生活に対する注意を必要とする認知症の占める割合が2分の1以上で、認知症の行動・心理症状に対応するチームを組んでケアを実施した場合に算定

人員基準	管理者	●管理者は、特別養護老人ホーム等の従業者または訪問介護員等として、3年以上認知症である者の介護に従事した経験を有する者であって、別に厚生労働大臣が定める研修を修了しているものでなければならない	
	介護職員	●日中　　　　ユニットごとに常勤換算で、3：1以上 ●夜間・深夜　ユニットごとに原則1人以上（共同生活住居の数が3の場合は一定の要件を満たせば2人以上とすることができる）	
	計画作成担当者	●事業所ごとに、計画作成担当者を置かなければならない 　（ほかの職務に従事可） ●別に厚生労働大臣が定める研修を修了している者でなければならない ●計画作成担当者のうち1以上の者は、介護支援専門員をもって充てなければならない	
共同生活住居	ユニットの数	●ユニット（共同生活住居）の数は、3以下とする	
	入居定員	●5～9人	
	設備	●居室、居間、食堂、台所、浴室、消火設備その他の非常災害に際して必要な設備等を設ける（居間および食堂は、同一の場所とすることができる）	
	居室の定員	●1つの居室の定員は、1人とする。ただし、利用者の処遇上必要と認められる場合は、2人とすることができる	
	立地条件	●利用者の家族との交流の機会の確保や地域住民との交流を図る観点から、住宅地または住宅地と同程度に利用者の家族や地域住民との交流の機会が確保される地域にあるようにしなければならない	
入退居		●要介護者であって認知症であるもののうち、少人数による共同生活を営むことに支障がない者に提供するものとする ●入居申込者の入居に際しては、主治の医師の診断書等により当該入居申込者が認知症である者であることの確認をしなければならない	
認知症対応型共同生活介護計画の作成		●管理者は、計画作成担当者に認知症対応型共同生活介護計画の作成に関する業務を担当させるものとする ●計画作成担当者は、利用者の心身の状況、希望およびその置かれている環境を踏まえて、ほかの介護従業者と協議のうえ、認知症対応型共同生活介護計画を作成しなければならない	
介護等		●利用者の負担により、当該共同生活住居における介護従業者以外の者による介護を受けさせてはならない ●利用者の食事その他の家事等は、原則として利用者と介護従業者が共同で行うよう努めるものとする	
協力医療機関等		●利用者の病状の急変等に備えるため、あらかじめ、協力医療機関を定めておかなければならない	
短期利用共同生活介護		●ユニット（共同生活住居）の定員の範囲内で、空いている居室等を利用する30日以内の利用期間を定める ●1つのユニット（共同生活住居）において、短期利用共同生活介護を受ける利用者は、1人とする	
外部評価		●自らその提供する指定認知症対応型共同生活介護の質の評価を行うとともに、定期的に第三者による外部評価または運営推進会議における評価を受けて、それらの結果を公表し、常にその改善を図らなければならない	

介護老人福祉施設

定義

老人福祉法に規定する特別養護老人ホーム（入所定員が30人以上）であって、当該特別養護老人ホームに入所する要介護者に対し、施設サービス計画に基づいて、入浴、排泄、食事等の介護その他の日常生活上の世話、機能訓練、健康管理および療養上の世話を行うことを目的とする施設

概要

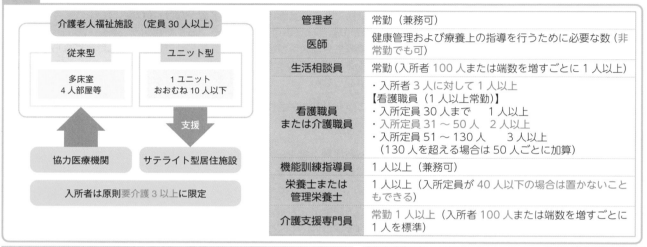

管理者	常勤（兼務可）
医師	健康管理および療養上の指導を行うために必要な数（非常勤でも可）
生活相談員	常勤（入所者100人または端数を増すごとに1人以上）
看護職員または介護職員	・入所者3人に対して1人以上 【看護職員（1人以上常勤）】 ・入所定員30人まで　1人以上 ・入所定員31〜50人　2人以上 ・入所定員51〜130人　3人以上 （130人を超える場合は50人ごとに加算）
機能訓練指導員	1人以上（兼務可）
栄養士または管理栄養士	1人以上（入所定員が40人以下の場合は置かないこともできる）
介護支援専門員	常勤1人以上（入所者100人または端数を増すごとに1人を標準）

介護福祉施設サービス費	要介護度	従来型（I・II）	ユニット型（I）
	要介護1	589	670
	要介護2	659	740
	要介護3	732	815
	要介護4	802	886
	要介護5	871	955

（単位／日）

主な加算

連携・在宅復帰支援	● 退所時等相談援助加算
	● 在宅復帰支援機能加算
	● 在宅・入所相互利用加算
栄養・口腔機能	● 療養食加算
	● 経口移行加算／経口維持加算
	● 口腔衛生管理加算
認知症	● 認知症専門ケア加算
	● 若年性認知症入所者受入加算
	● 認知症行動・心理症状緊急対応加算
特別な支援体制	● 排せつ支援加算
	● 日常生活継続支援加算
	● 看護体制加算
	● 個別機能訓練加算
	● 障害者生活支援体制加算
	● 看取り介護加算
	● 褥瘡マネジメント加算
	● 特別通院送迎加算

【ユニット型設備基準】

● 居室の定員は1人（必要な場合は2人）
● 1ユニットの定員は、原則としておおむね10人以下とし、15人を超えないもの
● 共同生活室を設ける
● 洗面設備、便所は、居室ごとまたは共同生活室ごとに設ける

【ユニット型勤務体制】

● 昼間：ユニットごとに常時1人以上の介護職員または看護職員を配置
● 夜間および深夜：2ユニットごとに1人以上の介護職員または看護職員を配置
● ユニットごとに、常勤のユニットリーダーを配置

【サテライト型居住施設】

●「本体施設」との密接な連携を確保しつつ、本体施設とは別の場所で運営される指定地域密着型介護老人福祉施設

入退所	入所要件		●原則要介護3以上が入所できる ●介護の必要の程度および家族等の状況を勘案し、指定介護福祉施設サービスを受ける必要性が高いと認められる入所申込者を優先的に入所させるよう努めなければならない
		特例入所	●要介護1または2は、やむを得ない事情により指定介護老人福祉施設以外での生活が著しく困難であると認められる場合には、市町村の適切な関与のもと、入所検討委員会を経て、特例的に入所が認められる
	退所		●入所者の心身の状況、その置かれている環境等に照らし、居宅において日常生活を営むことができるかどうかについて定期的に検討しなければならない ●居宅において日常生活を営むことができると認められる入所者に対し、円滑な退所のために必要な援助を行わなければならない
	入所者の入院期間中の取扱い		●入所者が病院等に入院する際に、おおむね3か月以内に退院することが明らかに見込まれる場合には、原則として、退院後再び当該施設に円滑に入所できるようにしなければならない
医療	協力病院等		●あらかじめ、協力病院を定めておかなければならない ●あらかじめ、協力歯科医療機関を定めておくよう努めなければならない
	医務室		●医務室は、医療法に規定する診療所でなければならない ●入所者を診療するために必要な医薬品および医療機器を備えるほか、必要に応じて臨床検査設備を設ける
処遇	指定介護福祉施設サービスの取扱方針		●指定介護老人福祉施設は、施設サービス計画に基づき、入所者の要介護状態の軽減または悪化の防止に資するよう、その者の心身の状況等に応じて、その者の処遇を妥当適切に行わなければならない ●自らその提供する指定介護福祉施設サービスの質の評価を行い、常にその改善を図らなければならない
	食事		●入所者の食事は、栄養ならびに入所者の心身の状況および嗜好を考慮した食事を、適切な時間に提供しなければならない ●入所者が可能な限り離床して、食堂で食事を摂ることを支援しなければならない
	介護		●介護は、入所者の自立の支援および日常生活の充実に資するよう、入所者の心身の状況に応じて、適切な技術をもって行われなければならない ●1週間に2回以上、適切な方法により、入所者を入浴させ、または清拭しなければならない ●入所者に対し、その心身の状況に応じて、適切な方法により、排泄の自立について必要な援助を行わなければならない ●褥瘡が発生しないよう適切な介護を行うとともに、その発生を予防するための体制を整備しなければならない ●指定介護老人福祉施設は、常時1人以上の常勤の介護職員を介護に従事させなければならない ●指定介護老人福祉施設は、入所者に対し、その負担により、当該指定介護老人福祉施設の従業者以外の者による介護を受けさせてはならない
	相談および援助		●常に入所者の心身の状況、その置かれている環境等の的確な把握に努め、入所者またはその家族に対し、その相談に適切に応じるとともに、必要な助言その他の援助を行わなければならない

処遇	社会生活上の便宜の提供等	● 教養娯楽設備等を備えるほか、適宜、入所者のためのレクリエーション行事を行わなければならない ● 入所者が日常生活を営むのに必要な行政機関等に対する手続について、その者またはその家族において行うことが困難である場合は、その者の同意を得て、代わって行わなければならない ● 指定介護老人福祉施設は、入所者の外出の機会を確保するよう努めなければならない
	機能訓練	● 入所者に対し、その心身の状況等に応じて、日常生活を営むのに必要な機能を改善し、またはその減退を防止するための訓練を行わなければならない
	健康管理	● 指定介護老人福祉施設の医師または看護職員は、常に入所者の健康の状況に注意し、必要に応じて健康保持のための適切な措置を採らなければならない
利用にあたって	内容および手続の説明および同意	● サービスの提供の開始に際しては、あらかじめ、入所申込者またはその家族に対し、重要事項を記した文書を交付して説明を行い、当該提供の開始について入所申込者の同意を得なければならない
	提供拒否の禁止	● 正当な理由なく施設サービスの提供を拒んではならない
	サービス提供困難時の対応	● 入所申込者が入院治療を必要とする場合その他入所申込者に対し自ら適切な便宜を提供することが困難である場合は、適切な病院もしくは診療所等を紹介する等の適切な措置を速やかに講じなければならない
	要介護認定の申請にかかる援助	● 要介護認定の更新の申請が遅くとも当該入所者が受けている要介護認定の有効期間の満了日の 30 日前には行われるよう必要な援助を行わなければならない
利用料	利用料等の受領	● 食事の提供に要する費用、居住に要する費用、入所者が選定する特別な居室の費用、入所者が選定する特別な食事の費用、理美容代などの費用の額の支払を受けることができる
ケアプラン	施設サービス計画の作成	● 管理者は、介護支援専門員に施設サービス計画の作成に関する業務を担当させるものとする
	栄養管理	● 施設は、入所者の栄養状態の維持および改善を図り、自立した日常生活を営むことができるよう、各入所者の状態に応じた栄養管理を計画的に行うよう努めなければならない（3 年間の経過措置あり）
	口腔衛生の管理	● 施設は、入所者の口腔の健康の保持を図り、自立した日常生活を営むことができるよう、口腔衛生の管理体制を整備し、各入所者の状態に応じた口腔衛生の管理を計画的に行うよう努めなければならない（3 年間の経過措置あり）
	地域との連携等	● 運営にあたっては、地域住民またはその自発的な活動等との連携および協力を行う等の地域との交流を図らなければならない
連絡等	苦情処理	● サービスに関する入所者およびその家族からの苦情に迅速かつ適切に対応するために、苦情を受け付けるための窓口を設置する等の必要な措置を講じなければならない
	事故発生時の対応	● 入所者に対する施設サービスの提供により事故が発生した場合は、速やかに市町村、入所者の家族等に連絡を行うとともに、必要な措置を講じなければならない

※その他の運営基準は、「単元 13　サービス事業所」を参照してください。

地域密着型介護老人福祉施設入所者生活介護

定義

「地域密着型介護老人福祉施設入所者生活介護」とは、地域密着型介護老人福祉施設に入所する要介護者に対し、地域密着型施設サービス計画に基づいて行われる入浴、排泄、食事等の介護その他の日常生活上の世話、機能訓練、健康管理および療養上の世話をいう

概要

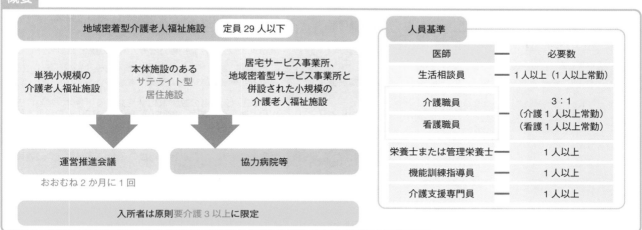

地域密着型介護老人福祉施設入所者生活介護費

（単位／日）

	区分	要介護度	従来型	ユニット型
地域密着型介護老人福祉施設費（Ⅰ）	介護給付	要介護1	600	682
		要介護2	671	753
		要介護3	745	828
		要介護4	817	901
		要介護5	887	971

【施設の形態】
①単独小規模（定員29人以下）の介護老人福祉施設
②同一法人による本体施設のあるサテライト型居住施設
③通所介護事業所や小規模多機能型居宅介護事業所等と併設事業所を組み合わせた施設

【サテライト型居住施設の人員基準】
● サテライト型居住施設の生活相談員、栄養士、機能訓練指導員または介護支援専門員については、本体施設により処遇が行える場合は置かないことができる

主な加算

連携・在宅復帰支援	● 退所時等相談援助加算
	● 在宅復帰支援機能加算
	● 在宅・入所相互利用加算
栄養・口腔機能	● 療養食加算
	● 経口移行加算
	● 経口維持加算
	● 口腔衛生管理加算
認知症	● 認知症専門ケア加算
	● 若年性認知症入所者受入加算
	● 認知症行動・心理症状緊急対応加算
特別な支援体制	● 夜間職員配置加算
	● 日常生活継続支援加算
	● 看護体制加算
	● 個別機能訓練加算
	● 障害者生活支援体制加算
	● 看取り介護加算
	● 褥瘡マネジメント加算

介護老人保健施設

定義

要介護者であって、主としてその心身の機能の維持回復を図り、居宅における生活を営むことができるようにするための支援が必要である者に対し、施設サービス計画に基づいて、看護、医学的管理の下における介護および機能訓練その他必要な医療ならびに日常生活上の世話を行うことを目的とする施設

概要

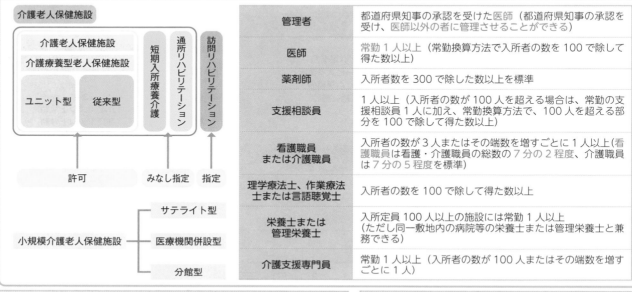

管理者	都道府県知事の承認を受けた医師（都道府県知事の承認を受け、医師以外の者に管理させることができる）
医師	常勤1人以上（常勤換算方法で入所者の数を100で除して得た数以上）
薬剤師	入所者数を300で除した数以上を標準
支援相談員	1人以上（入所者の数が100人を超える場合は、常勤の支援相談員1人に加え、常勤換算方法で、100人を超える部分を100で除して得た数以上）
看護職員または介護職員	入所者の数が3人またはその端数を増すごとに1人以上（看護職員は看護・介護職員の総数の7分の2程度、介護職員は7分の5程度を標準）
理学療法士、作業療法士または言語聴覚士	入所者の数を100で除して得た数以上
栄養士または管理栄養士	入所定員100人以上の施設には常勤1人以上（ただし同一敷地内の病院等の栄養士または管理栄養士と兼務できる）
介護支援専門員	常勤1人以上（入所者の数が100人またはその端数を増すごとに1人）

介護保健施設サービス費（多床室）	要介護度	在宅強化型	基本型	その他
	要介護1	871	793	839
	要介護2	947	843	924
	要介護3	1,014	908	1,044
	要介護4	1,072	961	1,121
	要介護5	1,125	1,012	1,197

（単位／日）

主な加算

連携・在宅復帰支援	● 退所時等支援等加算
	● 在宅復帰支援機能加算
栄養・口腔機能	● 療養食加算
	● 経口移行加算、経口維持加算
	● 口腔衛生管理加算
認知症への対応の評価	● 若年性認知症入所者受入加算
	● 認知症行動・心理症状緊急対応加算
	● 認知症短期集中リハビリテーション実施加算
特別な支援体制、ケア等に対する評価	● 排せつ支援加算
	● 短期集中リハビリテーション実施加算
	● ターミナルケア加算
医療	● 緊急時施設療養費、所定疾患施設療養費、特別療養費

【基本報酬の類型】

● 介護老人保健施設は、在宅復帰・在宅療養支援等指標、退所時指導等、リハビリテーションマネジメント、地域貢献活動などの実施状況に応じて「在宅強化型」「基本型」「その他」の3類型が設定されている

【みなし指定】

● 介護老人保健施設について、許可があったときは、介護老人保健施設により行われる居宅サービス（短期入所療養介護、通所リハビリテーション）にかかる指定があったものとみなす

【施設の基準】

● 療養室（定員4人以下、1人あたり8㎡以上）、診察室、機能訓練室、談話室、食堂、浴室、レクリエーション・ルーム、洗面所、便所、サービス・ステーション、調理室、洗濯室、汚物処理室を有しなければならない

小規模介護老人保健施設の類型	サテライト型	●「本体施設」との密接な連携を確保しつつ、本体施設とは別の場所で運営され、入所者の在宅への復帰の支援を目的とする定員 29 人以下の介護老人保健施設
	医療機関併設型	●病院または診療所等に併設され、入所者の在宅への復帰の支援を目的とする定員 29 人以下の介護老人保健施設で、サテライト型小規模介護老人保健施設以外のもの
	分館型	●「本体施設」と一体として運営する老人保健施設で、過疎地域自立促進特別措置法等に規定する地域に整備された施設
入退所		●介護老人保健施設は、その心身の状況および病状ならびにその置かれている環境に照らし看護、医学的管理の下における介護および機能訓練その他必要な医療等が必要であると認められる者を対象に、介護保健施設サービスを提供するものとする ●医学的管理の下における介護および機能訓練の必要性を勘案し、介護保健施設サービスを受ける必要性が高いと認められる入所申込者を優先的に入所させるよう努めなければならない ●介護老人保健施設は、入所者の心身の状況、病状、その置かれている環境等に照らし、その者が居宅において日常生活を営むことができるかどうかについて定期的（少なくとも 3 か月ごと）に検討し、その内容等を記録しなければならない
介護保健施設サービスの取扱方針		●介護老人保健施設は、施設サービス計画に基づき、入所者の要介護状態の軽減または悪化の防止に資するよう、その者の心身の状況等を踏まえて、その者の療養を妥当適切に行わなければならない
診療の方針		●診療は、一般に医師として必要性があると認められる疾病または負傷に対して、的確な診断をもととし、療養上妥当適切に行う ●常に入所者の病状、心身の状況およびその置かれている環境等の的確な把握に努め、入所者またはその家族に対し、適切な指導を行う ●別に厚生労働大臣が定める医薬品以外の医薬品を入所者に施用し、または処方してはならない
協力病院等		●あらかじめ、協力病院を定めておかなければならない ●あらかじめ、協力歯科医療機関を定めておくよう努めなければならない
必要な医療の提供が困難な場合等の措置等		●介護老人保健施設の医師は、入所者の病状からみて当該介護老人保健施設において自ら必要な医療を提供することが困難であると認めたときは、協力病院その他適当な病院もしくは診療所への入院のための措置を講じ、またはほかの医師の対診を求める等診療について適切な措置を講じなければならない ●介護老人保健施設の医師は、入所者のために往診を求め、または通院させる場合には、入所者の診療状況に関する情報の提供を行わなければならない
看護および医学的管理の下における介護		●看護および医学的管理の下における介護は、入所者の自立の支援と日常生活の充実に資するよう、入所者の病状および心身の状況に応じ、適切な技術をもって行われなければならない ●褥瘡が発生しないよう適切な介護を行うとともに、その発生を予防するための体制を整備しなければならない ●その入所者に対して、入所者の負担により、当該介護老人保健施設の従業者以外の者による看護および介護を受けさせてはならない
相談および援助		●常に入所者の心身の状況、病状、その置かれている環境等の的確な把握に努め、入所者またはその家族に対し、その相談に適切に応じるとともに、必要な助言その他の援助を行わなければならない
社会生活上の便宜の提供等		●常に、入所者の家族との連携を図るとともに、入所者とその家族との交流等の機会を確保するよう努めなければならない
機能訓練		●入所者の心身の諸機能の維持回復を図り、日常生活の自立を助けるため、理学療法、作業療法その他必要なリハビリテーションを計画的に行わなければならない

介護医療院

定義

要介護者であって、主として長期にわたり療養が必要である者に対して、施設サービス計画に基づいて、療養上の管理、看護、医学的管理の下における介護および機能訓練その他必要な医療ならびに日常生活上の世話を行うことを目的とする施設

概要

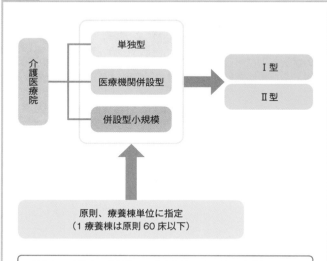

●多床室：療養室4人以下、1人あたりの床面積8㎡以上
●ユニット型：原則個室、1人あたりの療養室の床面積10.65㎡以上

	Ⅰ型	Ⅱ型
管理者	都道府県知事の承認を受けた医師（都道府県知事の承認を受け、医師以外の者に管理させることができる）	
医師	入所者48人に1人（3人以上）	入所者100人に1人（1人以上）
薬剤師	入所者150人に1人	入所者300人に1人
看護職員	入所者6人に1人以上	
介護職員	入所者5人に1人	入所者6人に1人
理学療法士、作業療法士または言語聴覚士	実情に応じた適当数	
栄養士または管理栄養士	入所定員100人以上の施設には常勤1人以上（ただし同一敷地内の病院等の栄養士または管理栄養士と兼務できる）	
診療放射線技師等	実情に応じた適当数	
介護支援専門員	1人以上（入所者の数が100人またはその端数を増すごとに1人）	

	要介護度	Ⅰ型（Ⅰ）多床室	Ⅱ型（Ⅰ）多床室
介護医療院サービス費	要介護1	833	786
	要介護2	943	883
	要介護3	1,182	1,092
	要介護4	1,283	1,181
	要介護5	1,375	1,261

（単位／日）

主な加算

連携・在宅復帰支援	●退所時指導等加算
	●在宅復帰支援機能加算
栄養・口腔機能	●療養食加算
	●経口移行加算、経口維持加算
	●低栄養リスク改善加算
	●口腔衛生管理加算
認知症への対応の評価	●認知症専門ケア加算
	●若年性認知症患者受入加算
	●認知症行動・心理症状緊急対応加算
ケア等に対する評価	●排せつ支援加算
医療	●緊急時施設診療費、特別診療費

【介護医療院の創設】

●介護療養病床の転換先として、「日常的な医学管理が必要な重介護者の受入れ」や「看取り・ターミナル」等の機能と、「生活施設」としての機能を兼ね備えた、新たな介護保険施設として「介護医療院」が創設された
●病院または診療所から新施設に転換した場合には、転換前の病院または診療所の名称を引き続き使用できる

【サービス提供単位】

介護医療院のⅠ型とⅡ型は、療養棟単位で提供できる。ただし、規模が小さい場合などのときは、療養室単位も可能

【みなし指定】

●介護医療院について、許可があったときは、介護医療院により行われる居宅サービス（短期入所療養介護、通所リハビリテーション）にかかる指定があったものとみなす

医療機関併設型介護医療院	● 病院または診療所に併設（同一敷地内または隣接する敷地において、サービスの提供、夜勤を行う職員の配置等が一体的に行われているものを指す）され、入所者の療養生活の支援を目的とする介護医療院	
	併設型小規模介護医療院	● 医療機関併設型介護医療院のうち、入所定員が 19 人以下のものをいう
療養床	● 療養室のうち、入所者 1 人あたりの寝台またはこれに代わる設備の部分をいう	
	Ⅰ型療養床	● 療養床のうち、主として長期にわたり療養が必要である者であって、重篤な身体疾患を有する者、身体合併症を有する認知症高齢者等を入所させるためのものをいう
	Ⅱ型療養床	● 療養床のうち、Ⅰ型療養床以外のものをいう
入退所	● 介護医療院は、その心身の状況、病状、その置かれている環境等に照らし療養上の管理、看護、医学的管理の下における介護および機能訓練その他医療等が必要であると認められる者を対象に、介護医療院サービスを提供するものとする	
	● 介護医療院は、入所申込者の数が入所定員から入所者の数を差し引いた数を超えている場合には、長期にわたる療養および医学的管理の下における介護の必要性を勘案し、介護医療院サービスを受ける必要性が高いと認められる入所申込者を優先的に入所させるよう努めなければならない	
診療の方針	● 診療は、一般に医師として必要性があると認められる疾病または負傷に対して、的確な診断をもととし、療養上妥当適切に行う	
	● 検査、投薬、注射、処置等は、入所者の病状に照らして妥当適切に行う	
	● 特殊な療法、新しい療法等については、別に厚生労働大臣が定めるもののほか行ってはならない	
	● 別に厚生労働大臣が定める医薬品以外の医薬品を入所者に施用し、または処方してはならない	
必要な医療の提供が困難な場合等の措置等	● 介護医療院の医師は、入所者の病状からみて当該介護医療院において自ら必要な医療を提供することが困難であると認めたときは、協力病院その他適当な病院もしくは診療所への入院のための措置を講じ、またはほかの医師の対診を求める等診療について適切な措置を講じなければならない	
衛生管理等	● 介護医療院における感染症または食中毒の予防およびまん延の防止のための対策を検討する委員会をおおむね 3 か月に 1 回以上開催するとともに、その結果について、介護職員その他の従業者に周知徹底を図る	
協力病院	● 介護医療院は、入所者の病状の急変等に備えるため、あらかじめ、協力病院を定めておかなければならない	
	● 介護医療院は、あらかじめ、協力歯科医療機関を定めておくよう努めなければならない	
看護および医学的管理の下における介護	● 看護および医学的管理の下における介護は、入所者の自立の支援と日常生活の充実に資するよう、入所者の病状および心身の状況に応じ、適切な技術をもって行われなければならない	
	● 介護医療院は、その入所者に対して、入所者の負担により、当該介護医療院の従業者以外の者による看護および介護を受けさせてはならない	

施設サービスのまとめ

		介護老人福祉施設	介護老人保健施設	介護医療院
	概要	要介護者のための生活施設	要介護者にリハビリ等を提供し、在宅復帰を目指す施設	医療の必要な要介護者の長期療養施設
人員基準	医師	必要数（非常勤可）	1	Ⅰ型（3）Ⅱ型（1）
	相談員	1（生活相談員）	1（支援相談員）	
	看護職員／介護職員	3対1（うち看護職員を定員51〜130人は3以上）	3対1（うち看護職員を2/7程度）	Ⅰ型（看護6対1／介護5対1）Ⅱ型（看護6対1／介護6対1）
	機能訓練	1（指導員）	1（PT・OT・ST）	実情に応じた数（PT・OT・ST）
	薬剤師		実情に応じた数	1
	栄養士／管理栄養士	1	1	1
	介護支援専門員	1（兼務可）	1（兼務可）	1（兼務可）
居室面積等	従来型	10.65㎡以上	8㎡以上	8㎡以上
	ユニット型	10.65㎡以上		
	廊下幅	1.8m以上（中廊下は2.7m以上）		
	設置根拠法	老人福祉法	介護保険法	介護保険法
	医療法上の医療提供施設		○	○
	介護保険法上	指定	許可	許可

（入所者100人あたり）

施設別・要介護度別在所者

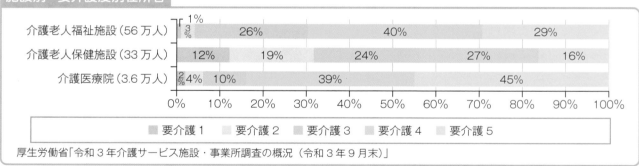

介護老人福祉施設（56万人）　1%　3%　26%　40%　29%
介護老人保健施設（33万人）　12%　19%　24%　27%　16%
介護医療院（3.6万人）　2%　4%　10%　39%　45%

0%　10%　20%　30%　40%　50%　60%　70%　80%　90%　100%

■ 要介護1　■ 要介護2　■ 要介護3　■ 要介護4　■ 要介護5

厚生労働省「令和3年介護サービス施設・事業所調査の概況（令和3年9月末）」

○✕ サービス事業所の過去問チェック

1 訪問サービス

		問題　　　　　　　　　　26 ＝過去の出題回	解答
単元23 訪問介護			
☐☐	1	指定訪問介護事業所の管理者については、特段の資格は不要である。 **23**	○
☐☐	2	利用回数が少ない利用者であっても、訪問介護計画を作成しなければならない。 **25**	○
☐☐	3	掃除の際に特別な手間をかけて行う床のワックスがけは、生活援助として算定できる。 **26**	✕（生活援助として算定できない）
☐☐	4	手助けや声かけ及び見守りしながら、利用者と一緒に行うシーツ交換は、身体介護として算定できる。 **26**	○
☐☐	5	サービス提供責任者が必要と認めた場合に、緊急に行った指定訪問介護については、緊急時訪問介護加算を算定できる。 **22再**	✕（介護支援専門員が必要と認めた場合）
単元24 （介護予防）訪問入浴介護			
☐☐	1	訪問入浴介護従業者として、看護職員又は介護職員のうち1人以上は、常勤でなければならない。 **26**	○
☐☐	2	サービス提供時に使用する浴槽は、事業者が備えなければならない。 **25**	○
☐☐	3	指定訪問入浴介護事業者は、協力医療機関を事業の通常の実施地域内と実施地域外に、それぞれ定めなければならない。 **26**	✕（事業の通常の実施地域内にあることが望ましい）
☐☐	4	利用者の心身の状況から全身入浴が困難であって、利用者の希望により清拭のみを実施した場合には、全身入浴と同じ単位数を算定することができる。 **24**	✕（90%を算定する）
☐☐	5	利用者の身体の状況等に支障を生ずるおそれがない場合には、主治の医師の意見を確認した上で、看護職員に代えて介護職員のみで実施することができる。 **24**	○
単元25 （介護予防）訪問看護			
☐☐	1	保険医療機関の指定を受けている病院は、介護保険の指定訪問看護事業者とみなされる。 **25**	○
☐☐	2	介護保険の指定訪問看護ステーションの管理者は、原則として、常勤の保健師又は看護師でなければならない。 **25**	○
☐☐	3	訪問看護の提供に当たっては、家族に対しても適切な指導を行う。 **24**	○
☐☐	4	利用者又は家族から電話等で看護に関する意見を求められた場合に常時連絡できる体制にあり、かつ、計画にない緊急時の訪問を必要に応じて行う体制にある場合には、緊急時訪問看護加算が算定できる。 **22再**	○
☐☐	5	指定訪問看護事業者は、主治の医師に訪問看護計画書及び訪問看護報告書を提出しなければならない。 **23**	○
☐☐	6	急性増悪時に主治医から特別指示書が交付された場合、介護保険から給付が行われる。 **25**	✕（医療保険による訪問看護が提供される）

	問題 26 =過去の出題回	解答

単元26 （介護予防）訪問リハビリテーション

☐☐ **1** 指定訪問リハビリテーションとは、病院、診療所、介護老人保健施設又は介護医療院から理学療法士、作業療法士又は言語聴覚士が居宅を訪問して行うリハビリテーションをいう。**22再** — 〇

☐☐ **2** 訪問看護ステーションの理学療法士がサービスを提供した場合は、訪問リハビリテーションに分類される。**24** — ×（訪問看護に分類される）

☐☐ **3** 対象者は、通院でのリハビリテーションが困難な利用者である。**24** — 〇

☐☐ **4** 指定訪問介護事業等の従業者に対し、介護の工夫に関する指導を行うことができる。**24** — 〇

☐☐ **5** 介護報酬上、サービスの提供回数に限度はない。**24** — ×（週6回（退院・退所日から3月以内は週12回）が限度）

単元27 （介護予防）居宅療養管理指導

☐☐ **1** 保険医療機関として指定を受けている病院は、都道府県知事の指定があったものとみなされる。**22** — 〇

☐☐ **2** 居宅療養管理指導事業者は、通常の事業の実施地域内の交通費を受け取ることができる。**22再** — 〇

☐☐ **3** 医師が行う居宅療養管理指導は、サービス担当者会議への参加が困難な場合には、原則として、文書により情報提供・助言を行わなければならない。**22** — 〇

☐☐ **4** 薬剤師が行う居宅療養管理指導に当たっては、医師又は歯科医師の指示がなくても、介護支援専門員に情報提供を行うことができる。**22再** — ×（指示が必要）

☐☐ **5** 居宅療養管理指導は、区分支給限度基準額が適用される。**22** — ×（適用されない）

単元28 定期巡回・随時対応型訪問介護看護

☐☐ **1** 要支援者も利用できる。**25** — ×（要支援者は利用できない）

☐☐ **2** 随時訪問サービスは、随時の通報からおおむね30分以内に居宅に駆けつけられる体制確保に努めなければならない。**21** — 〇

☐☐ **3** 利用者の心身の状況にかかわらず、毎日、訪問しなければならない。**25** — ×（訪問を行わない日があってもよい）

☐☐ **4** サービス提供の日時は、居宅サービス計画にかかわらず、当該事業所の計画作成責任者が決定できる。**15** — 〇

☐☐ **5** 介護・医療連携推進会議は、おおむね6月に1回以上、開催しなければならない。**25** — 〇

単元29 夜間対応型訪問介護

☐☐ **1** 看護師及び介護福祉士は、面接相談員になることができる。**22** — 〇

☐☐ **2** サービスの提供時間については、24時から8時までの間を最低限含む必要がある。**24** — ×（22時から6時）

☐☐ **3** 既に居宅サービス計画が作成されている場合でも、夜間対応型訪問介護計画を作成する必要がある。**24** — 〇

☐☐ **4** 事業者は、利用者へ配布するケアコール端末に係る設置料、リース料、保守料の費用を利用者から徴収することができる。**22** — ×（事業者が負担する）

☐☐ **5** 利用者から合鍵を預かる場合は、従業者であれば容易に持ち出すことができるような管理を行う必要がある。**22** — ×（厳重な管理を行う必要がある）

② 通所が中心のサービス

問題	**26** ＝過去の出題回	解答

単元30 通所介護、地域密着型通所介護

☐☐ **1** 管理者は、社会福祉主事任用資格を有するものでなければならない。**26**
× （資格要件はない）

☐☐ **2** 送迎時に実施した居宅内での介助は、1日30分以内を限度に、通所介護を行うのに要する時間に含めることができる。**23**
○

☐☐ **3** 利用者が当該事業所の設備を利用して宿泊する場合には、延長加算を算定できない。**24**
○

☐☐ **4** 若年性認知症の利用者を受け入れた場合は、認知症加算に加えて、若年性認知症利用者受入加算を算定できる。**22再**
× （同時に算定することはできない）

☐☐ **5** 利用料以外の料金として、おむつ代の支払いを受けることができる。**24**
○

単元31 （介護予防）通所リハビリテーション

☐☐ **1** 介護老人保健施設は、提供することができる。**26**
○

☐☐ **2** 通所リハビリテーション計画は、介護支援専門員が作成しなければならない。**26**
× （医師、理学療法士などが共同して作成する）

☐☐ **3** 通所リハビリテーションに係る単位数は、事業所の規模とは無関係に設定されている。**23**
× （規模に応じて設定されている）

☐☐ **4** 介護職員は、リハビリテーション会議の構成員になれない。**26**
× （介護職員も構成員になる）

☐☐ **5** 主治の医師が必要と認めた居宅要介護者に、理学療法、作業療法その他必要なリハビリテーションを提供する。**21**
○

単元32 （介護予防）認知症対応型通所介護

☐☐ **1** 認知症の原因となる疾患が急性の状態にある者は、対象とはならない。**26**
○

☐☐ **2** 生活相談員が認知症対応型通所介護計画を作成する。**24**
× （管理者が作成する）

☐☐ **3** 共用型指定認知症対応型通所介護の利用定員は、1施設1日当たり12人以下としなければならない。**26**
× （3人以下である）

☐☐ **4** 栄養改善サービスを提供することができる。**24**
○

☐☐ **5** 認知症対応型共同生活介護事業所の居間や食堂を活用して行うのは、併設型指定認知症対応型通所介護である。**24**
× （共用型指定認知症対応型通所介護である）

問題	26 ＝過去の出題回	解答

単元33 （介護予防）小規模多機能型居宅介護

	問題	解答
☐☐ 1	登録定員は、12 人以下としなければならない。 **26**	× （29 人以下である）
☐☐ 2	通いサービス、宿泊サービスごとに、1 日当たりの同時にサービス提供を受ける利用定員の上限が定められている。 **25**	○
☐☐ 3	指定小規模多機能型居宅介護事業所の登録者に対しては、その事業所の介護支援専門員が、居宅サービス計画を作成しなければならない。 **25**	○
☐☐ 4	利用者は、複数の小規模多機能型居宅介護事業所への登録を希望しても、1 つの事業所にしか登録できない。 **23**	○
☐☐ 5	おおむね 6 月に 1 回以上、運営推進会議に活動状況を報告し、評価を受けなければならない。 **26**	× （2 か月に 1 回以上）

単元34 看護小規模多機能型居宅介護

	問題	解答
☐☐ 1	居宅で生活している要支援者も利用できる。 **26**	× （要支援者は利用できない）
☐☐ 2	事業所の登録定員は、29 人以下である。 **23**	○
☐☐ 3	看護小規模多機能型居宅介護費は、月単位で設定されている。 **26**	○
☐☐ 4	サテライト型指定看護小規模多機能型居宅介護事業所の登録定員は、18 人以下である。 **26**	○
☐☐ 5	利用者に対してターミナルケアを行うことができる。 **24**	○

③ 短期入所

		問題　　　　　　　　　　　　　　　　　26 ＝過去の出題回	解答

単元35（介護予防）短期入所生活介護

☐☐	1	家族の冠婚葬祭や出張を理由とした利用はできない。**25**	×（利用できる）
☐☐	2	指定短期入所生活介護事業所に介護支援専門員の資格を有する者がいる場合、その者が短期入所生活介護計画のとりまとめを行うことが望ましい。**26**	○
☐☐	3	利用者が連続して30日を超えて指定短期入所生活介護を受けている場合には、30日を超える日以降については短期入所生活介護費は算定できない。**24**	○
☐☐	4	短期入所生活介護計画は、利用期間にかかわらず作成しなければならない。**24**	×（4日以上の利用の場合に作成する）
☐☐	5	利用者の状態や家族等の事情により、居宅サービス計画にない指定短期入所生活介護を緊急に行った場合は、原則として、緊急短期入所受入加算を算定できる。**22**	○

単元36（介護予防）短期入所療養介護

☐☐	1	検査、投薬、注射、処置等は、利用者の病状に照らして妥当適切に行うものとされている。**26**	○
☐☐	2	短期入所療養介護計画は、おおむね4日以上連続して利用する場合に作成する必要がある。**25**	○
☐☐	3	虐待等やむを得ない事情がある場合でも、利用定員を超えて受け入れることはできない。**22**	×（受け入れることができる）
☐☐	4	日帰りの利用はできない。**26**	×（特定短期入所療養介護は、日帰りの利用ができる）

④ 福祉用具・住宅改修

	問題	26 ＝過去の出題回	解答
単元37 （介護予防）福祉用具貸与、特定（介護予防）福祉用具販売			
□□ 1	福祉用具貸与事業所には、福祉用具専門相談員を1人以上置かなければならない。**22再**		×（2人以上置かなければならない）
□□ 2	貸与する際には、福祉用具専門相談員は、具体的なサービス内容等を記載した福祉用具貸与計画を作成しなければならない。**25**		○
□□ 3	取付工事の有無にかかわらず、手すりは福祉用具貸与の対象となる。**25**		×（取付工事のないものが対象となる）
□□ 4	移動用リフトのつり具の部分は、福祉用具貸与の対象となる。**23**		×（特定福祉用具販売の対象となる）
□□ 5	設置工事を伴うスロープは、福祉用具貸与の対象となる。**22再**		×（住宅改修の対象となる）

	問題		解答
単元38 （介護予防）住宅改修			
□□ 1	洋式便器等への便器の取替えには、既存の便器の位置や向きを変更する場合も含まれる。**26**		○
□□ 2	リフト等動力により段差を解消する機器を設置する工事は、住宅改修費の支給対象となる。**26**		×（対象にならない）
□□ 3	手すりの取付けのための壁の下地補強は、住宅改修費の支給対象となる。**26**		○
□□ 4	要介護状態区分が3段階以上上がった場合は、改めて住宅改修費を受給できる。**22**		○
□□ 5	同一の住宅に複数の被保険者が居住する場合においては、住宅改修費の支給限度額の管理は被保険者ごとに行われる。**26**		○

⑤ 入居

問題　26 ＝過去の出題回	解答

単元39 （介護予防）特定施設入居者生活介護、地域密着型特定施設入居者生活介護

		問題	解答
□□	1	特定施設は、有料老人ホーム、養護老人ホーム及び軽費老人ホームである。**18**	○
□□	2	特定施設入居者生活介護は、居宅サービスとして位置付けられている。**16**	○
□□	3	事業者は、特定施設入居者生活介護のサービス以外で、利用者の選定により提供される介護等の費用の支払いを利用者から受けることはできない。**18**	×（受けることができる）
□□	4	指定特定施設入居者生活介護事業者は、入居に際し、文書で契約を結ばなければならない。**16**	○
□□	5	外部サービス利用型の特定施設入居者生活介護は、介護サービス等を外部の指定居宅サービス事業者に委託するものをいう。**18**	○

単元40 （介護予防）認知症対応型共同生活介護

		問題	解答
□□	1	管理者は、認知症である者の介護に3年以上従事した経験を有する者であって、所定の研修を修了しているものでなければならない。**25**	○
□□	2	各事業所に設けることができる共同生活住居の数は、1以上5以下である。**25**	×（1以上3以下）
□□	3	利用者の処遇上必要と認められる場合であっても、居室を二人部屋にすることはできない。**22再**	×（二人部屋にすることができる）
□□	4	入居の際には、主治の医師の診断書等により申込者が認知症である者であることの確認をしなければならない。**25**	○
□□	5	事業者は、利用者の食材料費、理美容代、おむつ代を負担しなければならない。**25**	×（利用者が負担する）

⑥ 入所

問題　　　　　　　　　　　　　　　　　　26 ＝過去の出題回	解答

単元41 介護老人福祉施設、地域密着型介護老人福祉施設入所者生活介護

□□ 1	介護支援専門員は、入所者の処遇に支障がない場合であっても、他の職務と兼務しない常勤の者でなければならない。 **24**	×（他の職務と兼務することができる）
□□ 2	虐待等のやむを得ない事由があれば、要介護1又は2の者を入所させることができる。 **22**	○
□□ 3	入所者の負担により、当該施設の従業者以外の者による介護を受けさせてはならない。 **25**	○
□□ 4	身体的拘束等の適正化のための指針を整備している場合には、その対策を検討する委員会は開催しなくてもよい。 **23**	×（開催しなければならない）
□□ 5	入所者が可能な限り離床して、食堂で食事を摂るよう支援しなければならない。 **26**	○

単元42 介護老人保健施設

□□ 1	入所者の在宅復帰を目指す。 **24**	○
□□ 2	理学療法士、作業療法士又は言語聴覚士を置かなければならない。 **26**	○
□□ 3	処置室を設けなければならない。 **25**	×（処置室を設ける必要はない）
□□ 4	サテライト型小規模介護老人保健施設は、定員29人以下である。 **24**	○
□□ 5	口腔衛生の管理体制を整備し、各入所者の状態に応じた口腔衛生の管理を計画的に行わなければならない。 **26**	○

単元43 介護医療院

□□ 1	主として短期的な療養が必要である要介護者を対象とする。 **24**	×（長期にわたる療養が必要な要介護者が対象）
□□ 2	その開設に当たっては、医療法に基づく都道府県知事の許可を受けなければならない。 **24**	×（介護保険法に基づく）
□□ 3	療養床には、I型療養床とII型療養床がある。 **26**	○
□□ 4	療養室入所者1人当たりの床面積は、5.0㎡以上とされている。 **26**	×（8.0㎡以上とされている）
□□ 5	併設型小規模介護医療院の入所定員は、25人以下である。 **26**	×（19人以下である）

第 **3** 章

保健医療サービス分野
医療・介護
13単元

医療・介護の13単元を整理しましょう！

高齢者の身体的・精神的特徴

老年症候群

老年症候群	● 高齢者に多くみられ、高齢期の生活機能を低下させ、さらに生活の質（QOL）を低下させる症状・病態をいう
意識障害、せん妄	● 高齢者の意識障害は、①脳血管疾患や頭部外傷など脳の器質的障害、②薬剤の副作用、③低血圧、低血糖、慢性呼吸不全など重篤な全身疾患などが原因となる ● せん妄は、一過性の認知機能低下、見当識障害、不眠、興奮、錯乱、幻聴、幻覚など、さまざまな精神症状が現れる
抑うつ	● 高齢者では、身体的な衰えや機能障害、慢性疾患の罹患、家族との死別などにより抑うつが高頻度にみられる
認知機能障害	● 人生の個人的な経験の記憶であるエピソード記憶は、加齢により、特に最近の出来事に対する記憶が低下していく場合が多い
脱水	● 高齢者は、体内の水分貯蔵量が少ないうえ、口渇が感じられにくく、若年者に比べ脱水に陥りやすい ● 原因として、水分・塩分の摂取不足や下痢、発熱のほか、高血糖や利尿剤服用などがある ● 手の甲の皮膚をつまんで離したとき、すぐに元に戻らない場合は、脱水を疑う
便秘	● 高齢者は、腸蠕動運動の低下、腹筋の低下、薬の副作用などが原因で便秘になることが多い。急性に強く生じた場合は、イレウス（腸閉塞）等のこともあり注意が必要
低栄養	● 加齢とともに、消化吸収能力が低下していくことが多く、低栄養状態になりやすい
めまい、ふらつき	● 高齢者では良性発作性頭位めまい症が多くみられる ● 良性発作性頭位めまい症、メニエール病などは内耳障害により、回転性のめまいを生じる
フレイル	● 高齢になって筋力や活動が低下している状態をフレイル（虚弱）という ● ①体重減少、②握力低下、③疲れやすい、④歩行速度低下、⑤身体活動レベルの低下のうち3項目以上あればフレイルとみなされる
サルコペニア	● 高齢に伴う筋力低下・筋萎縮をサルコペニア（加齢性筋肉減少症）という ● ふくらはぎ周囲の長さを測る「指輪っかテスト」という簡単な検査法がある
廃用症候群	● 日常生活の活動性の低下に伴って生じる身体的および精神的機能の全般的な低下を廃用症候群という
転倒	● 円背や骨盤後傾のある高齢者の立位では、重心が後方にあるため、バランスを崩しやすい ● 認知症高齢者は、夜間の排尿行動や不穏状態で転倒することが多い
嚥下障害、誤嚥	● 加齢とともに、嚥下反射、咳反射などが低下し、誤嚥を引き起こす ● 高齢者では、誤嚥があっても自覚していない不顕性誤嚥が多くみられる

高齢期の心理的・社会的変化

		エリクソンの発達段階説

● エリクソン（Erikson,E.H.）は、各発達段階にそれぞれ心理・社会的危機を設定し、その危機にどのように向き合ったかで、その人のその後の人生は変わってくるとし、社会的・対人関係の視点から、心理・社会的発達を 8 つの段階にまとめた
● 高齢期の心理的葛藤は、「統合 対 絶望」で、この時期に人生を統合することが求められるが、絶望を感じることがある。この葛藤を克服すると「英知」という人間的な強さを獲得する

<table>
<thead>
<tr><th></th><th colspan="3">心理的葛藤</th><th>達成すると</th></tr>
</thead>
<tbody>
<tr><td>①乳児期</td><td>基本的信頼</td><td>対</td><td>基本的不信</td><td>希望</td></tr>
<tr><td>②幼児期初期</td><td>自律性</td><td>対</td><td>恥・疑惑</td><td>意思</td></tr>
<tr><td>③幼児期</td><td>自主性</td><td>対</td><td>罪悪感</td><td>目的意識</td></tr>
<tr><td>④学童期</td><td>勤勉性</td><td>対</td><td>劣等感</td><td>有能</td></tr>
<tr><td>⑤青年期</td><td>アイデンティティ</td><td>対</td><td>拡散</td><td>誠実</td></tr>
<tr><td>⑥成人初期</td><td>親密性</td><td>対</td><td>孤独</td><td>愛</td></tr>
<tr><td>⑦成人期</td><td>世代性</td><td>対</td><td>自己陶酔</td><td>世話</td></tr>
<tr><td>⑧高齢期</td><td>統合</td><td>対</td><td>絶望</td><td>英知</td></tr>
</tbody>
</table>

役割の喪失と心理的変化

● 定年退職などの職業役割の喪失は、高齢期における重要なライフイベントの一つ
● 高齢期には、自分自身の大きな病気やけが、配偶者や大切な人々との死別など、多くの喪失に遭遇する

死別による悲嘆のプロセス

● ボウルビィ（Bowlby,J.）は、死別による悲嘆のプロセスに関して、次の 4 段階で説明した

①無感覚	● 茫然としたり現実逃避をする
②思慕と探索	● 故人の死を受け入れられず、故人を思慕し回復させようとする
③混乱と絶望	● 故人は取り戻せない存在だと理解し、激しい痛みを伴う悲しみを感じる
④再建	● このままではいけないと感じ、立ち直ろうとする

最適化理論（SOC 理論）

● バルテス（Baltes,P.B.）が提唱した理論で、加齢に伴う心身機能の低下により、それまでの水準が維持できなくなった場合の対処方法として、SOC 理論を適用することで自分のありたい姿を維持できるとした

選択	● 若い頃よりも狭い領域を追求し特定の目標に絞る
補償	● 機能の低下を補う方法を獲得して喪失を補う
最適化	● その特定の目標に最適な方略をとり適応の機会を増やす

老年的超越理論

● トーンスタム（Tornstam,L.）が提唱した理論で、高齢期には物質主義的で合理的な世界観から、宇宙的、超越的、非合理的な世界観へ変化するとしている

高齢者の特徴

バイタルサインと検査

バイタルサイン

バイタルサイン	● バイタルサインとは、人間が生きている状態を示す徴候、所見をいう ● 一般には、体温、脈拍、血圧、意識レベル、呼吸を指す	
体温	● 一般に、高体温は 37℃以上、低体温とは 34℃以下の状態をいう ● 高齢者は基礎代謝が低下し、体温も一般成人よりも低くなるが、日内変動や個人差が大きい	
	熱型	● 稽留熱（解熱せずに持続する発熱） ● 間欠熱（急激な発熱と解熱を繰り返す）
血圧	● 一般的には、動脈壁にかかる圧力を血圧という ● 心臓の収縮期の血圧が最高血圧、心臓の拡張期の血圧が最低血圧 ● 加齢とともに血管の弾力が失われるため、収縮期血圧は高くなり、拡張期血圧は低くなる傾向がある ● 大動脈疾患や進行した動脈硬化の場合は、左右の上肢で血圧に差がみられることがある	
	本態性高血圧症	● 遺伝的な素因と塩分摂取や加齢などの要因から生じる高血圧
	二次性高血圧症	● 腎血管性高血圧症や内分泌異常などによる高血圧
脈拍	● 通常 1 分間の脈拍数が、60 未満を徐脈、100 以上を頻脈という ● 脳障害、重度の器質的心疾患、ジギタリス剤使用などでは、徐脈を生じることがある ● 発熱、炎症、脱水、甲状腺機能亢進症などでは、頻脈を生じることがある	
	不整脈	● 不整脈は、脈拍の結滞（拍動が欠けること）やリズムの乱れとして知ることができる。心室性期外収縮、上室性期外収縮が原因であることが多い
意識レベル	● 意識障害には、傾眠から昏睡までさまざまな段階がある ● 清明（正常な意識状態）、傾眠（刺激がないと眠ってしまう）、昏迷（強い刺激でかろうじて開眼する）、半昏睡（時々体動がみられるのみ）、昏睡（自発的運動がなく痛覚刺激にも反応しない）	
	ジャパン・コーマ・スケール	● 覚醒度によって 3 段階に分け、それぞれ 3 段階あることから、3-3-9 度方式とも呼ばれている
	グラスゴー・コーマ・スケール	● 開眼、言語反応、運動反応に分けた評価を行う
呼吸	● 呼吸数は、正常の高齢者で 1 分間に 15 ～ 20 回 ● 頻呼吸（25 回以上 / 分）、徐呼吸（9 回以下 / 分）、過呼吸（1 回の換気量が多い）、減呼吸（1 回の換気量が少ない）	
	チェーンストークス呼吸	● 小さい呼吸から徐々に大きな呼吸となった後、しだいに呼吸が小さくなり一時的に呼吸停止となる呼吸を繰り返す ● 脳血管疾患、心不全などの重症の疾患時にみられる
	クスマウル呼吸	● 異常に深大な呼吸が規則正しく続く呼吸で、吸気のほうが呼気より長くなる ● 糖尿病性ケトアシドーシスや尿毒症などで特徴的にみられる
	ビオー呼吸	● 不規則な周期で、無呼吸の状態から急に 4、5 回の呼吸を行い、再び無呼吸になる ● 髄膜炎や脳腫瘍などでみられ、間欠髄膜炎性呼吸などともいわれる

検査

臨床検査		● 医療機関などで行う、健康状態の把握、病気の診断や治療効果の判定、経過の観察などの目的のために行われるさまざまな検査
体格	BMI	● 体重（kg）÷（身長（m）×身長（m））で計算 ● 18.5 未満が低体重、25 以上が肥満とされている ● 高齢者では膝などの関節が十分に伸びなくなるので、BMI は本来の値より大きくなりやすい
	体重	● 体重減少は、低栄養の重要なサイン ● 6 か月で 2 〜 3kg 以上または 3% 以上の体重減少がある場合は低栄養の危険がある
	腹囲	● メタボリックシンドロームの診断に使われる ● 男性では 85cm 以上、女性では 90cm 以上が腹部型の肥満とされる
総たんぱく、アルブミン		● 血清中に含まれるたんぱく質の総量を、血清総たんぱくといい、その主成分はアルブミンで、肝臓で合成される ● 血清アルブミンは、高齢者の長期にわたる栄養状態をみるための指標として最も有用 ● 血清アルブミンが 3.6g/dL 以下の状態では、骨格筋の消耗が始まっている可能性がある
肝機能		● AST（GOT）、ALT（GPT）は、肝・胆道疾患の指標となる検査値 ● AST（GOT）は、肝臓以外に心臓、筋肉などの疾患や溶血性疾患で上昇する ● γ-GTP は、脂肪肝やアルコール性肝炎などで上昇する
血算		● 血算は、赤血球、白血球、血小板の検査値。貧血や炎症の判定などに用いられる
	赤血球 赤血球数	● 血液 1μL 中の赤血球の数
	ヘモグロビン濃度	● 血液 1dL 中の血色素のグラム数
	ヘマトクリット	● 血液中の赤血球数の容積の割合をパーセントで示した値
		● ヘマトクリットとヘモグロビンの減り方が激しい場合は、鉄欠乏性貧血の可能性がある
	白血球	● 白血球数は細菌感染や炎症で高値になる ● 喫煙、副腎皮質ステロイド投与、ストレス、悪性腫瘍、白血病などで高値になる ● 低値の場合は、ウイルス感染症や再生不良性貧血なども考えられる
	血小板	● 血小板数も炎症で高値になることがある ● 血小板が低下する場合は、薬剤性肝硬変、播種性血管内凝固症候群（DIC）などが考えられる

血糖、HbA1c	血糖	● 空腹時の血糖が 110mg/dL 以上で耐糖能低下、126mg/dL 以上で糖尿病と診断される ● 食後血糖値では、140mg/dL 以上で耐糖能低下、200mg/dL 以上で糖尿病と診断される
	HbA1c	● 糖化ヘモグロビン（HbA1c）は、糖がヘモグロビンと結合している割合で、過去 1 〜 2 か月の平均的な血糖レベルを反映している
腎機能	クレアチニン（Cr）	● 筋肉内のクレアチニンの異化によって生じ、腎臓からのみ排泄されるため、腎機能が悪くなると高値になる
	血中尿素窒素（BUN）	● 腎機能が悪くなると高値になる ● BUN は脱水、高たんぱく食、消化管出血、悪性腫瘍や高熱などの消耗性疾患の場合も高くなる
	BUN ／ Cr 比	● BUN とクレアチニンとの比率 ● 脱水の診断の指標（比率が 10 以上の場合は脱水の可能性がある）
CRP		● C 反応性たんぱく質（CRP）は、感染症などの炎症性疾患における炎症の程度を判定する検査値 ● 感染症以外に、悪性腫瘍、膠原病、梗塞、組織崩壊などでも高値になる
血清脂質		● 血液から赤血球や白血球などの血球成分を取り除いたものを血清と呼び、その血清に含まれる脂肪が血清脂質という ● 血清脂質はコレステロール・中性脂肪・リン脂質・遊離脂肪酸などからなる
電解質		● 電解質は細胞の生命維持に必須で、血清濃度は一定に保たれている ● 血清ナトリウム（Na）、カリウム（K）、クロール（Cl）の濃度を知ることが重要 ● 高カリウム血症は、心室細動などの致死性不整脈の誘因ともなり注意が必要
心電図		● 心電図は不整脈、心筋梗塞、狭心症などの診断に不可欠な検査で、心臓の収縮・拡張の状態、冠状動脈の血流、心筋の異常、カルシウム（Ca）やカリウム（K）などの電解質の異常の判定が可能 ● 不整脈がある場合や狭心症が疑われる場合は、24 時間心電図（ホルター心電図）の検査も行われる
X 線検査		● 胸部 X 線検査は肺気腫等の慢性閉塞性肺疾患（COPD）などの呼吸器疾患、心不全による心拡大や胸水の貯留など心疾患の診断に有用な検査 ● 頭部 CT 検査は、脳血管障害、頭部外傷などの診断に使われる
検尿		● 尿検査は、尿糖や尿たんぱくの検出に使われ、糖尿病や腎臓病のスクリーニング検査、尿路感染症などの診断に重要
尿酸		● 肥満、飲酒、プリン体を多く含む食品の摂取などの生活習慣の乱れなどで、尿酸値は高値になりやすい

高齢者に多い疾患

脳・神経の疾患

脳卒中	● 脳卒中は、脳の血管が詰まったり、切れたり、破裂したりすることにより、意識障害、麻痺、失語など、さまざまな症状が起こる		
	脳梗塞	心原性脳塞栓症	● 心臓などでできた血のかたまりが流れて血管を塞ぐ
		アテローム血栓性脳梗塞	● 動脈硬化により脳の動脈が狭くなることや血栓が原因で血管が詰まる
		ラクナ梗塞	● 1.5mm 未満の細い血管が詰まる
	脳出血		● 脳の中の細い血管が破れて出血する
	くも膜下出血		● 脳の表面の血管にできたコブ（動脈瘤）が破れてくも膜の下に出血する
筋萎縮性側索硬化症（ALS）	● 原因が不明で徐々に全身の骨格筋が萎縮して、四肢の筋力低下による運動や歩行などの生活機能低下、嚥下障害、言語障害などを生じる ● 眼球運動、肛門括約筋、知能、意識は末期までよく保たれている		
脊髄小脳変性症	● 脊髄と小脳に変性をきたし、小脳性運動失調を主症状とする原因不明の神経変性疾患 ● 自律神経症状やパーキンソン症状を伴うこともある		
	小脳性運動失調		● 言葉のろれつが回らない、上肢の運動が拙劣になる、動作時に上肢がふるえる、歩行がふらつき動揺するなど
パーキンソン病関連疾患	パーキンソン病		● 脳の黒質の神経細胞が変性、消失することにより、①身体の震え（振戦）、②筋の硬さ（固縮）、③動作の遅さ、拙劣（無動）、④姿勢・歩行障害を四大運動症状とする神経変性疾患 ● 進行すると、うつ状態や認知症などの精神症状や、自律神経症状が出現する
		治療	● 薬物療法が基本。進行して薬が効きにくくなれば定位脳手術をすることもある ● ドパミン神経伝達を改善する薬として、L-ドパがある
	進行性核上性麻痺		● 黒質を含む脳の基底核を中心に脳幹、小脳、前頭葉など広範囲に進行性の変性をきたす疾患 ● パーキンソン病に比べ、症状の左右差が目立たず、筋固縮は体幹により強く、姿勢反射異常や眼球運動障害により視野が狭くなるため、初期から転倒しやすいのが特徴
	大脳皮質基底核変性症		● 黒質を含む基底核や大脳皮質に異常をきたす進行性の疾患 ● 脳の画像や診察所見でも左右差がみられやすく、固縮、無動などパーキンソン症状とともに進行性の非対称性失行がみられる
早老症	● 年齢に比べて老化現象が身体全般、あるいは特定の臓器に特異的に促進する病態 ● 頭髪の変化（禿頭、白髪化）や生殖機能の低下、糖尿病、骨粗鬆症、白内障、悪性腫瘍など高齢者に多く認められる疾患が若年時より発症しやすい		
	ウェルナー症候群		● 70% が日本人で、日本で多く診断されている常染色体劣性の遺伝性早老症

骨・関節の疾患

膝関節症			● 変形性関節症は最も多い関節疾患で、65 歳以上の高齢者に多く発症する（膝関節が最も多く、女性に多い） ● 関節軟骨の加齢による変形に、肥満や ○ 脚などによる負担が加わって発症する
関節リウマチ			● 原因不明の全身における免疫異常であり、サイトカインと呼ばれる全身の攻撃物質が、標的として関節の表面の滑膜を侵し、滑膜炎を起こすことによりさまざまな症状を起こす疾患
	関節腫脹		● 多くは単一ではなく多発性で左右対称に出現する ● はじめは手指、手関節、肘などに多く、膝、股、肩関節などに拡大していく ● 手指では第 1 関節が腫れることはまれで、第 2 関節が腫れる
	朝のこわばり		● 朝起床時に、指の関節がこわばるため、屈曲が難しくなる。持続時間が長く 1 時間以上続くのが特徴
	関節の変形		● 炎症による骨破壊が進むと、関節の変形が認められ、手、肘、肩、股、膝関節の変形拘縮が起きる
	頸椎破壊		● 頸部痛が多く、進行すると頸部の関節が不安定となり、しびれなどの神経症状が起きる
脊柱管狭窄症			● 主に腰部において脊柱管、神経根管、椎間孔における狭窄が起きるため、脊髄などが圧迫されることで症状をきたす ● 原因となる疾患では変形性脊椎症が最も多く、椎間板の突出などでも発生する
	症状		● 主な症状として腰痛、下肢痛、しびれがみられる ● 特徴的な症状として、間欠性跛行（歩くと痛むが、立ち止まると痛みが軽減）がある
後縦靭帯骨化症			● 脊椎推体の後面を上下に走る後縦靭帯の骨化により、脊髄の通り道である脊柱管が狭くなり、神経が圧迫されて知覚障害や運動障害が起こる ● 日本人の 3% 程度に発症し、男性に多い
	症状		● 神経の圧迫部位により、頸部痛、上下肢のしびれや痛み、感覚鈍麻、手指巧緻性障害、膀胱直腸障害などを発症する
骨粗鬆症			● 低骨量と骨組織の微細構造の異常を特徴とし、骨の脆弱性が増大し、骨折の危険性が増大する疾患 ● 女性に多く、年齢とともに頻度が増加する。約 1,280 万人の患者がいると推計されている
大腿骨頸部骨折			● 高齢者の骨折は、大腿骨頸部骨折、胸腰椎圧迫骨折、橈骨遠位端骨折、肋骨骨折が多い ● 高齢者の大腿骨頸部骨折は、発症によって ADL が大きく低下してしまう可能性が高い ● 治療には、人工骨頭置換術などの手術を行う

循環器の疾患

心筋梗塞		● 冠動脈の動脈硬化病変の粥腫（じゅくしゅ）が破綻することにより、血管を閉塞して、心筋が壊死し、心臓のポンプ機能が低下する病態 ● 自覚症状は、長引く前胸部の痛み、締めつけ感が典型的。呼吸困難、左肩から頸部の鈍痛、意識障害などを自覚することもある ● 高齢者では自覚症状が非特異的なため、発見や診断が遅れることが多く注意が必要
	治療	● 診断は心電図、心臓超音波検査、血液生化学検査などで行われる ● ADL がある程度保たれている場合は、発症後短時間であれば閉塞冠動脈の再疎通療法の適応であり、迅速な対応を要する
狭心症		● 冠動脈の狭窄により、心筋が必要とする酸素（血流）需要に対して供給が不足する病態
	労作性狭心症	● 労作、運動時の心拍数の増加とともに起こる ● 階段昇降など運動時の前胸部の圧迫感が特徴
	異型狭心症	● 冠動脈が攣縮（れんしゅく）（痙攣性の収縮）して起こる ● 労作の有無によらず、夜間・未明・睡眠中の前胸部の圧迫感が特徴
高血圧症		● 高血圧症は、70 歳以上の約 7 割が罹患しており、脳卒中、冠動脈疾患の原因となる ● 自覚症状は、動悸、頭痛、頭重感、ほてりなどがあるが、大半は自覚症状がない ● 成人の降圧目標は 130/80mmHg 未満。高齢者の降圧目標は、140/90mmHg 未満
	二次性高血圧症	● 何らかの原因がはっきりしていて起こるもの
	本態性高血圧症	● 直接の原因がはっきりしないもので、高血圧症の大半を占める
心不全		● さまざまな原因により、心臓のポンプ機能が低下し、臓器が必要とする血液を十分に送り出せない状態 ● 心不全の原因疾患は、心筋梗塞、弁膜症、不整脈、高血圧性の心肥大などがある ● 主な症状は、呼吸困難、浮腫、尿量低下等で、高齢者の場合は、活動性の低下、認知症の症状などとして出現し見過ごされやすい ● 心不全による呼吸困難時は、起座位にすると症状が改善することがある
不整脈		● 脈拍のリズムが乱れること。高齢者は、生理的に不整脈の頻度が増加する ● 心房細動では、心内血栓が形成されやすく、心原性脳塞栓により、脳梗塞をきたすことが多い ● 徐脈性不整脈に対しては、ペースメーカーの植え込み術が年齢を問わず検討される
閉塞性動脈硬化症		● 動脈硬化を基礎に血管が狭窄、閉塞し十分な血液が末梢へ送れなくなる病態 ● 頻度が多いのは、腸骨、大腿動脈に起因する下肢の虚血で、歩行時の下肢痛や間欠性跛行（歩くと痛むが、立ち止まると痛みが軽減）で自覚する

第 3 章　保健医療サービス分野

199

消化器の疾患

胃潰瘍・十二指腸潰瘍	● 胃酸や消化液のはたらきにより、胃や十二指腸の壁の一部が欠損した状態（潰瘍）をいう ● ピロリ菌感染が潰瘍の原因となることもある ● 主な症状は上腹部の痛み ● 一般に胃潰瘍では食後に痛みが悪化し、十二指腸潰瘍では空腹時に痛みが悪化
胆石症・胆嚢炎	● 胆嚢や胆管に生じた石状のものを胆石といい、胆嚢内にある胆石を胆嚢結石、胆管内にある胆石を胆管結石という ● 胆嚢結石は、無症状のこともあるが、食事により胆汁の分泌が増えるとみぞおちに痛みが出現することがある（疝痛発作）

肝炎

肝炎		● 肝炎はさまざまな原因で肝臓に炎症が生じた状態をいい、急性肝炎と慢性肝炎がある
	急性肝炎	● 急性肝炎の原因として、A 型肝炎、E 型肝炎、自己免疫疾患などがある ● 特に、急速に進行するものを劇症肝炎と呼び、肝不全、肝性脳症、黄疸なども出現する
	慢性肝炎	● 慢性肝炎の原因として、B 型肝炎、C 型肝炎が最も多く、ほかにアルコール性肝炎などがある

肝硬変	● 肝炎が持続して、肝細胞が壊れていき、肝臓全体で線維化が起こった状態 ● 肝硬変が進行すると、肝不全となり、食欲不振、全身倦怠感、黄疸などの症状が出現する ● 肝臓のたんぱく質合成能が低下し、血液中のアルブミンが低下し、むくみや腹水が出現する ● 肝硬変における腹水の貯留の評価には、腹囲や体重の測定が役立つ
潰瘍性大腸炎	● 直腸から連続的に大腸粘膜の炎症が生じ、大腸全体で潰瘍を起こす原因不明の難病

腎臓・尿路の疾患

腎不全		● 急性腎不全、慢性腎不全の急性増悪、慢性腎不全に分けられる
	慢性腎不全	● 慢性腎不全では、糖尿病性腎症、慢性糸球体炎等が原因となることが多い ● 症状として、全身倦怠感、動悸、頭痛、浮腫、多尿・乏尿など ● 腎不全の進行を抑え自覚症状を改善することが治療の中心となり、いかに透析開始を遅らせるかが重要 ● 腎不全の進行を抑えるため、食事の管理（水分、たんぱく質の制限など）、電解質の管理（カリウムの制限など）、高血圧の管理などを行う

前立腺肥大症	● 男性のみにみられる疾患で、高齢者に多い。主症状として、排尿障害がある ● 初期症状として頻尿がある
尿路感染症	● 腎臓から尿道までの尿路に感染が起きた状態 ● 頻尿、残尿感、排尿痛がみられる ● 血尿、尿失禁、腰痛、下腹部不快感が生じることもある

がん

がん		● 若年者と比較して、高齢者のがんは質的に差はないとされているが、頻度は増加し、多発がんの頻度も上昇する ● 臓器別頻度は、胃がん、肺がん、大腸がんが高確率だが、胃がんは最近減少傾向にあり、肺がん、大腸がんが増加傾向にある ● 症状は、臓器によりその特徴は異なるが、終末期には臓器を問わず全身倦怠感、食欲不振、痛みなどが多くみられるようになる
	治療	● がんの治療は手術療法、化学療法、放射線療法に大別される ● 高齢者では身体機能の個人差が大きいため、外科手術のような侵襲性の高い治療を行う場合は慎重に選択する必要がある

代謝異常による疾患

糖尿病			● 糖尿病はインスリンが絶対的に欠乏している1型糖尿病、インスリン抵抗性が増大するなどインスリン作用の相対的な不足が生じている2型糖尿病に大きく分けられる ● 症状として、口渇、多飲、多尿などがあるが、高齢者では若年者に比べてこれらの症状を呈さないことが多い
	主な類型	1型糖尿病	● 若年者に多く、発症が急激で進行が早い。やせ型が多い
		2型糖尿病	● 中年以降に発症が多く、進行は遅く、肥満を伴うことが多い ● 糖尿病の9割以上が2型糖尿病だといわれている
	合併症	細小血管症	● 細小血管の病変により起こり、三大合併症である網膜症、腎症、神経障害が代表的
		大血管症	● 糖尿病は動脈硬化性疾患の危険因子の1つで、狭心症や心筋梗塞、脳梗塞などが起こりやすくなる
脂質異常症			● 血液中の脂質を運ぶリポたんぱく質が過剰、あるいは減少した状態のことで、高LDLコレステロール血症、低HDL血症、高中性脂肪症に分けられる ● 血管の動脈硬化が進行しやすく、狭心症や心筋梗塞、脳梗塞など生命にかかわる病気の原因となる
低ナトリウム血症			● 一般に低ナトリウム血症は、血清ナトリウム濃度が135mEq/L以下となる ● 症状は、嘔気、食欲低下、倦怠感、頭痛、無気力、興奮、見当識障害などから始まり、血清ナトリウム濃度が低くなるにつれて、痙攣や昏睡、呼吸停止、死亡にも至る
		治療	● ナトリウム欠乏の場合、経口摂取、あるいは点滴で塩化ナトリウムを補充する ● 水分過剰の場合、水分制限や利尿薬の投与を行う
熱中症			● 熱中症は、「暑熱環境における身体適応の障害によって起こる状態の総称」と定義される ● 症状は、めまいや失神、筋肉の硬直、多量の発汗後の無汗、頭痛、嘔気、倦怠感、高体温などがある

呼吸器の疾患

慢性閉塞性肺疾患 （COPD）	● 肺気腫と慢性気管支炎の両者を総称して、慢性閉塞性肺疾患という ● 肺胞の破壊や気道炎症が起き、緩徐進行性および不可逆的に息切れが生じる	
	治療	● 禁煙が治療の基本 ● 薬物療法は、吸入の気管支拡張薬や吸入ステロイド薬が使用される ● 呼吸法として、口すぼめ呼吸や腹式呼吸がある ● 低酸素血症が進行し、ADLが低下した場合は在宅酸素療法が導入される
気管支喘息	● 気管支に炎症が生じ、気道が狭くなる病気 ● 中年あるいは高齢になって初めて喘息になる人も多い ● 感染型の喘息は秋から冬にかけて悪化することが多い	
肺炎	● 主に細菌やウイルスの感染によって起こる疾患。肺炎による死亡者の95％以上が高齢者	
	誤嚥性肺炎	● 加齢に伴い、唾液分泌量の低下や、口腔・咽頭分泌物の繰り返される誤嚥を契機に発症する肺炎 ● 脱水の管理や口腔ケアにも注意を払うことが重要
肺結核	● 結核菌による肺の感染症 ● 高齢者の肺結核は、結核既感染率が高く、細胞性免疫低下により既感染者が発病することが多い	

皮膚の疾患

疥癬	● ヒゼンダニが皮膚の表面の角層に寄生して起こる病気 ● 疥癬には、普通の疥癬とノルウェー疥癬（角化型疥癬）がある ● ノルウェー疥癬は感染力が非常に強いため、一定期間の個室管理が必要
薬疹	● 体内に投与された薬剤へのアレルギーによる発疹 ● 薬疹にはさまざまな症状があり、薬剤服用後約1〜2週間で起こることが多い
白癬	● カビの一種である白癬菌が皮膚に感染することによって起こる ● 足にできる白癬は、俗に水虫ともよばれる。爪に感染すると白く濁って厚くなる ● 爪白癬では、抗真菌薬の内服投与が治療の基本となる
カンジダ症	● カンジダは、健常者の皮膚に常在するカビの一種 ● オムツの中などの湿った環境を好み、免疫不全などの要因が加わると増殖して症状を起こす
皮脂欠乏症・皮膚掻痒症・湿疹	● 脂漏性湿疹では、患部を清潔に保つほか、抗真菌薬、保湿剤、ビタミン薬などが使用される ● 皮膚掻痒症は、冬季に起こることが多い ● 老化に伴う乾燥した皮膚には、かゆみが出現し、さらに皮脂欠乏性湿疹が生じることがある
帯状疱疹	● 水痘・帯状疱疹ウイルスの再活性化によって起こるウイルス性の疾患 ● 小児期に水痘にかかったときから潜伏しているウイルスに対する免疫能が低下してきて、2回目に出現すると帯状疱疹として発症する ● 通常、身体の半分（右側か左側）にできる痛みを伴う水痘がみられる。顔や四肢にできることもしばしばあり、小さな水ぶくれが集まるようにできることが特徴

目の疾患

白内障	● 水晶体の混濁により視力低下をきたす疾患で、加齢が原因で生じることが多い。70 歳代以上では 90% 以上、90 歳以上では 100% が白内障とされている ● 紫外線、喫煙、ステロイド全身投与などが代表的な危険因子。世界的には失明の最大原因疾患となっている
緑内障	● 主に房水の流れが阻害されることで眼圧が上昇し、視神経が障害されて起こる ● 日本では眼圧が正常でも同様の視神経障害が起こることが多く、これを正常眼圧緑内障という ● 失明原因の第 1 位を占めており、40 歳以上の緑内障の有病率は 5.78% と報告されている
加齢黄斑変性症	● 滲出型は、網膜色素上皮の加齢変化により網膜色素上皮の機能低下が生じ、これに伴って黄斑を中心とした部位に出血や滲出が生じる ● 早期の症状として、視野の中心部にゆがみを自覚することが多く、さらに変性が進行すると中心部が見えなくなり（中心暗点）、視力の低下が起きる

耳鼻の疾患

難聴		● 65 歳以上の 25 ～ 40% が有しており、75 歳以上ではさらに有病率が上がる ● 外耳と中耳の病気が原因で起きる伝音性難聴と、内耳から神経、脳の病気が原因で起きる感音性難聴、両者が混じった混合性難聴がある
	伝音性難聴	● 耳垢塞栓、中耳炎などが原因で起こる ● 耳垢塞栓では、耳垢の除去、急性中耳炎では抗菌薬の投与や鼓膜切開、排膿を行う
	感音性難聴	● 加齢性難聴、メニエール病、騒音性難聴、突発性難聴などが原因で起こる ● 加齢性難聴に対する根本的治療はなく、補聴器や人工内耳手術を行わなければ聞こえそのものはよくならない
めまい・ふらつき		● めまいやふらつきは、耳や脳、また、全身の疾患によりバランスを保つ機能に障害が起きたときに生じる ● 自分や周りが回っているように感じられる回転性めまいや、ふわふわする浮動性めまいなどがある
	耳から生じるめまい	● 良性発作性頭位めまい症、メニエール病、前庭神経炎、突発性難聴、聴神経腫瘍など
	脳から生じるめまい	● てんかん、脳卒中、椎骨脳底動脈循環不全など

認知症

認知症の定義と原因疾患

認知症の定義 （介護保険法第5条の2 第1項）	● アルツハイマー病その他の神経変性疾患、脳血管疾患その他の疾患により日常生活に支障が生じる程度にまで認知機能が低下した状態として政令で定める状態をいう		
アルツハイマー型 認知症	● 老化に伴ってβたんぱくの異常蓄積（老人斑）を生じることで引き起こされる ● 健忘が初期症状であり、主症状。エピソード記憶の障害が中心で、近時記憶の障害が著しくなる		
血管性認知症	● 脳梗塞や脳出血などが原因で引き起こされる認知症 ● 脳の動脈硬化が徐々に進行することと、加齢に伴ってアルツハイマー病の病変が加わることなどから、徐々に進行することが多い		
レビー小体型認知症	● αシヌクレインというたんぱく質が、脳だけでなく末梢神経などを含めて広く異常沈着する ● リアルな幻視やパーキンソン症状などが特徴的 ● 自律神経症状として起立性低血圧（立ちくらみ）や失神による転倒、便秘などが高率にみられる		
前頭側頭型認知症	● 脳の前頭葉や側頭葉に限局性の萎縮がみられる ● 主に前頭葉が萎縮するタイプは、独特の行動障害（脱抑制、易怒性などの前頭葉症状）を示し、行動障害型前頭側頭型認知症といわれる ● 主に側頭葉が萎縮するタイプは、物品の名前が出てこないため（語義失語、意味記憶障害）、意味性認知症といわれる		
治療可能な認知症	正常圧水頭症	● 1日に500mlほど脳室でつくられる脳脊髄液の出口が詰まると、脳の周囲や脳室内に脳脊髄液が貯留し、認知機能が低下する ● ボーッとして反応が鈍い認知機能障害、すり足で小股に歩く歩行障害、尿失禁が三大症状 ● MRI（磁気共鳴画像診断）で特徴的な所見がみられる	
		治療	● 腰椎穿刺で、脳脊髄液を30ml抜いてみるタップテストで症状が改善すれば、シャント手術（余分な脳脊髄液を腹腔に流す）を行う
	慢性硬膜下血腫	● 頭部外傷により硬膜下に小さな出血を生じ、それが1〜3か月かけて徐々に増大して大きな血腫となり、脳を圧迫するため、意識障害、認知機能低下、歩行障害などの症状が出現する	
		治療	● 手術で血腫を取り除けば、数か月以内に元の認知機能レベルに戻るので、見逃さないことが大切
	若年性認知症	● 若年性認知症は、65歳未満で発症する認知症（医学的には40〜65歳は初老期認知症） ● 全国で、3万7,800人（2021（令和3）年）という報告がある ● 罹患率は、男性のほうが高く、アルツハイマー型認知症が最も多い	

認知症と区別すべき状態

MCI （軽度認知障害）	● 健常者に比べて、いずれかの認知機能が以前よりも低下しているが、生活管理能力が保たれていて認知症とはいえない状態 ● 年間に約1割がMCIから認知症に移行するので、MCIは認知症予備軍ととらえられている
せん妄	● せん妄は、意識障害であり、認知症（意識障害ではない）と区別する必要がある
うつ	● うつ状態が続くと認知症と診断されてしまうことがある（仮性認知症） ● うつは、見当識（日時や場所、人物などの状況判断）は保たれているので、認知症と異なる
アパシー	● 認知症にはアパシー（意欲や自発性低下）が高頻度にみられる ● アパシーはうつと異なり、本人はつらい気持ち（悲観的）ではなく、困っていない

認知症の評価

質問式	長谷川式認知症スケール（HDS-R）	● 認知症の高齢者をスクリーニングする目的で考案された質問式スケールで、高齢者のおおよその認知症の有無とその程度を判定する。検査時間は約10分で、30点満点で20点以下を認知症としている
	MMSE（ミニメンタルステート検査）	● 認知症の簡易検査法。国際的に使用されている質問式スケール。検査時間は約10分で、30点満点で23点以下を認知症疑いとしている
観察式	CDR（臨床認知症評価尺度）	● 記憶、見当識、判断力と問題解決、社会適応等6項目の段階を評価して認知症の程度を5段階に評価する
	FAST（アルツハイマー病の機能評価ステージ）	● アルツハイマー型認知症の重症度を評価 ● 生活機能の面から分類した評価尺度で、認知症の程度を7段階に評価する
	DASC 21（ダスク21）	● 認知機能障害と生活機能障害（社会生活の障害）に関連する行動の変化を評価する尺度で、介護職員等でも実施できる21の質問からなる

認知症の症状

中核症状		● 脳がダメージを受けたことに直接起因する症状で、記憶障害、見当識障害、遂行機能障害、注意障害、失行、失認、他者の気持ちを理解できないなどの社会脳の障害などがある
BPSD（行動・心理症状）		● 脳のダメージだけではなく、生い立ちや職歴などの個人因子や住環境やケアの状況などの環境因子の影響を強く受ける症状で、心理症状や行動障害などがある
	心理症状	● 不安感、強迫症状、抑うつ、幻覚、妄想など
	行動障害	● 徘徊、攻撃的な言動、ケアへの抵抗、昼夜逆転、異食など

認知症の治療

薬物療法	アセチルコリンを増やす薬剤	● ドネペジル（アリセプト®：軽～重度）、ガランタミン（レミニール®：軽～中度）、リバスチグミン（イクセロンパッチ®、リバスタッチパッチ®：軽～中度）
	グルタミン酸受容体にはたらく薬剤	● メマンチン（メマリー®）
	アミロイドβの沈着を抑制	● レカネマブ（レケンビ®）（2023年12月保険適用）
	漢方薬	● 抑肝散：興奮性のBPSDに対して効果がある
非薬物療法	● 現実見当識練習（リアリティ・オリエンテーション）、回想法、音楽療法、認知刺激療法、認知練習、アロマセラピー、絵画療法、園芸療法など	
	現実見当識練習	● 日付、季節、場所、名前などの見当識にかかわる情報を、さりげなく何度も伝えることで見当識を高める
	回想法	● 古い道具や写真などを題材に、認知症の人が輝いていた時代のことを思い出して会話することで、過去を回想して自信を取り戻す

認知症のケア

パーソン・センタード・ケア	● イギリスのトム・キットウッド（T.Kitwood）により提唱されたケアの理念 ● パーソン・センタード・ケア（PCC）の理念は、認知症になってもその人らしく生き生きと生活できるように個別ケアをすること
認知症ケアマッピング	● 認知症ケアマッピングは、パーソン・センタード・ケア（PCC）の理念に基づいている ● 認知症の人の状態をトレーニングを受けた評価者（マッパー）が評価し、その評価結果をもとにして、介護者と評価者がよりよいケアについて、議論して、ケアの質を改善していく
ユマニチュード	● フランス人の元体育教師のイブ・ジネスト（Y.Gineste）らが、医療・介護施設での経験をもとに150を超えるケア技法を生み出して体系化したもの ● 「見る」「話す」「触れる」「立つ」を4つの柱とし、知覚・感情・言語による包括的コミュニケーションに基づいたケアの技法
バリデーション	● アメリカのソーシャルワーカーのナオミ・フェイル（N.Feil）が開発した認知症の人とのコミュニケーション技法 ● BPSDにも「意味がある」ととらえ、本人の思いを理解し、共感的態度で接することでBPSDを鎮静化する

認知症施策推進大綱

	基本的な考え方	● 認知症の発症を遅らせ、認知症になっても希望をもって日常生活を過ごせる社会を目指し、認知症の人や家族の視点を重視しながら、「共生」と「予防」を車の両輪として施策を推進していく
	対象期間	● 団塊の世代が75歳以上となる2025（令和7）年まで
5つの柱	普及啓発・本人発信支援	● 自治体における、事前に本人の意思表明を確認する取り組みの実施率50% ● 市町村における「認知症ケアパス」作成率100%　など
	予防	● 介護予防に資する通いの場への参加率を8%程度に高める ● 成人の週1回以上のスポーツ実施率を65%程度に高める　など
	医療・ケア・介護サービス・介護者への支援	● 認知症初期集中支援チームにおける訪問実人数全国で年間4万件 ● 医療従事者等の認知症対応能力向上の促進　など
	認知症バリアフリーの推進等	● 全国各地での自動運転移動サービスの実現 ● 高齢者人口に対する高齢者向け住宅の割合4%　など
	研究開発・産業促進・国際展開	● 認知機能低下抑制のための技術・サービス・機器等の評価指標の確立　など

主な専門的支援とサポート

専門的支援	認知症疾患医療センター	● 地域の医療提供体制の中核として、認知症の専門医療の提供、地域の保健医療・介護関係者等との連携の推進、人材の育成等を行う
	認知症地域支援推進員	● 市町村や地域包括支援センターに配置され、家族等からの認知症に関する総合相談に応じ、コーディネーターの役割を担う
	認知症初期集中支援チーム	● 複数の専門職が認知症の人を訪問し、初期の支援を包括的、集中的に行うチーム
	認知症ケアパス	● 認知症発症予防から人生の最終段階まで、認知症の容態に応じ、相談先や、いつ、どこで、どのような医療・介護サービスを受ければいいのか、これらの流れをあらかじめ標準的に示したもの
サポート	認知症カフェ（オレンジカフェ）	● 認知症の人と家族、地域住民、専門職等の誰もが参加でき、集う場
	認知症サポーター	● 認知症について正しく理解し、認知症の人や家族を見守り、支援する応援者 ● キャラバン・メイト（講師）から地域住民などが認知症サポーター養成研修を受講
	チームオレンジ	● ステップアップ講座を受講した認知症サポーター等が支援チームをつくり、認知症の人やその家族の支援ニーズにあった具体的な支援につなげる仕組み
	若年性認知症支援コーディネーター	● 若年性認知症の人やその家族、企業等からの相談支援、市町村や関係機関とのネットワークの構築、若年性認知症の理解の普及などを行う
	SOSネットワーク	● 認知症のSOSネットワークは、警察だけでなく、介護事業者や地域の生活関連団体等が捜索に協力して、行方不明者を発見する仕組み

精神障害

せん妄	● 意識障害の一種で軽度の意識混濁に加えて、錯覚、幻覚、それらに基づく妄想、興奮を伴う状態 ● 高齢者では、脳の器質疾患（脳血管障害、認知症疾患など）の際に発症することが多い ● 心疾患、感染症、脱水、骨折、手術、薬剤の副作用などが原因で生じる場合がある	
	症状	● 夜間にみられることが多い（夜間せん妄） ● 通常2〜3日から1週間程度で改善するが、長期間持続することもある ● 幻覚の中でも幻視が多い
老年期うつ病	● うつ病は、これという理由なしに、深い、心の底からにじみ出るような憂うつ感、悲哀感が起こり、全身倦怠感、違和感を伴い、自発性を失う疾患 ● 老年期うつの発症要因としては、女性ホルモン・脳内神経伝達物質の異常、脳の血流障害、身体疾患、喪失体験、孤独、病前の性格などがあげられ、遺伝の関与は少ないとされている	
	症状	● 老年期のうつ病では、特に心気的な訴えが多くなり、めまい、しびれ、排尿障害、便秘などの自律神経症状が目立つ。気分の落ち込みよりも、不安、緊張、焦燥が目立つ
統合失調症	● 一生のうちに統合失調症にかかる割合は、およそ100人に1人とされている ● 統合失調症の大半は思春期から中年期以前に発症し、40歳以降に発症することはまれである ● 40歳以降に発症した場合は、遅発性統合失調症と呼んで区別する ● 加齢に伴い、寛解（症状の軽減）、欠陥治癒（心的エネルギーが低い状態で安定）、認知症化とさまざまな経過をたどる	
	陽性症状	● 幻聴、妄想、滅裂思考、緊張病症状（興奮と無動）、奇異な行動など
	陰性症状	● 感情鈍麻、無気力、自発性の低下、自閉など
妄想性障害	● 高齢者にみられる人格と感情反応がよく保たれ、体系化された妄想を遅発パラフレニーと呼ぶ ● パラフレニーとは情緒面の障害はほとんどないが、著しい妄想を主症状とする精神病 ● 遅発パラフレニーは、女性、未婚、高齢、独居または社会的孤立、難聴、統合失調症または妄想的な人格傾向が特徴とされている	
アルコール依存症	● 老年期のアルコール依存症は、①若年期に発症し老年期まで持続した若年発症型と、②若年期には飲酒問題がなく、老年期になって初めて発症した老年発症型に分けられる ● 高齢者のアルコール依存症は、離脱症状が遷延しやすい、糖尿病や高血圧などの身体合併症が高率に出現、認知症やうつ病を合併する割合が高いという特徴がある	
	若年発症型	● ほとんどが男性で、アルコール依存の家族歴や遺伝負因を有し、教育水準が低く、性格的な偏りを認める
	老年発症型	● 家族歴や遺伝負因はなく、教育水準は高く、雇用や経済状況も安定していたが、身体的老化と喪失体験や社会的孤立などの環境変化によって発症する

感染症

感染症	● 病原微生物が付着し、体内で増殖することを感染という ● 感染症を引き起こすのは、病原微生物の数、病原性と人の免疫状態が関係している	
	発症	● 病原菌により、発熱や何らかの症状を生じた状態（病気を発症した状態）
	定着・保菌	● 病原体が体表や定まった場所に定着したまま明らかな症状がない状態であるが、体内で発症しない状態にあること
	感染症を疑うべき症状	● 発熱、嘔吐・下痢、咳、咽頭痛、鼻水、発疹（皮膚の異常）など
呼吸器感染症	● 呼吸器感染症とは、鼻、咽頭、喉頭、気管、気管支、肺、胸膜などの呼吸器に起こる感染症の総称 ● 高齢者に多いのは、肺炎、気管支炎、膿胸、肺結核など ● 口腔ケアは感染の予防に大切 ● 高齢者の肺炎の特徴は、若年者に比べ誤嚥性肺炎が多いこと、また、食欲低下や全身倦怠感などの非特異的な初発症状を呈する場合が多いことがあげられる。38℃以上の高熱をみないこともある ● 誤嚥性肺炎は、口腔咽頭粘膜において繁殖した病原菌を多量に含む喀痰や唾液を、反復して微少吸引することにより、発生する場合がある	
尿路感染症	● 尿路感染症とは、腎盂、尿管、膀胱、尿道などの尿路に起こる感染症の総称 ● 膀胱炎をはじめとする尿路感染症は、高齢者で最も多い感染症の1つ ● 原因として、膀胱留置カテーテルの使用、前立腺肥大症などの通過障害、免疫力の低下などがある ● 主な症状としては、頻尿、排尿時痛、発熱、尿閉などがあげられる	
感染性胃腸炎	● 原因となる病原体には、ノロウイルス、ロタウイルスなどのウイルスのほか、細菌や寄生虫もある。ノロウイルス感染による胃腸炎が多く、毎年秋から冬にかけて流行する	
	ノロウイルス	● ノロウイルス感染における潜伏期間は1～2日で、吐き気、嘔吐、下痢、腹痛が主な症状。予防には接触感染予防策を徹底する

高齢者の予防接種

高齢者の予防接種	● 高齢者は感染症に対する抵抗力が弱く、ワクチン接種によって予防に努める必要がある ● 水痘、麻疹、風疹およびB型肝炎は、ワクチンで予防可能な感染症である ● 高齢者に推奨されているワクチンは、インフルエンザワクチンと肺炎球菌ワクチン	
	インフルエンザワクチン	● 毎年接種することが推奨され、定期接種対象者は、65歳以上の高齢者、または満60歳から64歳で心臓・腎臓・呼吸器・免疫機能障害がある身体障害者1級相当の人
	肺炎球菌ワクチン	● 2014年10月より定期接種の対象となった。定期接種は1回のみ ● 定期接種対象者は、65歳以上の高齢者、または満60歳から64歳で心臓・腎臓・呼吸器・免疫機能障害がある身体障害者1級相当の人

感染症の予防

感染の仕組み		● 感染が起こるプロセスは、「感染成立の連鎖」で表すことができる。6つのうち、どこかの連鎖を断ち切ることで感染を予防できる ● 介護・看護職員は、特に「感染経路」を断ち切ることを意識する必要がある 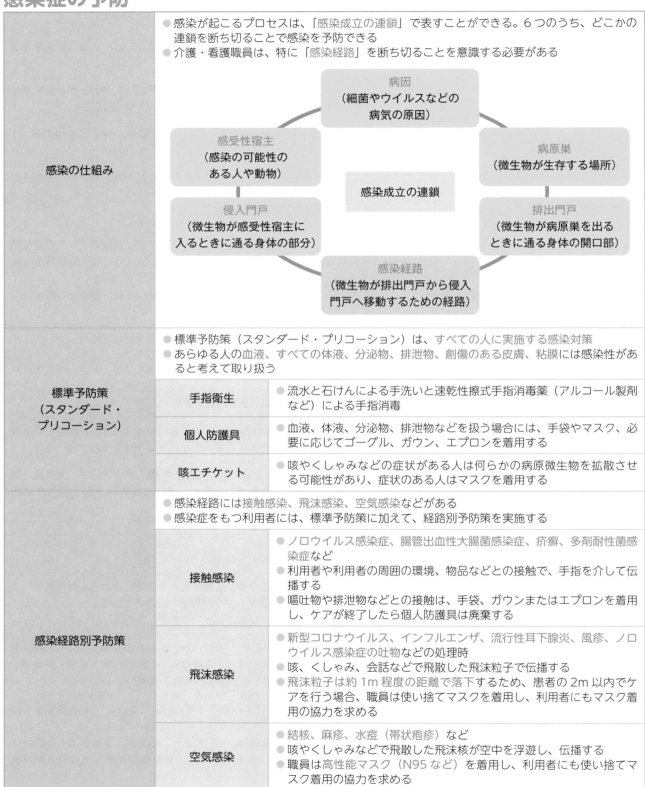
標準予防策 （スタンダード・ プリコーション）		● 標準予防策（スタンダード・プリコーション）は、すべての人に実施する感染対策 ● あらゆる人の血液、すべての体液、分泌物、排泄物、創傷のある皮膚、粘膜には感染性があると考えて取り扱う
	手指衛生	● 流水と石けんによる手洗いと速乾性擦式手指消毒薬（アルコール製剤など）による手指消毒
	個人防護具	● 血液、体液、分泌物、排泄物などを扱う場合には、手袋やマスク、必要に応じてゴーグル、ガウン、エプロンを着用する
	咳エチケット	● 咳やくしゃみなどの症状がある人は何らかの病原微生物を拡散させる可能性があり、症状のある人はマスクを着用する
感染経路別予防策		● 感染経路には接触感染、飛沫感染、空気感染などがある ● 感染症をもつ利用者には、標準予防策に加えて、経路別予防策を実施する
	接触感染	● ノロウイルス感染症、腸管出血性大腸菌感染症、疥癬、多剤耐性菌感染症など ● 利用者や利用者の周囲の環境、物品などとの接触で、手指を介して伝播する ● 嘔吐物や排泄物などとの接触は、手袋、ガウンまたはエプロンを着用し、ケアが終了したら個人防護具は廃棄する
	飛沫感染	● 新型コロナウイルス、インフルエンザ、流行性耳下腺炎、風疹、ノロウイルス感染症の吐物などの処理時 ● 咳、くしゃみ、会話などで飛散した飛沫粒子で伝播する ● 飛沫粒子は約1m程度の距離で落下するため、患者の2m以内でケアを行う場合、職員は使い捨てマスクを着用し、利用者にもマスク着用の協力を求める
	空気感染	● 結核、麻疹、水痘（帯状疱疹）など ● 咳やくしゃみなどで飛散した飛沫核が空中を浮遊し、伝播する ● 職員は高性能マスク（N95など）を着用し、利用者にも使い捨てマスク着用の協力を求める

リハビリテーション

リハビリテーションの流れ

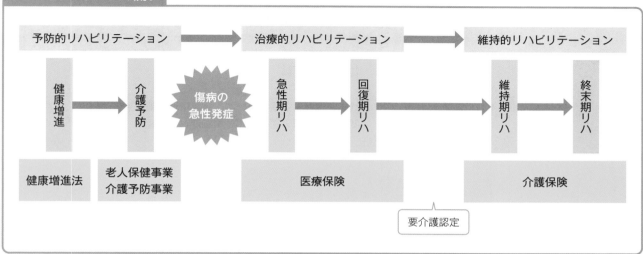

リハビリテーションの定義		● 障害をもった人々が、地域においてもてる能力を最大限に発揮し、人権が尊重され、生き甲斐をもった生活を送れるように、障害者やその家族を中心に共通の目標に向かってチームで援助する活動
リハビリテーションの流れ		● リハビリテーションは、その果たす機能と時期から、予防的リハビリテーション、治療的リハビリテーション（急性期・回復期）、維持的リハビリテーションに分けられる ● 治療的リハビリテーションは医療保険制度の下で、維持的リハビリテーションは介護保険制度の下で提供される
予防的 リハビリテーション		● 虚弱高齢者や要支援1、2の者は、膝痛・腰痛、転倒・骨折、加齢による衰弱などにより心身機能の低下が進み、要介護となるリスクが高く、介護予防の取り組みが重要 ● 障害が固定した維持期においても、不活発な生活に伴う「不動の悪循環」を予防することが、新たな要介護状態の発生や悪化を防ぐうえで重要
	不動の 悪循環	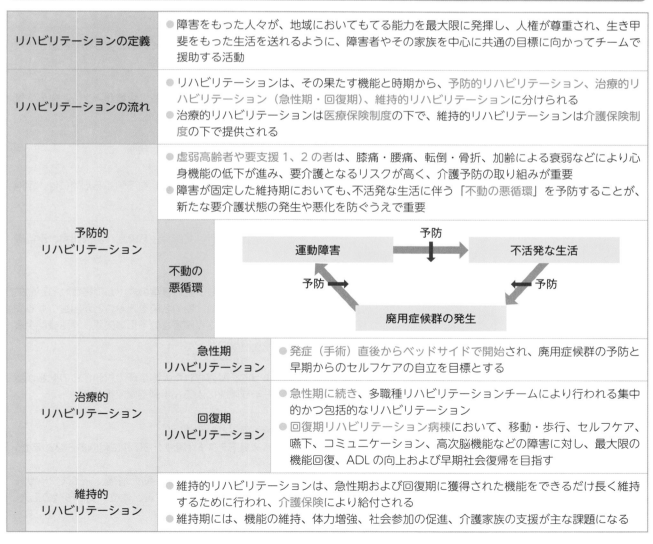
治療的 リハビリテーション	急性期 リハビリテーション	● 発症（手術）直後からベッドサイドで開始され、廃用症候群の予防と早期からのセルフケアの自立を目標とする
	回復期 リハビリテーション	● 急性期に続き、多職種リハビリテーションチームにより行われる集中的かつ包括的なリハビリテーション ● 回復期リハビリテーション病棟において、移動・歩行、セルフケア、嚥下、コミュニケーション、高次脳機能などの障害に対し、最大限の機能回復、ADLの向上および早期社会復帰を目指す
維持的 リハビリテーション		● 維持的リハビリテーションは、急性期および回復期に獲得された機能をできるだけ長く維持するために行われ、介護保険により給付される ● 維持期には、機能の維持、体力増強、社会参加の促進、介護家族の支援が主な課題になる

基本動作、ADL と IADL	基本動作	● ベッドや布団から起き上がって歩くまでの一連の動作のことで、寝返り、起き上がり、座位、立ち上がり、立位、歩行など
	ADL	● 食事、整容、更衣、排泄、入浴、歩行など毎日の生活を送るうえで必要な基本的活動
	IADL	● 炊事・洗濯・掃除、買い物、金銭管理、趣味活動、外出、公共交通機関の利用、車の運転など応用動作と一部の社会活動
廃用症候群		● 使わないことにより心身に起こる負の変化を総称して廃用症候群という
	拘縮	● 関節周囲の皮膚、筋肉、関節包や靱帯の変化により、関節の動く範囲（関節可動域）が制限された状態
	筋力低下	● 臥床が続くと筋力は 1 週間に 20% 低下し、その程度は上肢よりも下肢のほうが大きくなる
	心肺系の廃用	● 臥床が続くと心肺機能が低下し、脈が速くなる、少し動くと息がきれる、疲れやすくなるなどの症状がみられる
	骨粗鬆症	● 臥床が続き骨に対する刺激が減ると、急激に骨量が減少し、痛みや骨折を起こしやすくなる
ロコモティブシンドローム		● 運動器症候群。運動器の障害のために移動機能の低下をきたした状態のこと
エコノミークラス症候群		● 深部静脈血栓症／肺塞栓症（いわゆるエコノミークラス症候群）を予防するためには、定期的に体を動かし、十分に水分を摂るようにする
高次脳機能障害		● 脳の病変によってもたらされる障害で、失語症、失行、失認、注意障害、記憶障害、遂行機能障害、社会的行動障害などが含まれる
	失語症	● 言語中枢の障害によって起こり、主に言葉の表出が障害される運動失語、理解が障害される感覚失語、物の名前を呼ぶことが困難になる失名詞失語、言われたことの復唱が障害される伝導失語、言語機能全般が障害される全失語に分けられる
	半側空間無視	● 大脳半球の障害によって、障害された大脳半球の対側からの刺激が認識できなくなる。右半球障害による左半側空間無視が多い
嚥下障害		● 食物や水分をうまく飲み込めない状態を嚥下障害という ● スクリーニングには水飲みテストや反復唾液嚥下テスト（唾液を 30 秒に何回飲み込めるか）が用いられる ● リハビリテーションは、間接訓練（嚥下関連筋の可動域訓練、筋力増強、アイスマッサージによる嚥下反射の惹起など）、直接訓練（摂食態度・行動の改善、体位・食物形態の工夫、食事介助指導）などを行う

栄養・食生活

高齢者の身体の変化		● 加齢に伴って表れる次のような高齢者特有の身体機能の変化のため、食生活と健康に影響を与える
	口腔の変化	● 高齢になると唾液分泌機能が低下するため、さまざまな要因で口渇が引き起こされやすくなる ● 口渇中枢神経の機能低下のために口渇を自覚していないことが多く、脱水に陥らないように配慮が必要 ● 加齢に伴う口腔の変化としては、口腔粘膜の萎縮、歯槽骨の吸収、咀嚼筋の筋力低下などがある
	味覚の変化	● 味覚感受性は加齢に伴って変化し、特に塩味・甘味における感受性は鈍化していく。また、高齢者は塩味と酸味の区別がつきにくくなる
	消化・吸収機能	● 加齢に伴う身体機能の低下が大きい高齢者でも、小腸における糖質、たんぱく質、脂質の消化・吸収機能は比較的良好に保たれる
	筋組織の減少	● 脂肪組織以外は、女性では閉経後に筋組織の減少量が増え、筋組織の減少が著しくなる。このため安静時エネルギー消費量は減少する
高齢者の低栄養の要因		● 高齢者は、以下のさまざまな要因から日常的な食事摂取量が低下し、エネルギーやたんぱく質が欠乏して低栄養状態に陥りやすい
	社会的要因	● 独居、介護力不足、孤独、貧困、ネグレクトなど
	精神的心理的要因	● 認知機能障害、うつなど
	加齢の関与	● 嗅覚・味覚障害、食欲低下
	疾病要因	● 臓器不全、義歯などの口腔の問題、咀嚼・嚥下障害、薬物の副作用など
栄養と食事のアセスメント		● 栄養アセスメントでは、栄養、食事に関して、次のような主観的・客観的データによって確認する
	身体計測	● 体重は栄養状態を表現している最も重要な指標 ● BMI の変化は、エネルギー収支の結果を知ることができ、やせや肥満の指標に用いられる
	BMI	● BMI = 体重（kg）÷（身長（m）×身長（m）） ● 18.5 未満（やせ・低体重）、18.5 以上 25 未満（標準）、25 以上（肥満）
	上腕周囲長・下腿周囲長	● 上腕や下腿の周囲長は、寝たきりなどで体重測定が難しい場合の低栄養の判定に使われる
	体重減少	● 体重減少はエネルギー代謝やたんぱく質代謝の負のバランスがあることを示している
	褥瘡	● 低栄養は、褥瘡の発生要因の 1 つとなる
	その他	● 食事摂取量、水分摂取量、栄養補給量、服薬状況など

第3章　保健医療サービス分野

213

薬剤管理

薬剤管理指導	● 薬剤管理指導は、薬剤の効果の適切な把握、副作用の未然防止・早期発見等を行い、薬剤の適正使用の推進を目的としたものである
生理的変化と薬の作用	● 加齢に伴うさまざまな生理・生体現象の変化は、薬の生体内での作用に影響を与える
薬の吸収	● 口から飲んだ薬は、胃で溶け、主に十二指腸や小腸から栄養素と同じように吸収される ● 肝臓や腸で代謝を受けた後、血管に入り、全身に送られた後、再び肝臓に運ばれる ● 高齢者は、吸収の過程で吸収が少なくなる薬や、逆に消化管の運動が抑えられることで、吸収が増加するものもある
薬の代謝	● 肝臓に入った薬は、酵素の働きで、作用のない体の外に出しやすい形に変えられる（薬物代謝） ● 代謝を免れた薬が生体に作用する ● 高齢者は、代謝速度が遅くなり、肝臓で代謝される薬の作用の増強を引き起こすことがある
薬の分布	● 肝臓から出た薬は、心臓に運ばれ、心臓から全身に運ばれる。血液中にある薬は、血液中のたんぱく質と結合しているものと、結合していないものがある ● たんぱく質と結合していないものが、薬として作用する ● 高齢者は、血液中のたんぱく質が低下していることが多く、たんぱく質と結合できない薬が増え、作用が強く出すぎることがある
薬の排泄	● 薬は腎臓から尿のなかに排泄されたり、便、汗、涙、唾液からも排泄されるものがある ● 高齢者は、腎機能が低下していることが多く、腎からの薬の排泄が遅くなり、作用が強く出すぎることがある
服用	● 内服薬は、通常は約100mlの水またはぬるま湯で飲む ● 口腔内で溶けるOD（Oral Disintegrant）錠は、口腔内に入れると唾液で速やかに崩壊する製剤である ● カプセルを外したり、錠剤をつぶして服用することは避け、飲みやすい剤形への変更など、医師や薬剤師などに相談する ● 医療用医薬品と健康食品の併用による有害な相互作用の可能性について注意が必要である
服用時間の目安	**食前** ● 胃の中に食べ物が入っていないとき（食事の1時間〜30分前） **食後** ● 胃の中に食べ物が入っているとき（食事の後30分以内） **食間** ● 食事と食事の間（食事の2時間後が目安） **頓服** ● 発作時や頭痛時など、必要時に適宜使用する
保管	● 薬は一般的に直射日光の当たらない湿度の低いところに保管する
服薬管理	● 「お薬手帳」により、処方情報を共有する ● 飲み忘れを防止するためには、「お薬カレンダー」などを利用する ● 症状が消失すると内服を自己判断でやめてしまう場合があるため、内服状況を確認する必要がある

介護技術の展開

食事

食事	● 食事とは、単に食べること（摂食・嚥下）ではなく、食事をするための一連の行為すべてを指す
食事の目的	①排泄、睡眠などと同様に生命および生命活動を維持するために不可欠な基本的（生理的）欲求を満たすこと ②生命維持の基本的（生理的）欲求の充足をもとに、より高次の身体的、心理的、社会的欲求を満たすことを通して、その人がその人らしく生活を維持すること

摂食・嚥下のプロセス	①先行（認知）期	● 飲食物の形や量、質などを認識する
	②準備期	● 飲食物を噛み砕き、飲み込みやすい形状にする
	③口腔期	● 飲食物を口腔から咽頭に送り込む
	④咽頭期	● 飲食物を咽頭から食道に送り込む ● 嚥下反射により、食物が気道に入らないよう気管の入り口が閉鎖される
	⑤食道期	● 飲食物を食道から胃に送り込む

食事介助	● 食事介助は、食事のアセスメントに基づき明らかになった課題やニーズに即して適切な方法で提供する ● 脳卒中で麻痺のある高齢者では、麻痺側の頬の内側に食物が残っていることが多いので、残渣の有無を確認しながら食事の介助をする

入浴・清潔

清潔		● 清潔とは、汚れがなく、衛生的であること。身体の清潔の意義は、生理的には皮膚、粘膜、毛髪などから埃や垢などを取り除き、身体を保護し、各機能をより健康的に保持する
入浴	目的	● 全身の保清を図り、血液循環や新陳代謝を促進する。心身を爽快にする
	留意点	● 循環動態に負荷を与えやすいため、前後の観察を要する ● ヒートショック、転倒、溺水、熱傷等の事故を予防する ● 対象者に応じて浴室の改修や入浴補助用具を導入する
清拭	目的	● 清拭範囲の保清を図り、血液循環や新陳代謝を促進する。心身を爽快にする
	留意点	● 清拭を行う居室等の室温を適正に調整、管理する ● 寝具や寝衣等を温水や洗剤で濡らさないようにする ● 対象者の羞恥心や感染予防のため、肌の露出を最小限にする
手浴・足浴	目的	● 手部・足部の末梢の保清を図り、血液循環を良好に保つ。心身を爽快にする
	留意点	● 熱傷予防に留意し、かつ適温を保てるように工夫する ● 寝具や寝衣等を温水や洗剤で漏らさないようにする ● 拘縮が強い場合は、良肢位を保つ（関節に負担をかけない）

排泄

排泄		● 排泄は、体内での物質の代謝の結果生じた不要物を、排尿、排便、発汗などによって体外に排出することで、生命の維持や健康の保持のために不可欠な活動
尿失禁		● 尿失禁は、尿が意思に反して漏れてしまう状態
	腹圧性尿失禁	● くしゃみ、咳などの動作で腹圧が高まり、尿が漏れる。女性に多い。骨盤底筋訓練が有効
	切迫性尿失禁	● 膀胱内に尿がたまると急に強い尿意を感じて膀胱が収縮し、尿が漏れる。頻尿を伴うことが多い。膀胱訓練が有効である
	溢流性尿失禁	● 前立腺肥大による下部尿路閉塞などで、自分で尿を出したいのに出せず、少しずつ漏れ出してしまう。男性に多い
	機能性尿失禁	● 排尿に関わる機能が正常であるにもかかわらず、認知症や麻痺のためトイレに行って排尿できない
排泄場所と排泄用具の選択と介助		● トイレ使用、ポータブルトイレ使用、おむつ使用、尿便器使用など、利用者の自立度や排尿障害・排便障害の状況に応じて適切な排泄場所、排泄用具を選択する
排尿・排便コントロール		● 飲水、食事の時間帯や摂取量と排尿時間・排尿量を突き合わせて排尿リズムを整えつつ対処するなど、利用者の自立度や排尿・排便パターンに応じて適切にコントロールする

口腔ケア

口腔の機能		● 口腔の機能は、咀嚼、嚥下、発音・発声、呼吸など多岐にわたる ● 摂食・嚥下は、中枢神経と末梢神経により制御されている
	咀嚼	● 口唇で食物を取り込み、歯で咀嚼する
	嚥下	● 咽頭に入った食塊は、不随意運動で嚥下反射により食道に入る
	発音・発声	● 肺から押し出された空気が、声帯を振動させ、咽頭、口腔等の振動で発声する
	呼吸	● 口腔は鼻とともに呼吸するために重要な器官
口腔ケアの効果		● 口腔ケアは、う蝕・歯周疾患の予防、口臭の予防、粘膜疾患の予防・改善、味覚を正常に保つ、オーラルフレイル予防、口腔機能・嚥下機能の維持・向上などの効果がある
口腔ケア		● 毎食後の口腔ケアを基本とし、セルフケアの場合は見守り、セルフケアが困難な場合には介助者がケアする
	口腔ケアの方法	● 基本的には、まず義歯をはずし、歯は歯ブラシを使用してブラッシングを行う ● 粘膜部分は洗口により汚れを除去し、洗口ができない場合には拭き取りを行う ● 食前には経口摂取の準備として口腔周囲を動かす口腔ケアを、食後には汚れを取り除く口腔ケアを行うことが望ましい
	義歯	● 食後は義歯をはずして口腔内を清掃し、義歯はブラシを使用して流水で洗う ● 夜間は義歯をはずして清掃し、きれいな水の中につけておく

睡眠

睡眠			● 睡眠は、心身の疲労を解消し、休息を与え、生活のための活力を蓄えるために必要。そのため、睡眠が量的に不足したり、質的に悪化したりすると、健康上の問題や生活への支障が生じる
不眠症	入眠困難		● 眠ろうとし床についてもなかなか眠れない
	中途覚醒		● 入眠途中で目が覚めてしまい、再び眠りにつきにくい
	早朝覚醒		● 予定より何時間も早く目覚め、それ以降眠れない
	熟眠障害		● 眠りが浅く、すっきりと目覚めることができない
不眠症の要因	身体的要因		● 痛みやかゆみ、咳、呼吸困難、頻尿、ほてりなど
	心理的要因		● ストレス、緊張、不安、イライラ、気がかり、心配など
	物理的要因		● 音、光、温度、湿度、環境の変化など
	薬理学的要因		● 薬物の副作用による夜間の興奮、覚醒など
	精神医学的要因		● うつや不安障害などの症状

褥瘡

褥瘡			● 褥瘡とは、圧迫、摩擦、ずれ、浸軟といった外力により血流が途絶え、細胞や組織に障害を起こした状態 ● 一般には「床ずれ」ともいわれ、寝たきりや座りきりなどによって圧迫される部位の皮膚の発赤、ただれ、水疱、傷などを指す ● 褥瘡ができた直後から約1、2週間の時期を急性期、それ以降を慢性期と呼ぶ
発生要因	全身的要因		● 低栄養や脱水、体格（やせ）、浮腫、骨突出、日常生活性の低下、骨粗鬆症、糖尿病、認知症、易感染性を生じやすい薬剤（抗がん剤やステロイドなど）の使用など
	局所的要因		● 加齢等による皮膚の脆弱化、摩擦やずれ、失禁や発汗などによる皮膚の浸軟（湿潤した状態）、皮膚疾患などがある
	社会的要因		● 介護にかかわる人、モノ、財源の不足、保健医療福祉制度やサービスなどに関する社会資源情報の周知等、利用度の不足、経済力、褥瘡予防や管理に求められる知識やスキル、体制の不足等がある
褥瘡のできやすい部位	仰臥位		● 後頭部、肩甲骨部、脊柱部、肘関節部、仙骨部、踵骨部
	側臥位		● 耳介部、肩関節部、胸腹部、大転子部、膝関節外側部、足関節外果部
	座位		● 座骨部、尾骨部
予防と対応			● 寝ている場合は、少なくとも2時間ごとに体位変換をする ● 入浴や清拭により、皮膚を清潔にし血液循環をよくする ● 高たんぱく、高カロリー、高ビタミンの栄養補給に努める ● 体重による皮膚の圧迫を予防するため、エアマットなどの予防用具を使用する

在宅医療管理

在宅自己注射		● 在宅自己注射とは、利用者または家族が、病気の治療のために在宅で注射をする方法 ● 糖尿病に対するインスリン、アナフィラキシーのときに使用するエピネフリン、血友病に対する血液凝固因子製剤、骨粗鬆症に対する副甲状腺ホルモン製剤、前立腺がんに対する性腺刺激ホルモン放出ホルモン製剤など
	インスリン自己注射	● インスリン注射キットの針先から薬剤が出ることを確認した後、上腕や腹部、大腿などの注射する皮膚をアルコール綿などによって消毒したうえで、投与するインスリンの単位数に目盛りを合わせて、皮下に注射する ● シックデイ（体調不良で通常の食事が摂れない）の際は、インスリン注射量をどの程度減らすのかなどの対応方法を確認しておく
人工透析		● 何らかの病状によって腎臓の機能が障害されたときに、腎臓の代わりに老廃物の除去、水分調節、電解質の調節を行うのが人工透析。人工透析には、血液透析と腹膜透析がある
	血液透析	● 血液透析は、透析施設に通院して週2～3回、1回あたり4～5時間行う ● シャント（動脈と静脈をつなぎ合わせた部位）の圧迫を避ける（シャント側で血圧を測らないなど）生活上の注意が必要 ● 生活のうえでは、水分や塩分、カリウム（野菜や果物、海藻類などに多い）、リン（乳製品、インスタント食品、レバーなどに多い）の摂りすぎに注意が必要
	腹膜透析	● 腹膜透析は、腹膜を利用して老廃物の排泄を行う方法 ● 基本的に家で利用者や介護者が透析に関する処置を行うため、通院は月1～2回程度で済み、利用者の日課や週間スケジュールに合わせて人工透析を行うことができる ● 心臓への負担が少ないことや、食事制限が血液透析に比べ緩いことがメリットだが、挿入した管から細菌が感染して重篤な状態になるなどのデメリットもある
在宅酸素療法 （HOT）		● 在宅酸素療法は、呼吸器疾患や心疾患、神経・筋疾患、悪性腫瘍などによって低酸素血症をきたしている利用者に、在宅で酸素投与を行う療法 ● 高濃度の酸素を扱うため、火気から2mは必ず離れるようにする
	酸素供給器 / 酸素濃縮器	● 主に自宅や施設など、長時間滞在するところに設置する ● 延長チューブは20m程度まで吸入流量や酸素濃度に影響はないが、歩行時にチューブが引っかかり転倒しないよう工夫する
	高圧酸素ボンベ	● 主に外出するときなどに使用する ● 酸素ボンベは40℃以下の直射日光の当たらない場所に保管し、停電などの災害に備えて残量の確認をしておく
	液化酸素装置	● 設置型と携帯型があり、携帯型を使用する場合は、酸素濃度100%、温度−183℃の液体酸素を小型容器に移充填させる作業をしなければならないので凍傷ややけどに注意が必要
	吸入器具	● 鼻カニューレ（鼻腔から酸素を投与）、酸素マスク（酸素流量の多い場合に使用）、トラキマスク（気管切開をしている場合に使用）

在宅中心静脈栄養法		● 医療処置により栄養を補う方法として、中心静脈栄養法（点滴栄養剤を血管に直接入れる方法）と、経管栄養法（胃や腸などに栄養剤を入れる方法）がある。基本的には、経管栄養法が優先して選択される ● 中心静脈栄養法は、鎖骨の下から中心静脈にカテーテルを留置することが多い ● 皮下にポートと呼ばれる接続部を埋め込むことがある	
	注意点	● 長期にカテーテルが体内にあるため、細菌感染を引き起こすことがある ● 点滴バッグ・ルートの扱い、カテーテル刺入部の清潔に配慮したケアを心がける ● 入浴には特別な配慮が必要なので、具体的な方法を医療者と相談しながら行う	
在宅経管栄養法		● 経管栄養法には、次の4種類がある ①経鼻胃管：鼻から胃に到達する管を入れる ②胃ろう：腹部の皮膚から胃に達する穴を開けてカテーテルを留置する ③食道ろう：首の皮膚から食道に達する穴を開け、そこから胃までカテーテルを留置する ④腸ろう：腹部の皮膚から小腸（空腸）に達する穴を開けカテーテルを留置する	
	経鼻胃管	● 経鼻胃管は、カテーテルが常時、鼻から胃に留置されているため、鼻や喉の違和感があり、利用者が嫌がって抜いてしまうことがある ● カテーテルが同じ場所に接触していると、鼻腔などに潰瘍をつくってしまうことがあるので、固定用テープを貼り換えるときは別の場所に貼るようにする ● 経鼻胃管は、1か月ごとを目安に定期的な交換が必要	
	胃ろう	● 胃ろうは、腹部の皮膚を通して、胃の内部にカテーテルの先端が留置されている ● 胃ろうの種類は、胃の中の形で①バルーン（風船）型と②バンパー（固定）型の2種類がある	
		バルーン型	● 入れ替えがしやすいメリットがあるが、胃内でバルーンが破損したりすることがある。1～2か月ごとを目安に交換が必要
		バンパー型	● バンパーと呼ばれるゴム製のストッパーで固定されているので、自然脱落のおそれは少ないが、ろう孔の損傷を引き起こす可能性がある。交換は4～6か月ごとが目安
	注意点	● 栄養剤を注入するときは、利用者の上半身を30～90度起こす ● 栄養剤は、利用者それぞれに適切な速度で注入する ● 入浴には特別な配慮が必要なため、具体的な方法を医療者と相談しながら行う ● バルーン型の胃ろうでは、バルーンを膨らませるための固定水が十分に入っているか、バルーンが破損していないかを日常的にチェックする ● バンパー型の胃ろうでは、日頃からストッパーと皮膚の間のあそびが1～2cmあること、カテーテルが回転することを確認する	

悪性腫瘍疼痛管理	● 痛みは、身体的な痛み、精神的な痛み、社会的な痛み、霊的な痛みの4つの視点で考える ● 悪性腫瘍疼痛管理は、いわゆる、がんの痛みへの対応をいう ● 身体的な痛みへの対応は、しばしば麻薬が使用される ● 麻薬の副作用には、主に吐き気・嘔吐、眠気、便秘がある		
	薬の種類		● 飲み薬、貼り薬、座薬、舌下錠、バッカル錠、注射薬がある ● 基本的には飲み薬で治療するが、がんが進行していくと口から摂取するのが困難になるため、貼り薬や座薬など、投与経路の変更が必要になる ● 麻薬の使用量の調節をきめ細かく迅速に行う必要がある場合は、自動注入ポンプを用いて、注射薬を持続的に投与する方法がある
ストーマ	● ストーマとは、消化管や尿路の障害によって、肛門や膀胱を通じた通常の排泄ができなくなったときに、排泄のルートを確保するために人工的に造った便や尿の排泄口のことをいう		
	消化管 ストーマ	造設する 場合	● 大腸がんなどの腫瘍により腸管が閉塞してしまい肛門を通じた排泄ができない場合や、潰瘍性大腸炎やがんなどの治療のために肛門近くの大腸を切除した場合などに造られる
		ストーマの 種類	● 結腸ストーマ（コロストミー）：泥状〜軟らかい便が排泄される ● 回腸ストーマ（イレオストミー）：食物残渣や便とともに、刺激性の強い消化酵素を含んだ液状の排泄物で、皮膚障害を引き起こしやすくなる
	尿路 ストーマ （ウロストミー）	造設する 場合	● 膀胱がんや前立腺がんなどの腫瘍性疾患で尿路の変更が必要となった場合や、脊髄損傷などによる神経因性膀胱機能不全などの場合に造られる
		ストーマの 種類	● 腎ろう：腎臓（腎盂）に直接カテーテルを挿入して持続的に尿を排泄する ● 膀胱ろう：恥骨上部からカテーテルを膀胱内に挿入して排泄する ● 回腸導管：回腸（小腸）の一部を尿の導管として利用したストーマ ● 尿管皮膚ろう：尿路を直接体表面に導き、そこから常時尿が排泄される
	ストーマ用品		● 永久的ストーマの場合、身体障害者手帳の交付を受けていると、ストーマ装具の購入に際し、申請を行うことにより市町村の補助が受けられる場合がある
バルーンカテーテル法	● バルーンカテーテル法とは、尿道口からカテーテルを膀胱内に挿入・留置し持続的に尿を排出させる方法		
	注意点		● 蓄尿バッグは膀胱よりも低い位置に置く ● 入浴する際は、カテーテルと蓄尿バッグの接続部を外さない
在宅自己導尿	● 在宅自己導尿は、脊髄疾患や脳血管障害などで神経が障害されることにより、膀胱の収縮力が低下し自然排尿が困難になってしまった場合、利用者自らが膀胱内にカテーテルを挿入して尿を排泄する方法		

人工呼吸療法		● 在宅人工呼吸療法には、非侵襲的陽圧換気法（NPPV）と、侵襲的陽圧換気法（IPPV）があり、使われる機器や利用者像は異なる
	非侵襲的陽圧換気法（NPPV）	● NPPV は、専用のマスクを介して換気を行う人工呼吸療法 ● 個々に合わせ吸気時や呼気時の圧などを呼吸器に設定し、自発呼吸を感知することで呼吸の補助をするしくみになっている ● 重度の慢性閉塞性肺疾患で換気が障害され二酸化炭素がたまりやすい場合や、神経難病などで拘束性（呼吸をしたくてもできない）呼吸障害のある場合などに使用される
	侵襲的陽圧換気法（IPPV）	● IPPV は、気管切開・気管カニューレを挿入して行う人工呼吸療法 ● 自発呼吸が障害されている利用者に、人工的に呼吸をさせることから、生命維持装置として使用される
	注意点	● 停電などの災害時に備え、定期的にバッテリーの確認をする ● 緊急時の対応方法や連絡先を家族と確認し、スタッフにも周知徹底する ● NPPV は、利用者によって装着する時間が異なるため、主治医に相談する ● 在宅 IPPV の利用者は、人工呼吸器以外の医療的ケアが加わることが多いため、正確な手技と知識をもち、安全で利用者が安心できる生活を送れるように支援する
喀痰吸引		● 吸引は、痰や垂れ込んだ唾液などを吸引器を用いて除去し、肺炎や窒息等を予防するために行う ● 吸引の方法には、口腔内吸引、鼻腔内吸引、気管吸引がある
	吸引器	● 吸引器は医療機器に該当し、介護保険の対象にはならないため、自費でレンタルまたは購入する ● 難病等で身体障害者手帳の交付を受けている場合、購入の補助を受けられることがある
	注意点	● 家族（主介護者）が吸引手技を習得できるかを確認する ● 喀痰吸引等の行為ができる介護福祉士等がいる事業所等の情報収集をする
ネブライザー		● ネブライザーは、霧状にした薬を気管や肺に吸い込むことで呼吸器疾患の利用者の症状を抑えたり、気道を加湿して痰を出しやすくしたりする機器 ● コンプレッサー（ジェット）式、超音波式、定量噴霧式、メッシュ式がある
パルスオキシメーター		● パルスオキシメーターは、手足の指先に光センサー（プローブ）を付けて、血液中にどの程度の酸素が含まれているか（SpO_2：酸素飽和度）を測定する機器 ● 在宅酸素療法や人工呼吸療法を実施している場合は、パルスオキシメーターの購入費用の補助を受けられることがある ● 気管切開や人工呼吸器を装着している利用者は、SpO_2 の値の変化が、吸引の要否や緊急連絡の要否の判断の目安となる

第**3**章　保健医療サービス分野

221

急変時の対応

身体変化が原因の急変

意識障害	●意識レベルを測る指標として、わが国では 3-3-9 度方式（ジャパン・コーマ・スケール）が広く用いられており、数値が大きいほど意識レベルが低いことを示す		
	刺激をしないでも覚醒している状態（1桁の点数で表示）		
	Ⅰ	1	見当識は保たれているが意識清明ではない
		2	見当識障害がある
		3	自分の名前、生年月日が言えない
	刺激すると覚醒するが刺激をやめると眠り込む状態（2桁の点数で表示）		
	Ⅱ	10	普通の呼びかけで容易に開眼する
		20	大きな声または体をゆさぶることにより開眼する
		30	痛み刺激を加えつつ呼びかけを繰り返すと、辛うじて開眼する
	刺激をしても覚醒しない（3桁の点数で表示）		
	Ⅲ	100	痛み刺激に対し、払いのけるような動作をする
		200	痛み刺激で少し手足を動かしたり、顔をしかめる
		300	痛み刺激に全く反応しない
	I：糞便・失禁、R：不穏、A：失外套状態・無動性無言（例 100-I、20-RI、3-AI）		

呼吸困難	●呼吸困難・息切れは、呼吸器や循環器の疾患をはじめ、多くの疾患でみられる ●対応としては、楽な姿勢（一般的には臥位）をとらせる。うっ血性心不全や胸水などでは臥位よりも座位が楽なこともある
ショック	●血圧低下による重要臓器の末梢循環が著しく障害された状態をショックという
頭痛	●慢性の頭痛との区別が必要 ●突然の頭痛は、くも膜下出血や脳出血であることがあり、徐々に痛みが強くなる場合は、外傷性頭蓋内出血、髄膜炎、脳炎、脳腫瘍、慢性硬膜下出血などがある
胸痛	●高齢者では、狭心症でも胸痛の程度が軽いことがある ●心筋梗塞は、激しい前胸部痛が主症状であるが、左肩への放散痛の形をとることもあるので注意する ●心不全による呼吸困難時には、起座位をとらせると症状を緩和できる
出血	●激しく出血している場合は、出血部位よりも心臓に近い部位を圧迫して止血する ●出血量が多い場合は、傷口を清潔なタオルなどで圧迫し、出血部位を心臓の位置より高くする
下血	●血液成分を肛門から排出することを下血という ●上部消化管出血では、黒い便になることが多く、下部消化管出血では、鮮血便になることが多い
喀血	●喉頭・気管・気管支・肺胞などの気道系からの出血が経気道的に口腔から喀出されることを喀血という ●健側への血液流入防止、窒息や誤嚥・誤飲の防止のため、出血側を下にした側臥位にする
嘔吐	●嘔吐したら、喉がつまらないように側臥位にして、口の中に残った吐物を取り除く、意識や呼吸状態が悪い、吐いたものに血が混じっているなどの場合は、救急受診が必要

事故が原因の急変

窒息	●食べ物による気道閉塞の窒息死と、食べ物以外による気道閉塞の窒息死はともに高齢者が多い ●高齢者は、気道閉塞をきたしても、身動きせずにじっとしていることがある	
	背部叩打法	●物を誤って飲み込み気道を詰まらせた場合には、まず排出しやすい体位にし、背部をたたくなどの刺激を与えて排出を図る
	ハイムリック法	●異物による上気道の閉塞の場合には、心窩部（みぞおち）を強く圧迫することにより、異物の除去を試みる
誤嚥	●誤嚥には、食べ物の誤嚥、喉にある唾液や喀痰の誤嚥、胃内容物の逆流性誤嚥などがある ●不顕性誤嚥というむせのない誤嚥が、慢性誤嚥者にもみられ、時々高い熱を出すことがある ●誤嚥性肺炎の予防には、口腔ケア、嚥下訓練、嚥下体操などがある ●洗剤や漂白剤を飲み込んだ場合は、無理に吐かせず医療機関を受診する	
転倒・骨折	●高齢者は、バランス能力の低下などにより転倒しやすく、骨粗鬆症などから骨折しやすくなっている ●骨折のおそれがあるときは、その部分を動かさないようにし、傷や出血があればその手当をする。また、動かさないように、骨折を疑う部位の上下2つの関節に届く長さの副木を当てて固定し、搬送して受診する ●両手足に力が入らず、頸椎損傷が疑われる場合には、極力身体を動かさないようにする	
熱傷（やけど）	●やけどの範囲が狭いときは、直ちに水道水などの流水に患部を当てて、痛みがなくなるまで15分から30分間冷やす ●衣服の下をやけどしている場合は、衣服を脱がさずその上から流水を当てる	
入浴中の事故	●推定で年間約1万9,000人が入浴関連で死亡しており、その多くが高齢者といわれている ●湯の温度が高いほど事故が多くなり、気温、室温と湯の温度差が大きいほど、事故が多くなる	
心肺蘇生	●心停止とは、心臓のポンプ機能が停止した状態をいい、心電図上、心室停止あるいは心室細動を示す ●救命処置における「心肺蘇生のCAB」とは、C（体外心マッサージ）、A（気道確保）、B（人工呼吸）をいう 肩をたたきながら声をかける ▶ 応援を呼ぶ・119番通報・AED依頼 ▶ 呼吸の確認 ▶ 体外心マッサージ（胸骨圧迫） ▶ 気道確保 ▶ 人工呼吸 ▶ 除細動 ●人工呼吸は心マッサージ30回ごとに2回が目安 ●心マッサージは、胸骨圧迫5cmくらい、100〜120回/分以上の速さで行う ●人工呼吸ができないか、ためらわれる場合は胸骨圧迫のみを行う ●除細動とは、心臓に電気ショックを与えることで、AED（自動体外式除細動器）という機器を使えば誰にでもできる	

ターミナルケア

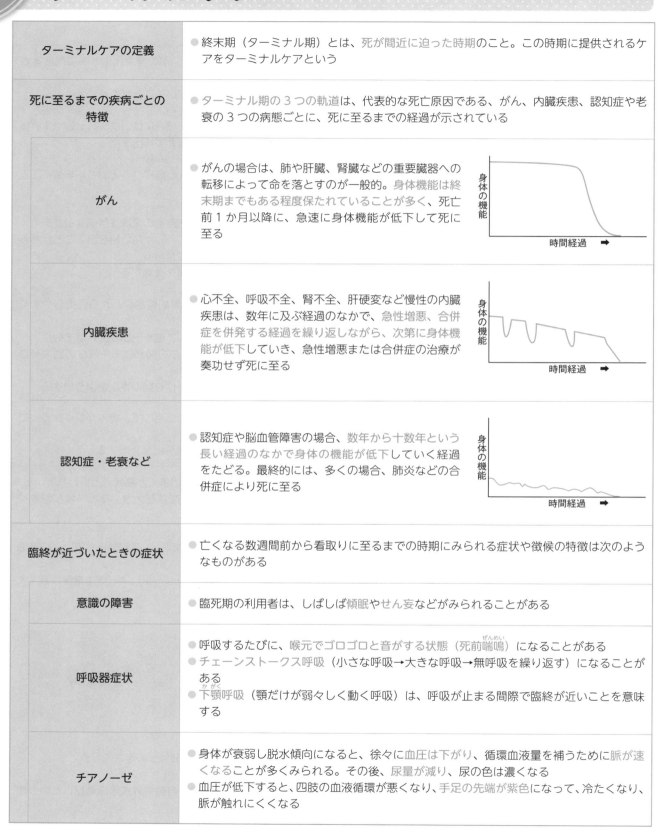

ターミナルケアの定義	● 終末期（ターミナル期）とは、死が間近に迫った時期のこと。この時期に提供されるケアをターミナルケアという
死に至るまでの疾病ごとの特徴	● ターミナル期の3つの軌道は、代表的な死亡原因である、がん、内臓疾患、認知症や老衰の3つの病態ごとに、死に至るまでの経過が示されている
がん	● がんの場合は、肺や肝臓、腎臓などの重要臓器への転移によって命を落とすのが一般的。身体機能は終末期までもある程度保たれていることが多く、死亡前1か月以降に、急速に身体機能が低下して死に至る
内臓疾患	● 心不全、呼吸不全、腎不全、肝硬変など慢性の内臓疾患は、数年に及ぶ経過のなかで、急性増悪、合併症を併発する経過を繰り返しながら、次第に身体機能が低下していき、急性増悪または合併症の治療が奏功せず死に至る
認知症・老衰など	● 認知症や脳血管障害の場合、数年から十数年という長い経過のなかで身体の機能が低下していく経過をたどる。最終的には、多くの場合、肺炎などの合併症により死に至る
臨終が近づいたときの症状	● 亡くなる数週間前から看取りに至るまでの時期にみられる症状や徴候の特徴は次のようなものがある
意識の障害	● 臨死期の利用者は、しばしば傾眠やせん妄などがみられることがある
呼吸器症状	● 呼吸するたびに、喉元でゴロゴロと音がする状態（死前喘鳴）になることがある ● チェーンストークス呼吸（小さな呼吸→大きな呼吸→無呼吸を繰り返す）になることがある ● 下顎呼吸（顎だけが弱々しく動く呼吸）は、呼吸が止まる間際で臨終が近いことを意味する
チアノーゼ	● 身体が衰弱し脱水傾向になると、徐々に血圧は下がり、循環血液量を補うために脈が速くなることが多くみられる。その後、尿量が減り、尿の色は濃くなる ● 血圧が低下すると、四肢の血液循環が悪くなり、手足の先端が紫色になって、冷たくなり、脈が触れにくくなる

意思決定の支援		● どのような医療や介護を望むかについて、本人の意向を確認する手続きを踏みつつ、方針を決定していくのが原則
リビングウィル		● 自分自身がある状態になったときに、受けたいあるいは受けたくない治療や処置等の決定に関する指示を、あらかじめ書面などで示しておくこと ● 高齢者の状態が悪化した場合、医療を受けるかどうかの判断は、本人の意思が優先されるべきである
ACP（アドバンス・ケア・プランニング）		● 人生の最終段階において自らが望む医療・ケアについて、医療・ケアチーム等と話し合い、共有するための取り組みをいう ● 話し合った内容は、文書にまとめておく
認知症の人の日常生活・社会生活における意思決定支援ガイドライン		● ①本人が意思を形成することの支援（意思形成支援）、②本人が意思を表明することの支援（意思表明支援）、③本人が意思を実現するための支援（意思実現支援）という3つの支援プロセスを踏むことの重要性を示している
インフォームドコンセント		● 患者が医師から説明をきちんと受けたうえで同意すること
NBM（ナラティブ・ベースド・メディスン）		● 個々の人間の感じ方や考え方に耳を傾けて自己決定を促す医療
EBM（エビデンス・ベースド・メディスン）		● 医師個人の経験だけに頼らない、科学的な根拠に基づいた医療
エンゼルケア		● エンゼルケアとは死後のケアのこと。自宅では、家族に最期のお別れを促し、十分お別れをしていただいた後、死後のケアを行う
一般的なエンゼルケアの内容		● 器具（医療用カテーテルなど）の抜去、体液や排泄物が漏れ出ないための処置、褥瘡などの傷を保護する手当て、身体を清潔にするためのケア、その人らしい外見に整える
グリーフケア		● 身近な人と死別して悲嘆に暮れる人が、その悲しみから立ち直れるようそばにいて支援すること。一方的に励ますのではなく、相手に寄り添う姿勢が大切
往診と訪問診療	往診	● 利用者の病状の変化があったときなどに、利用者または介護者などの求めに応じて、医師が訪問して診療を行うこと
	訪問診療	● 医師が計画的に訪問して診療を行うこと。利用者の病状がよいか悪いかにかかわらず定期的に訪問する
在宅療養支援診療所		● 24時間365日体制で往診や訪問看護を行う在宅療養支援診療所、在宅療養支援病院が設けられている
死亡診断書		● 死亡診断は、医師（歯科医師を含む）にのみ許される医療行為である ● 死亡時刻は、原則として生物学的な死亡時刻を記載する ● 診療中の患者が、診察後24時間以内に当該診療に関連した傷病で死亡した場合には、改めて診察をすることなく死亡診断書を交付することができる

医療・介護の過去問チェック

① 高齢者の特徴

問題	26 =過去の出題回	解答

単元44 高齢者の身体的・精神的特徴

	問題	解答
□□ 1	高齢者では、若年者と異なり、薬の副作用は出ない。 **24**	×（出ることが多い）
□□ 2	薬の副作用によるふらつきにより、転倒を起こすことがある。 **24**	○
□□ 3	老年症候群では、高齢期において生活機能の低下がみられる。 **23**	○
□□ 4	高齢者では、若年者に比べて体内水分貯蔵量が少なく、口渇も感じにくいため、脱水のリスクが高い。 **23**	○
□□ 5	内耳から大脳に異常があるために生じる難聴を、伝音性難聴という。 **23**	×（感音性難聴という）
□□ 6	症状は非定型的であることが多い。 **22**	○
□□ 7	高齢の女性は、骨粗鬆症が多いので、転倒により骨折を起こしやすい。 **22再**	○
□□ 8	フレイルとは、健康な状態と介護を要する状態の中間的な状態である。 **26**	○

単元45 バイタルサインと検査

	問題	解答
□□ 1	BMI（Body Mass Index）は、身長（m）を体重（kg）の２乗で除したものである。 **25**	×（体重（kg）を身長（m）の２乗で除したもの）
□□ 2	血清アルブミンの値は、高齢者の長期にわたる栄養状態をみる指標として有用である。 **25**	○
□□ 3	AST（GOT）は、肝臓以外の臓器の疾患でも上昇する。 **26**	○
□□ 4	バイタルサインとは、体温、脈拍、血圧、意識レベル及び呼吸である。 **24**	○
□□ 5	解熱せずに持続する発熱を、間欠熱という。 **24**	×（稽留熱という）
□□ 6	１分当たりの心拍数60以上を頻脈という。 **24**	×（100以上をいう）
□□ 7	加齢とともに血管の弾力が失われるため、収縮期血圧が低くなる傾向がある。 **25**	×（収縮期血圧が高くなり、拡張期血圧が低くなる傾向がある）
□□ 8	血清クレアチニンの値は、腎機能の指標となる。 **25**	○
□□ 9	胸部Ｘ線検査は、心不全の診断にも有用である。 **24**	○
□□ 10	CRP（C反応性たんぱく質）は、体内で炎症が起きているときに低下する。 **26**	×（上昇する）
□□ 11	ヘモグロビンA1cは、採血時の血糖レベルを評価するのに適している。 **26**	×（過去１〜２か月の血糖レベル）
□□ 12	24時間心電図（ホルター心電図）検査は、不整脈がある場合や狭心症が疑われる場合に行われる。 **23**	○

② 高齢者に多い疾病

問題	26 ＝過去の出題回	解答

単元46 高齢者に多い疾患

☐☐ **1** 言葉が出てこない、又はろれつが回らないという症状が突然生じた場合は、脳卒中の可能性がある。**25** ／ ○

☐☐ **2** 筋萎縮性側索硬化症（ALS）では、筋力低下による運動障害は生じない。**23** ／ ×（生じる）

☐☐ **3** 脊髄小脳変性症では、運動能力を維持するリハビリテーションや環境整備により、ADLを維持することが重要である。**18** ／ ○

☐☐ **4** パーキンソン病では、認知障害はみられない。**23** ／ ×（みられる）

☐☐ **5** 進行性核上性麻痺では、思考の遅延や無感情などの認知機能低下を早期から認めやすい。**20** ／ ○

☐☐ **6** 膝関節症による痛みや腫脹を抑えるには、定期的な運動が効果的である。**25** ／ ○

☐☐ **7** 関節リウマチでは、朝の起床時に指の関節がこわばり、屈曲しにくくなる。**20** ／ ○

☐☐ **8** 脊柱管狭窄症では、腰痛、下肢痛、しびれはみられない。**20** ／ ×（みられる）

☐☐ **9** 後縦靱帯骨化症では、首を強く後ろに反らすことにより症状が悪化する場合があるので、そのような動作は避ける。**18** ／ ○

☐☐ **10** 骨粗鬆症は、骨折後に診断されることもある。**24** ／ ○

☐☐ **11** 大腿骨頸部骨折の予防には、ヒップ・プロテクターも効果がある。**21** ／ ○

☐☐ **12** 心筋梗塞の症状には、必ず強い胸痛がみられる。**24** ／ ×（みられないこともある）

☐☐ **13** 狭心症では、前胸部の圧迫感が生じることはない。**25** ／ ×（生じることがある）

☐☐ **14** 本態性高血圧は、腎臓や内分泌の異常により血圧が高い状態をいう。**19** ／ ×（本態性高血圧は、直接の原因がはっきりしないものをいう）

☐☐ **15** 心不全による呼吸困難時には、起座位にすると症状が改善することがある。**25** ／ ○

☐☐ **16** 心房細動では、心房の正常な収縮と拡張ができなくなる。**23** ／ ○

☐☐ **17** 肝不全の症状として、食欲不振、全身倦怠感、黄疸がみられることが多い。**21** ／ ○

☐☐ **18** 慢性腎不全では、水分やカリウムの摂取量に注意する必要がある。**25** ／ ○

☐☐ **19** 前立腺肥大症の場合、尿意を感じたら、早めにトイレに行くよう心がける。**25** ／ ○

☐☐ **20** 糖尿病の薬物療法を受けている患者が食事をとらない場合には、低血糖になる可能性もある。**24** ／ ○

☐☐ **21** 慢性閉塞性肺疾患（COPD）では、発症すると症状は改善しないため、禁煙する必要はない。**20** ／ ×（禁煙する必要がある）

☐☐ **22** 誤嚥性肺炎は、口腔咽頭分泌物などを繰り返し誤嚥することにより発症する。**20** ／ ○

☐☐ **23** ノルウェー疥癬（角化型疥癬）は、ダニの数が少ないので、感染力が弱い。**20** ／ ×（非常に感染力が強い）

☐☐ **24** 白癬は家族内で感染することはまれであるため、爪切りやスリッパなどは共用しても差し支えない。**22再** ／ ×（感染しやすいので共用は避ける）

☐☐ **25** 帯状疱疹は、細菌性感染症である。**25** ／ ×（ウイルス性の疾患である）

☐☐ **26** 加齢黄斑変性では、進行すると視力が失われる恐れがある。**22再** ／ ○

☐☐ **27** 高齢者の難聴では、感音性難聴が多い。**22再** ／ ○

	問題	26 =過去の出題回	解答

単元47 認知症

□□ 1	アルツハイマー型認知症の治療薬は、易怒性などの興奮性の BPSD（認知症の行動・心理症状）を悪化させる可能性がある。**20**		○
□□ 2	前頭側頭型認知症の症状の一つとして、物品の名前が出てこない意味性認知症の症状がある。**26**		○
□□ 3	レビー小体型認知症では、幻視はみられない。**22**		×（みられる）
□□ 4	正常圧水頭症にみられる認知機能障害は、脳の周囲や脳室内に脳脊髄液が貯留するために生じる。**19**		○
□□ 5	慢性硬膜下血腫による認知機能障害は、慢性化しているため、血腫を除去しても回復が期待できない。**20**		×（回復が期待できる）
□□ 6	若年性認知症は、うつ病など、他の精神疾患と疑われることがある。**25**		○
□□ 7	認知症の評価として、長谷川式認知症スケールが用いられている。**22**		○
□□ 8	中核症状には、記憶障害、見当識障害などがある。**22再**		○
□□ 9	BPSD（認知症の行動・心理症状）は、住環境などの環境因子の影響は受けない。**25**		×（強く受ける）
□□ 10	パーソン・センタード・ケアは、介護者本位で効率よく行うケアである。**25**		×（利用者本位で行うケアである）
□□ 11	認知症初期集中支援チームは、警察と介護事業者や地域の関係団体が協力して認知症の人を捜索する仕組みである。**24**		×（SOS ネットワーク）
□□ 12	認知症地域支援推進員は、認知症の人やその家族を支援する相談支援や支援体制を構築するための取組を行う。**24**		○

単元48 精神障害

□□ 1	せん妄の発症の誘因として、睡眠障害、薬剤、環境の変化などが挙げられる。**20**		○
□□ 2	老年期うつ病では、妄想の症状が発現することはない。**25**		×（妄想の症状が発現することがある）
□□ 3	統合失調症の陰性症状とは、妄想や幻覚をいう。**26**		×（陽性症状である）
□□ 4	高齢者の妄想性障害への対応では、共感が大切な要素である。**25**		○
□□ 5	アルコール依存症のケアには、自助グループなどの地域の社会資源の活用も有用である。**25**		○

単元49 感染症

□□ 1	インフルエンザの主な感染経路は、飛沫感染である。**23**		○
□□ 2	ウイルス性肝炎は、飛沫感染する。**22**		×（血液感染や接触感染）
□□ 3	ノロウイルス感染者の便や吐物には、ノロウイルスが排出される。**22**		○
□□ 4	疥癬の主な感染経路は、飛沫感染である。**26**		×（接触感染である）
□□ 5	高齢者は、肺炎球菌ワクチンを毎年接種しなければならない。**22**		×（定期接種は 1 回）
□□ 6	標準予防策（スタンダード・プリコーション）とは、感染症の有無にかかわらず、すべての人に実施する感染予防対策である。**23**		○

③ 高齢者に対する支援

問題	26 ＝過去の出題回	解答

単元50 リハビリテーション

	問題	解答
□□ 1	高齢者のケアは、リハビリテーション後置主義にのっとっている。 26	×（前置主義にのっとっている）
□□ 2	急性期リハビリテーションは、一般に、廃用症候群の予防と早期からのセルフケアの自立を目標とする。 25	○
□□ 3	回復期リハビリテーション病棟では、多職種による集中的なリハビリテーションが提供される。 25	○
□□ 4	食事、排泄、更衣等の基本的な日常生活動作を IADL という。 8	×（ADL という）
□□ 5	安静臥床が続くと心肺機能などが低下するため、早期離床を図る。 20	○
□□ 6	左片麻痺でみられる半側空間失認に対しては、失認空間に注意を向けるリハビリテーションを行う。 22再	○
□□ 7	リハビリテーションでは、低血糖発作の出現、痛みの増悪、転倒リスクの増大などに対する注意が必要である。 20	○

単元51 栄養・食生活

	問題	解答
□□ 1	高齢者は、咀嚼能力や唾液分泌の低下などから、摂食・嚥下障害を起こしやすい。 25	○
□□ 2	高齢者が食事中に口から食べ物をこぼす場合、口腔・嚥下機能評価を行うとよい。 25	○
□□ 3	低栄養状態の徴候には、筋肉量の減少、血清たんぱく質の減少などがある。 24	○
□□ 4	高齢者の摂食・嚥下障害は、栄養過多を引き起こすおそれがある。 24	×（栄養不良を引き起こすおそれがある）
□□ 5	低栄養状態は、フレイルや要介護状態の要因の一つである。 24	○
□□ 6	男性では、加齢とともに低栄養傾向の者の割合は減少する。 26	×（増加する）

単元52 薬剤管理

	問題	解答
□□ 1	高齢者は腎機能が低下しているため、薬の副作用が減弱することが多い。 22再	×（増強することが多い）
□□ 2	薬剤は、主に便として排泄される。 19	×（主に尿として排泄される）
□□ 3	症状が消失すると内服を自己判断でやめてしまう場合があるため、内服状況を確認する必要がある。 22再	○
□□ 4	医療用医薬品と健康食品の併用による有害な相互作用の可能性について注意が必要である。 25	○
□□ 5	「お薬手帳」により、処方情報を共有する。 20	○
□□ 6	内服薬は、通常、水又はぬるま湯で飲む。 25	○
□□ 7	薬の服用時間における食間とは、食事中に服用することである。 25	×（食事と食事の間に服用することである）

問題	26 =過去の出題回	解答

□□ **1** 摂食・嚥下プロセスの口腔期では、視覚、触覚、嗅覚の認知により、無条件反射で唾液が分泌される。 **23** ×（認知期）

□□ **2** 食事の介護のアセスメントには、利用者が調理を行っているかどうかの確認は含まれない。 **22** ×（含まれる）

□□ **3** 入浴は、全身の保清を図り、血液循環や新陳代謝を促進する。 **25** ○

□□ **4** 清拭をするときには、その部屋の温度を確認する。 **25** ○

□□ **5** 強い尿意とともに尿が漏れることを、腹圧性尿失禁という。 **24** ×（切迫性尿失禁という）

□□ **6** 腹圧性尿失禁には、骨盤底筋訓練よりも膀胱訓練が有効である。 **22再** ×（膀胱訓練よりも骨盤底筋訓練が有効）

□□ **7** 誤嚥性肺炎の発症を防ぐには、口腔内の環境を整えることが重要である。 **24** ○

□□ **8** 口腔内を清掃する際は、義歯は外さない。 **22** ×（外す）

□□ **9** 予定より早く目覚め、その後眠れなくなってしまうことを熟眠障害という。 **24** ×（早朝覚醒という）

□□ **10** 褥瘡とは、体外からの圧力による皮下の血流障害により、細胞が壊死してしまう状態をいう。 **23** ○

□□ **1** 在宅自己注射は、家族以外の訪問介護員も行うことができる。 **24** ×（訪問介護員はできない）

□□ **2** インスリンの自己注射の効果は、体調不良時（シックデイ）には強く出ることもある。 **22再** ○

□□ **3** 血液透析のためのシャントは、動脈と静脈をつなぎ合わせた部位のことである。 **25** ○

□□ **4** 腹膜透析の管理について、利用者や家族が在宅で処置を行うことは禁止されている。 **23** ×（禁止されていない）

□□ **5** 在宅酸素療法では、携帯用酸素ボンベを使用して外出することができる。 **23** ○

□□ **6** 酸素マスクによる在宅酸素療法は、鼻カニューレによるものに比べて、食事や会話がしやすいのが特徴である。 **22再** ×（食事や会話がしにくい）

□□ **7** 中心静脈栄養法では、静脈炎にならないように末梢静脈を用いる。 **25** ×（中心静脈を用いる）

□□ **8** 在宅中心静脈栄養法は、点滴栄養剤を中心静脈に直接入れる方法である。 **24** ○

□□ **9** 経鼻胃管の種類には、バルーン型とバンパー型がある。 **25** ×（バルーン型やバンパー型は胃ろうカテーテルの種類である）

□□ **10** 胃ろうがある場合には、原則として、入浴は禁止されている。 **22再** ×（禁止されていない）

□□ **11** 悪性腫瘍疼痛管理では、身体的側面だけでなく、精神的側面からも考えることが重要である。 **24** ○

□□ **12** 悪性腫瘍の疼痛管理のための麻薬の投与経路には、経口、経皮、経腸、注射がある。 **22再** ○

□□ **13** ストーマには、消化管ストーマと尿路ストーマがある。 **23** ○

□□ **14** 人工呼吸療法には、侵襲的、非侵襲的に行うものの2種類がある。 **24** ○

□□ **15** 気管切開を伴った人工呼吸療法では、気管切開部の管理が必要である。 **21** ○

□□ **16** パルスオキシメーターは、血液中の酸素飽和度を測定する機器である。 **25** ○

問題	26 =過去の出題回	解答

単元55 急変時の対応

□□ **1** ジャパン・コーマ・スケール（JCS）は、意識レベルの評価に用いられる。 **26** ○

□□ **2** 激しく出血している場合は、出血部位よりも心臓から遠い部位を圧迫して止血する。 **23** ×（心臓から近い部位を圧迫して止血する）

□□ **3** 洗剤や漂白剤を飲み込んだ場合は、無理に吐かせる。 **23** ×（無理に吐かせずに、すぐに医療機関にかかる）

□□ **4** 寝たきりの高齢者が嘔吐した場合には、側臥位にする方がよい。 **26** ○

□□ **5** 異物をのどに詰まらせたときは、前かがみにさせて背中を強く叩くと排出することがある。 **26** ○

□□ **6** 衣類の下の皮膚をやけどしたときは、衣類を脱がしてから冷やすようにする。 **26** ×（衣類を脱がさずに冷やす）

□□ **7** 心肺蘇生時の胸骨圧迫は、1分間に60回を目安に行う。 **26** ×（100〜120回が目安）

単元56 ターミナルケア

□□ **1** 下顎呼吸は、慢性気管支炎や肺気腫などの慢性閉塞性肺疾患（COPD）の患者でよくみられる。 **22** ×（終末期や意識障害の患者でよくみられる）

□□ **2** チェーンストークス呼吸では、小さい呼吸から徐々に大きい呼吸となり、その後徐々に小さい呼吸となって、一時的な呼吸停止を伴う呼吸状態を繰り返す。 **22** ○

□□ **3** 臨死期には、呼吸をするたびに、喉元でゴロゴロと音がする状態（死前喘鳴）になることがある。 **25** ○

□□ **4** リビングウィルとは、本人の意思が明確なうちに、医療やケアに関する選択を本人が表明しておくことをいう。 **23** ○

□□ **5** アドバンス・ケア・プランニング（ACP）は、人生の最終段階において自らが望む医療・ケアについて、医療・ケアチーム等と話し合い、共有するための取組をいう。 **22** ○

□□ **6** エビデンス・ベースド・メディスン（Evidence Based Medicine：EBM）は、根拠に基づく医療のことである。 **25** ○

□□ **7** つじつまの合わないことを言う場合も、それを否定せずに対応する。 **24** ○

□□ **8** 死後のケアであるエンゼルケアは、身体を清潔にし、その人らしい外見に整えるためのものである。 **25** ○

□□ **9** 看護師は、死亡診断書を作成することができる。 **26** ×（医師・歯科医師が作成できる）

第❸章 保健医療サービス分野

第4章

福祉サービス分野
社会福祉
7単元

社会福祉の7単元を整理しましょう！

高齢者ケアの基本理念とソーシャルワーク

ソーシャルワーク

ソーシャルワークの3つの領域

ミクロ・ソーシャルワーク（個別援助）	● 困難な課題や問題を抱えた、個人や家族が、主体的な生活ができるように援助していく過程 ● インテークから始まってクライエントとの間に築かれる専門的援助関係を媒介にして、面接を主な手段として展開していく
実践例	● 医療機関における医療ソーシャルワーカーによる入院中のクライエントへの相談支援 ● 社会福祉協議会の社会福祉士による成年後見制度の利用に関する面接 ● 地域包括支援センターの主任介護支援専門員による家族介護者との相談
メゾ・ソーシャルワーク（集団援助）	● 集団のプログラム活動に参加することで、メンバー間の相互の影響を受け、個人が成長する援助の過程
原理	● 問題を抱えるメンバー同士の相互作用が、問題解決への動機づけになる ● メンバーが、ほかのメンバーから新たな対処方法を学ぶことができる ● グループワークの過程は、メンバーがほかのメンバーの行動から自分の問題を改めて確認したり、新しい見方を獲得する機会となる
グループワーカーのはたらきかけ	● 援助者は、自分だけが悩みを抱えているのではないということを理解できるように、共通の問題を抱えているメンバー同士の話し合いの場面を設ける ● 援助者はメンバー間の相互関係を大切にするため、いつもは依存しがちなメンバーがほかの泣いているメンバーを慰めるようになるという展開を見守ることもある
実践例	● 精神科クリニックで行われるアルコール依存症患者の家族を対象とした交流活動 ● 地域包括支援センターの社会福祉士による一人暮らし高齢者を集めた生きがいづくりのためのプログラム活動 ● 地域包括支援センターによる、介護に悩む家族を対象とした交流活動 ● 認知症高齢者を介護する家族の集まりにおいて行う介護方法等に関するグループ活動
マクロ・ソーシャルワーク（地域援助）	● 地域の住民組織、福祉施設、行政機関などにはたらきかけ、その協働活動を通して、福祉活動の援助、社会資源の開発、関係機関との連絡調整などを行う過程
実践例	● 生活支援コーディネーターによる地域住民に対する支え合い活動の組織化 ● 老人クラブによる子どもに対する昔遊びなどを通じた世代間交流の促進 ● 震災被災者に対する支援のためのNPOの組織化 ● 地域包括支援センターによる地域住民のための認知症サポーター養成講座 ● 地域の問題や多様な社会資源について評価するための地域アセスメント

相談援助の展開過程

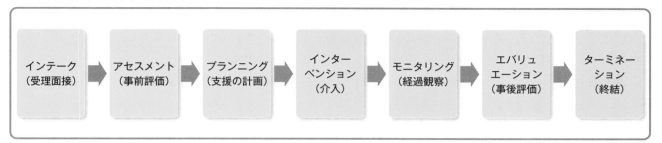

インテーク（受理面接）		● 「受理面接」や「受付面接」ともいわれ、クライエントと援助者が初めて出会い、援助の計画を話し合って契約を結ぶ過程 ● クライエントの主訴を共感的に傾聴し、問題が何であるか、どのような援助を必要としているのかを明らかにするとともに、援助者の属する機関や施設が提供するサービスについて説明をする ● クライエントとの信頼関係（ラポール）の形成を図ることが重要
	スクリーニング	● 機関や施設の機能と照らし合わせ、クライエントに適切な援助を提供できない場合に、ほかの施設や機関を紹介する
アセスメント（事前評価）		● インテーク段階で、クライエントが当該機関を選択決定したことを受けて始まる ● クライエントの社会生活の全体性を見て、多様な環境と人との相互作用のうち、どれが問題に関連しているかを検討できる広い視野が必要 ● 支援プロセスの進行とともに展開する動的なプロセスである
プランニング（支援の計画）		● 援助についての具体的な目標と方向性を定める ● クライエントの参加を促すことによってクライエント自身の問題解決主体者としての意識を高めることが重要
インターベンション（介入）		● 人々や社会システムおよび両者の関連性へのかかわりのみならず、社会資源の開発に関与することまでを含む
モニタリング（経過観察）		● 援助を展開している間に、目標どおり計画が進行しているかなどを定期的に確認する過程
エバリュエーション（事後評価）		● 援助が終了したときなどに、相談援助活動の効果を最終的に評価する
ターミネーション（終結）		● 問題解決が達成され、これ以上援助を必要としないと判断した場合などに終結段階を迎える ● 将来新たな問題が生じたときに、再び、援助関係を結ぶことが可能であることや、受け入れ準備があることなどを伝える

相談面接の原則

バイステックの7原則	● バイステックの7原則とはバイステック（Biestek, F.P.）が著書『ケースワークの原則』で記したケースワークの原則
個別化	● クライエントのニーズにあわせて、個々に異なった対応をしていく
意図的な感情表出	● 客観的な事実だけではなく、クライエントの感情に目を向け、感情を表出する機会を与える
統制された情緒的関与	● クライエントの表出した感情を受け止め、その意味を理解しつつ相談の目的に沿って援助者が自らの感情を自覚しながら適切に対応する
受容	● クライエントの行動や認識を認め、人格を大切に、行動の背後にある感情を含めて承認する
非審判的態度	● クライエントの意見や行動を、援助者の価値観や社会通念から一方的に評価してはいけない
自己決定	● 判断能力が低下しているクライエントであっても、自己決定ができるよう可能な限り配慮する
秘密保持	● クライエントの個人情報に関する情報の伝達は、クライエントの家族・親族に対しても、原則として、本人の了解のもとで慎重に行う

社会資源

社会資源	● 社会資源には、公的サービスを中心とするフォーマルサービスと、家族・近隣・ボランティア等のインフォーマルサポートがある ● 介護支援専門員は、フォーマルなサービスだけでなく、インフォーマルなサポートも活用して要介護者等を支援する必要がある
フォーマルサービス	● フォーマルなサービスは、一般的に、インフォーマルなサポートに比べ安定的な提供が可能である ● 介護支援専門員は、介護保険での給付サービス以外にも、年金や生活保護制度、医療保険、保健福祉サービス、権利擁護などのフォーマルサービスについても理解しておく必要がある
インフォーマルサポート	● インフォーマルなサポートの内容や程度は、クライエント個人のもつネットワーク、地域社会によって大きく異なる ● インフォーマルなサポートは、一般的にフォーマルなサービスに比べ柔軟な対応が可能である

コミュニケーション技術

コミュニケーション手段		●面接時に用いるコミュニケーション技法には、非言語的コミュニケーションと言語的コミュニケーションがある	
	非言語的コミュニケーション	●視線、表情、身振り、態度、声の高さ、クライエントとの距離など言語を使用せずにメッセージを交わす方法 ●非言語的な表現の観察においては、クライエントのアンビバレントな感情を理解する	
	言語的コミュニケーション	●言葉を使用してメッセージを交わす方法	
質問		●質問方法は、閉じられた質問と開かれた質問を状況に応じて効果的に使い分け、面接を行う	
	閉じられた質問	●「はい」「いいえ」または「一言」で簡単に答えられる質問 ●事実を確認するときなどに用いる	
	開かれた質問	●クライエントが自由に答えることができる質問 ●問題を明らかにするときや思いを引き出すときなどに用いる	
面接技法		傾聴	●クライエントに対し、十分に関心を向け、クライエントの心の声に能動的に耳を澄ますこと
		受容	●クライエントを評価したりせず、相手をありのままに受け入れること
		共感	●クライエントの考え方について、援助者がクライエントの立場に立って理解しようとすること
		予備的共感	●事前情報をもとに、クライエントの立場に立った共感的な姿勢を準備しておくこと
		焦点化	●クライエントの話した内容を要約し、要約した内容をクライエントに戻す
		直面化	●クライエント自身の内面にある葛藤状態に直面させることでクライエントが目を背けていることに気づかせる
		明確化	●クライエントが思いを言語にできないときに、クライエントの思いや感情をより明確にして伝える
		要約	●クライエントが語った経験、行動、感情の経過を要約し、クライエントに伝える
		波長合わせ	●援助者が、自らの態度、言葉遣い、質問の形式等をクライエントの反応に合わせて修正していくこと
		支持・励まし	●クライエントの発言内容を尊重し、承認して、それを言語・非言語の方法で伝達する

社会福祉制度
生活保護

「被保護者数」と「被保護世帯数」（1か月平均）の年次推移

厚生労働省「被保護者調査」（令和3年度（確定値））

生活保護の原理・原則

<table>
<tr><td rowspan="4">4原理</td><td>国家責任の原理</td><td>● 憲法第25条の理念に基づき、国が生活に困窮するすべての国民に対し、その困窮の程度に応じ、必要な保護を行い、その最低限度の生活を保障するとともに、その自立を助長することを目的とする</td></tr>
<tr><td>無差別平等の原理</td><td>● すべて国民は、保護を、無差別平等に受けることができる</td></tr>
<tr><td>最低生活保障の原理</td><td>● 保障される最低限度の生活は、健康で文化的な生活水準を維持することができるものでなければならない</td></tr>
<tr><td>保護の補足性の原理</td><td>● 保護は、生活に困窮する者が利用し得る資産、能力その他あらゆるものを、その最低限度の生活の維持のために活用することを要件として行われる
● 民法に定める扶養義務者の扶養は、保護に優先して行われる</td></tr>
<tr><td rowspan="4">4原則</td><td>申請保護の原則</td><td>● 保護は、要保護者、その扶養義務者またはその他の同居の親族の申請に基づいて開始する
● ただし、要保護者が急迫した状況にあるときは、保護の申請がなくても、必要な保護を行うことができる</td></tr>
<tr><td>基準および程度の原則</td><td>● 保護は、厚生労働大臣の定める基準により測定した要保護者の需要をもととし、そのうち、その者の金銭または物品で満たすことのできない不足分を補う程度において行う</td></tr>
<tr><td>必要即応の原則</td><td>● 保護は、要保護者の年齢別、性別、健康状態等その個人または世帯の実際の必要の相違を考慮して、有効かつ適切に行うものとする</td></tr>
<tr><td>世帯単位の原則</td><td>● 保護は、世帯を単位としてその要否および程度を定めるものとする。ただし、これによりがたいときは、個人を単位として定めることができる</td></tr>
</table>

保護の範囲および方法

介護扶助		●介護扶助は、困窮のため最低限度の生活を維持することのできない介護保険法に規定する要介護者、要支援者等に対して、原則として現物給付として支給する
	対象者	（1）介護保険の第1号被保険者（65歳以上） （2）介護保険の第2号被保険者で特定疾病により要支援・要介護状態にある人 （3）40歳以上65歳未満の医療保険未加入者で、特定疾病により要支援・要介護状態にある人
	介護扶助の範囲	●居宅介護（居宅介護支援計画に基づき行うものに限る） ●福祉用具（介護保険制度に基づく福祉用具購入と同一） ●住宅改修（介護保険制度に基づく住宅改修と同一） ●施設介護（特別なサービスを除き、介護保険制度に基づく施設介護と同一） ●介護予防（介護予防支援計画に基づき行うものに限る） ●介護予防福祉用具（介護保険制度に基づく、介護予防福祉用具購入費の支給と同一） ●介護予防住宅改修（介護保険制度に基づく、介護予防住宅改修と同一） ●介護予防・日常生活支援（介護予防支援計画または介護保険法に規定する第1号介護予防支援事業による援助に相当する援助に基づき行うものに限る） ●移送（交通費の支弁が困難な被保護者に、介護扶助として給付）
	介護扶助の方法	●居宅介護は、居宅介護支援計画に基づき行うものに限り支給され、介護予防は、介護予防支援計画に基づくものに限り支給される。（被保険者が介護扶助の申請をする場合は、居宅介護支援計画等の写しが必要） ●介護保険の被保険者に対しては、介護保険の給付が優先し、自己負担部分が介護扶助の対象となる ●生活保護を受給する被保険者が居宅サービス計画の作成を依頼する場合には、その費用は介護保険から支給される ●40歳以上65歳未満の生活保護受給者で、介護保険の被保険者とならない者に対しては、原則として、介護扶助が10割の現物給付として実施される ●住宅改修と特定福祉用具購入に関する介護扶助は、金銭給付で行われる
	指定介護機関の指定	●介護扶助による介護の給付は、介護保険法の指定を受け、かつ生活保護法による指定を受けた事業者等（指定介護機関）に委託して行われる
	要介護認定	●被保険者以外の生活保護受給者が介護扶助を受ける場合、生活保護制度で行う要介護認定は、市町村の介護認定審査会に委託して行われる
医療扶助		●診察、薬剤または治療材料、医学的処置、手術およびその他の治療ならびに施術 ●居宅における療養上の管理および療養に伴う世話その他の看護 ●病院または診療所への入院およびその療養に伴う世話その他の看護、移送
	医療扶助の方法	●原則、現物給付によって行う（必要があるときは金銭給付） ●医療の給付は、指定医療機関に委託して行う

生活扶助		● 衣食その他日常生活の需要を満たすために必要なもの、移送
	生活扶助の方法	● 原則、金銭給付によって行う
	介護施設入所者 基本生活費	● 介護施設に入所している被保護者の一般生活費
	入院患者日用品費	● 病院または診療所に入院している被保護者の一般生活費
	介護施設入所者加算	● 介護施設に入所している者に対する特別需要に対する加算
	介護保険料加算	● 介護保険の第1号被保険者で、普通徴収の方法によって保険料を納付する者に加算
住宅扶助		● 住居（借家・借間の場合の家賃・間代等や、転居時の敷金、契約更新料等） ● 補修その他住宅の維持のために必要なもの（家屋の補修費または建具、水道設備等の修理経費等）
	住宅扶助の方法	● 原則、金銭給付によって行う（必要があるときは、現物給付） ● 現物給付は、宿所提供施設に委託して行う
生業扶助		● 生業費、技能修得費、就職支度費
	生業扶助の方法	● 原則、金銭給付によって行う（必要があるときは、現物給付）
葬祭扶助		● 検案、死体の運搬、火葬または埋葬、納骨その他葬祭のために必要なもの
	葬祭扶助の方法	● 原則、金銭給付によって行う
出産扶助		● 分娩の介助、分娩前および分娩後の処置、脱脂綿、ガーゼその他の衛生材料
	出産扶助の方法	● 原則、金銭給付によって行う
教育扶助		● 義務教育に伴って必要な教科書その他の学用品、学校給食費、通学のための交通費、学習支援費
	教育扶助の方法	● 原則、金銭給付によって行う

生活保護の実施機関

福祉事務所		● 社会福祉法に基づき、都道府県および市は、福祉事務所を設置しなければならない（町村は、任意設置）
	主な配置職員	● 所長、査察指導員、現業員、事務職員を配置 ● 査察指導員と現業員は、社会福祉主事でなければならない
	所管事務	● 市町村が設置する福祉事務所は、生活保護法、児童福祉法、母子父子寡婦福祉法、老人福祉法、身体障害者福祉法、知的障害者福祉法からなる福祉六法の事務を所管する

生活保護と介護保険の関係

		65 歳以上 （第 1 号被保険者）	40 歳以上 65 歳未満	
			医療保険加入者 （第 2 号被保険者）	医療保険未加入のため介護保険の被保険者とならない特定疾病による要介護者
介護保険の保険料	介護保険の取り扱い	● 年金月額 1 万 5,000 円以上の受給者は、年金から特別徴収（天引き） ● 年金月額 1 万 5,000 円未満は普通徴収	● 健康保険の保険料と一体徴収、納付金として各医療保険者が納付	● 介護保険の被保険者ではないため、保険料の負担はない
	生活保護の対応	ア）年金から特別徴収される場合は年金収入から控除 イ）ア以外は生活扶助の「介護保険料加算」による ※生活保護の実施機関による代納もできる	● 勤労収入から控除	
介護サービスの費用負担		介護保険 ： 原則 9 割 介護扶助 ： 原則 1 割		介護扶助 ： 10 割
施設入所の日常生活費		生活扶助（介護施設入所者基本生活費）		
要介護認定		● 一般の被保険者と同様に市町村に申請し、介護認定審査会の判定を受け、市町村の認定を受ける		● 生活保護制度で独自に行う ● 被保険者と統一を図るため介護認定審査会に審査判定を委託して実施する
居宅介護支援計画		● 居宅介護にかかる介護扶助の申請は、居宅介護支援計画書等の写しを添付して行う		● 居宅介護支援計画書の写しは必要ない
介護扶助の程度		● 介護扶助の程度は、区分支給限度基準額の範囲内		
介護保険、障害者総合支援法との関係		介護保険優先		障害者総合支援法優先

障害者総合支援法

サービス利用の流れ

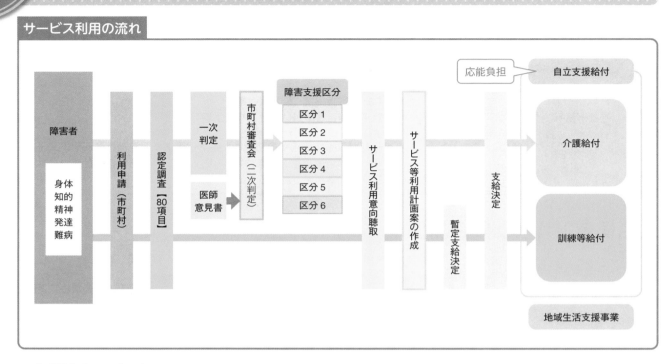

● 支給決定のプロセス

介護給付 希望の場合	利用申請	● 市町村に利用申請を行う（指定相談支援事業者等による申請代行もできる）
	認定調査	● 市町村が実施する（指定一般相談支援事業者等に委託することもできる） ● 調査項目は、5 つの領域から「80 項目」ある
	一次判定	● 全国統一のコンピュータによって判定を行う
	二次判定・認定	● 市町村審査会において審査し、非該当、区分 1 〜区分 6 のどれかに判定する ● 市町村は、二次判定の結果に基づき認定する（有効期間は原則 3 年）
	サービス等利用計画案	● 市町村は、必要と認められる場合に、指定特定相談支援事業者等が作成する サービス等利用計画案の提出を求める
	支給決定	● 市町村は、サービス等利用計画案を勘案して支給決定を行う ● 支給決定を行った場合、支給量等を記載した「障害福祉サービス受給者証」 を交付する
訓練等給付を 希望の場合		● 訓練等給付を希望の場合は、障害支援区分の認定は行われない ● 正式の支給決定の前に、暫定支給決定が行われる

● 介護給付と訓練等給付

区分	障害福祉サービス名		サービス内容	障害支援区分
介護給付	1	居宅介護	● 自宅で入浴、排泄、食事の介護などの介護や、掃除、買物などの家事支援を行う	区分1以上
	2	行動援護	● 知的・精神障害により行動上著しい困難があり、常時介護が必要な人に危険を回避するために必要な支援、外出支援を行う	区分3以上
	3	同行援護	● 視覚障害者に対して、移動に必要な情報の提供、移動の援護、食事、排泄の介護など外出時に必要な援助を行う	なし
	4	重度訪問介護	● 重度の肢体不自由者、知的・精神障害により行動上著しい困難を有する障害者で、常時介護を要する人に、自宅等で入浴、排泄、食事の介護、外出時の移動支援を総合的に行う	区分4以上
	5	重度障害者等包括支援	● 介護の必要の程度が著しく高い人に、居宅介護などの複数のサービスを包括的に行う	区分6
	6	生活介護	● 常時介護が必要な人に、主に昼間、入浴、排泄、食事等の介護や創作的活動または生産活動の機会を提供する	区分3以上（50歳以上は区分2以上）
	7	療養介護	● 病院等への長期の入院による医療的なケアと、常時の介護を必要とする人に医療機関で機能訓練、療養上の管理、看護等を行う	区分5以上
	8	短期入所	● 介護者が疾病等の場合などに、短期間、障害者支援施設などで入浴、排泄、食事等の介護を行う	区分1以上
	9	施設入所支援	● 障害者支援施設に入所する人に、主に夜間、入浴、排泄、食事の介護等を行う	区分4以上（50歳以上は区分3以上）
訓練等給付	10	自立訓練（機能訓練・生活訓練）	● 自立した日常生活や社会生活が送れるように、一定期間、身体機能または生活能力の維持・向上のために必要な訓練を行う	障害支援区分の要件なし
	11	就労移行支援	● 一般企業等への就労を希望する人に、一定期間、就労に必要な知識、能力の向上のために必要な訓練を行う	
	12	就労継続支援（A（雇用）型・B（非雇用）型）	● 一般企業等での就労が困難な人に、働く場を提供するとともに、知識や能力の向上のために必要な訓練を行う	
	13	共同生活援助（グループホーム）	● 主に夜間、共同生活を行う住居で、相談や日常生活上の援助を行う	
	14	自立生活援助	● 施設入所支援や共同生活援助を利用していた障害者が居宅において日常生活を送れるように、定期的な巡回訪問や随時の対応により、円滑な地域生活に向けた相談・助言等を行う	
	15	就労定着支援	● 就労に向けた一定の支援を受けて通常の事業所に新たに雇用された障害者を対象として、就業に伴う生活面の課題に対応できるよう、事業所、家族等との連絡調整等の支援を行う	

※訓練等給付に「就労選択支援」が加わる（2022（令和4）年12月16日から3年を超えない範囲内において政令で定める日から施行）

● 地域生活支援事業

市町村事業	理解促進研修・啓発事業	● 障害者等の自立した日常生活および社会生活に関する理解を深めるための研修および啓発を行う事業
	自発的活動支援事業	● 障害者等やその家族、地域住民等が自発的に行う活動に対する支援事業
	相談支援事業	● 基幹相談支援センター等機能強化事業、住宅入居等支援事業（居住サポート事業）
	成年後見制度利用支援事業	● 成年後見制度の利用に要する費用のうち、成年後見制度の申立てに要する経費および後見人等の報酬の全部または一部を補助する事業
	成年後見制度法人後見支援事業	● 成年後見制度における後見等の業務を適正に行うことができる法人を確保できる体制を整備し、市民後見人の活用も含めた法人後見の活動を支援する事業
	意思疎通支援事業	● 手話通訳者、要約筆記者を派遣する事業、点訳、代筆、代読、音声訳等による支援事業など意思疎通を図ることに支障がある障害者等の意思疎通を支援する事業
	日常生活用具給付等事業	● 重度障害者等に対し、日常生活上の便宜を図るための日常生活用具を給付または貸与する事業
	手話奉仕員養成研修事業	● 聴覚障害者等との日常会話程度の手話表現技術を習得した手話奉仕員を養成研修する事業
	移動支援事業	● 外出時に移動の支援が必要な障害者等に対し、社会生活上必要不可欠な外出および余暇活動等の社会参加のための外出支援を行う事業
	地域活動支援センター機能強化事業	● 障害者等につき、地域活動支援センター等に通わせ、創作的活動または生産活動の機会の提供、社会との交流の促進等を供与する事業
都道府県事業		● 専門性の高い相談支援事業 ● 専門性の高い意思疎通支援を行う者の養成研修事業 ● 専門性の高い意思疎通支援を行う者の派遣事業 ● 意思疎通支援を行う者の派遣にかかる市町村相互間の連絡調整事業 ● 広域的な支援事業

● 自立支援医療

自立支援医療		● 心身の障害を除去・軽減するための医療について、医療費の自己負担額を軽減する公費負担医療制度 ● 利用者負担は「応能負担」が原則
	更生医療	18歳以上の身体障害者が対象（身体障害者手帳の交付が必要）
	育成医療	身体に障害を有する18歳未満の障害児が対象
	精神通院医療	通院による精神医療が継続的に必要な精神障害者が対象

介護保険法と障害者総合支援法の比較

		介護保険法	障害者総合支援法
保険者 （実施主体）		市町村	市町村
被保険者 （対象者）		●第1号被保険者　65歳以上 ●第2号被保険者　40～65歳未満の医療保険加入者	●障害者　18歳以上の身体・知的・精神障害者（発達障害者を含む）、難病患者等 ●障害児　18歳未満の身体・知的・精神障害者
要介護認定 （障害支援区分）	申請先	市町村	市町村
	調査項目	74項目	80項目
	審査会	介護認定審査会	市町村審査会
	認定	要支援1～要介護5の「7区分」	区分1～区分6の「6区分」
ケアマネジメント		居宅介護支援事業所、地域包括支援センターによるケアマネジメント	特定相談支援事業所等によるケアマネジメント
保険給付 （自立支援給付）		介護給付　26種類 予防給付　15種類	介護給付　　9種類 訓練等給付　6種類（※）
地域支援事業 （地域生活支援事業）		市町村（必須事業と任意事業）	市町村（必須事業と任意事業） 都道府県（必須事業と任意事業）
福祉用具		福祉用具貸与（1～3割負担） 福祉用具購入（1～3割負担）	補装具（応能負担） 日常生活用具（市町村が決定）
費用負担		保険料　50%　公費　50% （国1/2、都道府県1/4、市町村1/4が原則）	公費　100% （国1/2、都道府県1/4、市町村1/4が原則）
計画		都道府県介護保険事業支援計画　（3年を1期） 市町村介護保険事業計画　　　　（3年を1期）	都道府県障害福祉計画　（3年を1期） 市町村障害福祉計画　　（3年を1期）
審査請求		介護保険審査会	都道府県 （障害者介護給付費等不服審査会）
利用者負担		原則1～3割 （ケアマネジメントは無料）	応能負担 （ケアマネジメントは無料）
優先関係		●両方利用できるときは、原則として「介護保険」優先 ●障害福祉サービス固有のサービス（同行援護、行動援護、自立訓練、就労移行支援、就労継続支援など）は、介護保険の利用者も受けることができる	

（※）「就労選択支援」が加わると7種類になる（2022（令和4）年12月16日から3年を超えない範囲内において政令で定める日から施行）

単元
60

社会福祉制度
成年後見制度

成年後見制度の分類

法定後見制度

法定後見制度は、民法で規定されており、認知症、知的障害、精神障害等により判断能力が不十分であるために、意思決定が困難な人が不利益を受けないように、後見人などが援助する制度

	後見	保佐	補助
対象となる人	判断能力が欠けているのが通常の人	判断能力が著しく不十分な人	判断能力が不十分な人
鑑定の要否	原則として必要 （明らかに鑑定が必要のない場合は不要）		原則として診断書等で可
取消権または同意権の範囲	「日常生活」や「身分行為」に関する行為以外の行為の取消権	民法第13条第1項の所定の行為 1. 元本を領収し、または利用すること 2. 借財または保証をすること 3. 不動産等に関する権利の得喪を目的とする行為 4. 訴訟行為 5. 贈与、和解または仲裁合意 6. 相続の承認・放棄、遺産の分割 7. 贈与の拒絶、遺贈の放棄等 8. 新築、改築、増築、大修繕 9. 短期賃貸借期間を超える賃貸借 ※上記以外の行為も請求により家庭裁判所の審判を受けることができる	民法第13条第1項の所定の行為の一部
取消権または同意権を付与する場合の本人の同意	不要		必要
代理権の範囲	財産に関するすべての法律行為	申立ての範囲内で家庭裁判所が審判で定める 「特定の法律行為」	
代理権を付与する場合の本人の同意	不要	必要	
代理権の制限	●本人の居住用不動産の処分をするには、家庭裁判所の許可が必要 ●本人と利益相反する行為は、家庭裁判所が選任した特別代理人（臨時保佐人・補助人）が本人を代理する ●身分行為（結婚・離婚・認知など）は、代理権の対象とならない		

成年後見制度手続きの流れ

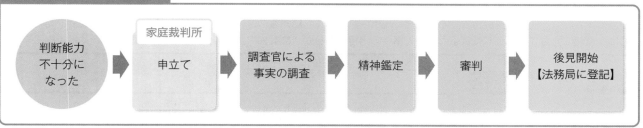

後見開始の審判		● 家庭裁判所は申立て者の請求により、後見開始・保佐開始・補助開始の審判をすることができる（本人以外の者の請求により補助開始の審判をするときは、本人の同意が必要）
申立てができる人		● 本人・配偶者・4 親等内の親族、検察官など （※申立権者が見つからない等の場合は、市町村長も可）
後見人の選任		● 家庭裁判所は、成年後見開始の審判をするときは、職権で成年後見人を選任する （保佐人および補助人についても同様に職権で選任）
後見人になれる人	親族	● 配偶者、子、孫、兄弟姉妹などの親族
	第三者	● （個人）社会福祉士、弁護士、司法書士など ● （法人）社会福祉法人、株式会社、社会福祉協議会など
	複数人の選択	● 身上監護を家族後見人、財産管理を第三者後見人が担うなど、複数の後見人を選任して役割分担することもできる
後見人の欠格事由		● 未成年者、家庭裁判所で免ぜられた法定代理人等、破産者、被後見人に対して訴訟をした者など
後見人の職務	財産管理	● 財産の保存、利用、処分など財産管理に関する法律行為
	身上監護	● 介護契約や施設入所・入院契約等の法律行為 （介護・看護等の事実行為、医療行為の同意などは除く）

成年後見制度利用支援事業

事業の概要	● 権利擁護を図るために、成年後見制度の利用が有効にもかかわらず、利用が困難な人に対し制度の利用を支援する制度 ● 介護保険法では、地域支援事業の任意事業として、障害者総合支援法では、地域生活支援事業の必須事業として実施している
利用対象者	● 認知症高齢者、知的障害者または精神障害者で、成年後見制度の必要経費の助成を受けなければ制度の利用が困難な人
補助の対象	● 申立費用（登記印紙代、鑑定費用など）、後見人などの報酬の助成

第4章　福祉サービス分野

任意後見制度

任意後見制度は、任意後見契約に関する法律で規定されている。認知症などにより判断能力が不十分になったときなどのために、事前に後見人になってくれる人と後見事務の内容をあらかじめ契約によって決めておく制度

任意後見制度手続きの流れ

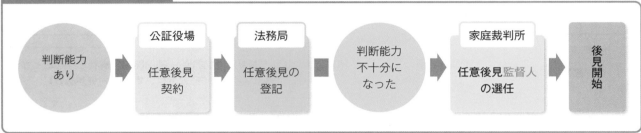

任意後見契約	● 任意後見契約は、公証役場で、「公正証書」によってしなければならない
登記	● 任意後見契約の公正証書が作成されると、公証人の嘱託により法務局に登記される
任意後見監督人の選任	● 本人の事理を弁識する能力が不十分な状況にあるときは、家庭裁判所は、本人、配偶者、4親等内の親族または任意後見受任者の請求により、任意後見監督人を選任する
欠格事由	● 任意後見受任者または任意後見人の配偶者、直系血族および兄弟姉妹は、任意後見監督人となることができない
職務	● 任意後見人の事務を監督すること ● 任意後見人の事務に関し、家庭裁判所に定期的に報告をすること ● 急迫の事情がある場合に、任意後見人の代理権の範囲内において、必要な処分をすること ● 任意後見人と本人との利益が相反する行為について本人を代表すること

成年後見制度利用促進法

目的	● 成年後見制度の利用の促進について、基本方針その他の基本となる事項を定めること等により、成年後見制度の利用の促進に関する施策を総合的かつ計画的に推進することを目的とする
基本理念	● 「ノーマライゼーション」「自己決定の尊重」および「身上の保護の重視」の考え方を示している
国の責務	● 国は、基本理念にのっとり、成年後見制度の利用の促進に関する施策を総合的に策定し、実施する責務を有する
成年後見制度 利用促進基本計画	● 政府は、成年後見制度利用促進基本計画を定めなければならない ● 計画では、権利擁護支援の地域連携ネットワークづくりが必要とされている

社会福祉制度
日常生活自立支援事業

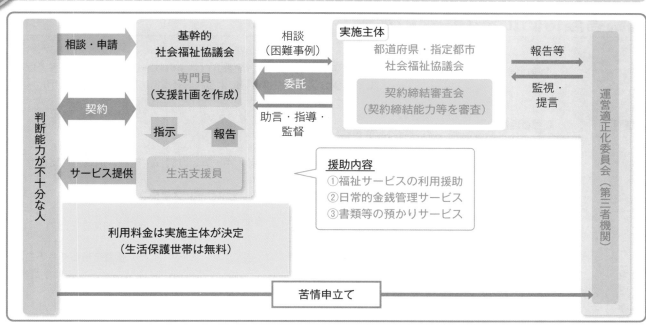

事業名	● 社会福祉法において第二種社会福祉事業に規定された福祉サービス利用援助事業
実施主体	● 都道府県・指定都市の社会福祉協議会 ● 業務の一部を市町村社会福祉協議会（基幹的社会福祉協議会）等に委託できる
利用対象者	● 認知症高齢者・知的障害者・精神障害者等で、判断能力が不十分な人 　（本事業の契約内容が判断できる能力が必要）

実施体制等	専門員	● 支援計画の作成や契約締結の業務、生活支援員の指導等を行う ● 高齢者や障害者等への援助経験のある社会福祉士・精神保健福祉士などから任用される
	生活支援員	● 支援計画に基づき援助する
	契約締結審査会	● 都道府県・指定都市社会福祉協議会に設置。契約締結能力に疑義がある場合に審査する
	運営適正化委員会	● 事業の実施状況の定期的報告を受け、必要に応じ勧告を行う等、事業の監視、提言をする（都道府県社会福祉協議会に設置）

援助内容	福祉サービスの利用援助	● 福祉サービスの利用に関する援助 ● 福祉サービスの利用に関する苦情解決制度の利用援助 ● 住宅改造、居住家屋の賃借、日常生活上の消費契約、行政手続き（住民票の届出等）に関する援助など
	日常的金銭管理サービス	● 年金や福祉手当の受領に必要な手続き ● 公共料金や税金、社会保険料、医療費などを支払う手続き ● 上記の支払いに伴う預金の払い戻し、解約、預金の預け入れの手続きなど
	書類等の預かりサービス	● 年金証書、預貯金の通帳、権利証、保険証書、実印・銀行印等の預かり

利用にあたって	● 入院・入所した場合でも、日常生活自立支援事業を利用することができる ● 一定の条件を満たせば、成年後見制度と日常生活自立支援事業とを併用することができる

高齢者虐待

高齢者虐待防止法の用語の定義

定義	高齢者	●65歳以上の者 （65歳未満の者で養介護施設入所者や養介護事業のサービスを受ける障害者は高齢者とみなして、養介護施設従事者等による高齢者虐待に関する規定を適用）
	高齢者虐待	①養護者による虐待 ②養介護施設従事者等による虐待
	養介護施設等	●養介護施設：老人福祉施設、有料老人ホーム、介護保険施設、地域包括支援センター等 ●養介護事業：老人居宅生活支援事業、居宅サービス事業等
虐待の種類	身体的虐待	●高齢者の身体に外傷が生じ、または生じるおそれのある暴行を加えること
	介護等放棄	●高齢者を衰弱させるような著しい減食、長時間の放置など、養護を著しく怠ること
	心理的虐待	●高齢者に対する著しい暴言、拒絶的な対応、著しい心理的外傷を与える言動を行うこと
	性的虐待	●高齢者にわいせつな行為をすること、またはさせること
	経済的虐待	●高齢者の財産を不当に処分すること、高齢者から不当に財産上の利益を得ること
通報義務	養護者による虐待	●養護者による高齢者虐待を受けたと思われる高齢者を発見した者は、高齢者の生命または身体に重大な危険が生じている場合は、速やかに、これを市町村に通報しなければならない ●養護者による高齢者虐待を受けたと思われる高齢者を発見した者は、速やかに、これを市町村に通報するよう努めなければならない
	養介護施設従事者等による虐待	●養介護施設従事者等は、施設従事者等による高齢者虐待を受けたと思われる高齢者を発見した場合は、速やかに、市町村に通報しなければならない ●養介護施設従事者等は、この通報をしたことを理由として、解雇その他不利益な取扱いを受けない
		●高齢者虐待の通報は、秘密義務に関する法律の規定に妨げられない

※高齢者虐待防止法の正式名称は、「高齢者虐待の防止、高齢者の養護者に対する支援等に関する法律」

養護者による高齢者虐待への対応

養護者による虐待 — 令和4年度の被虐待高齢者は「17,091人」

虐待の種類	身体的	11,167件（65%）			
	心理的	6,660件（39%）			
	介護等放棄	3,370件（20%）			

身体的虐待が最も多い

被虐待者	性別	女性　76%				男性　24%
	年齢	65〜74歳 21%	75〜79歳 19%	80〜84歳 25%	85〜89歳 21%	90歳以上 14%

虐待者	家族形態	未婚の子と同居 34%	夫婦のみ 24%	配偶者と離別等した子と同居 11%	子夫婦と同居 10%	単独世帯 7%	その他
	続柄	息子 39%	夫 23%	娘 19%		妻 7%	その他

対応状況	相談・通報者	警察 34%	介護支援専門員 25%	家族・親族 8%	本人 6%	介護保険事業所職員 5%	当該市町村行政職員 5%	その他
	虐待事例	虐待を受けていた事例 45%		非虐待と判断 39%				虐待の判断に至らず 17%

養介護施設従事者等による虐待 — 令和4年度の被虐待高齢者は「1,406人」

虐待の種類	身体的	810件（58%）			
	心理的	464件（33%）			
	介護等放棄	326件（23%）			

被虐待者	性別	女性　72%				男性　27%
	年齢	65〜74歳 8% / 75〜79歳 10%	80〜84歳 15%	85〜89歳 24%	90〜94歳 24%	95歳以上 14%	不明

虐待者	施設の種別	特別養護老人ホーム 32%	有料老人ホーム 26%	認知症対応型共同生活介護 12%	介護老人保健施設 11%	その他

資料：令和4年度「高齢者虐待の防止、高齢者の養護者に対する支援等に関する法律」に基づく対応状況等に関する調査結果

第4章　福祉サービス分野

251

社会福祉制度

その他の関連制度

後期高齢者医療制度

目的		●後期高齢者医療は、高齢者の疾病、負傷または死亡に関して必要な給付を行うものとする
運営主体		●都道府県ごとにすべての市町村が加入して設立される後期高齢者医療広域連合
被保険者		●被保険者は、広域連合の区域内に住所を有する者で、次のいずれかに該当するもの
	1	●75歳以上の者
	2	●65歳以上75歳未満であって、一定の障害の状態にあると広域連合の認定を受けた者
適用除外		●生活保護法による保護を受けている世帯（その保護を停止されている世帯を除く）に属する者
住所地特例		●被保険者が、他の広域連合の病院、診療所または施設に入院・入所して住所を変更した場合には、入院・入所前の住所地の広域連合の被保険者となる（届出は、入院・入所する前の広域連合に行う）
	対象施設等	●病院または診療所、障害者支援施設、特別養護老人ホーム、養護老人ホーム、介護保険施設など
保険料		●被保険者が負担する保険料は、条例により後期高齢者医療広域連合が決定し、毎年度、個人単位で賦課される（2年ごとに保険料率を改定） ●年金額18万円以上は、特別徴収。18万円未満は普通徴収される ●配偶者、世帯主は連帯納付義務がある
後期高齢者医療給付の種類		●療養の給付、入院時食事療養費、入院時生活療養費、保険外併用療養費、療養費、訪問看護療養費、特別療養費、移送費の支給、高額療養費、高額介護合算療養費の支給などがある
	療養の給付	●診察、薬剤または治療材料の支給、処置、手術など ●診療報酬点数表は、健康保険法に基づくものと同一 ●患者の一部負担額、1割または2割（現役並み所得者3割）負担
費用負担		●「医療給付費」のうち、約5割を公費（国：都道府県：市町村＝4：1：1）、約4割を後期高齢者支援金、約1割を保険料で負担

国保・被用者保険からの支援金　4割 （後期高齢者支援金）	保険料　1割
公費　5割（国：都道府県：市町村＝4：1：1）	

老人福祉法

目的	● この法律は、老人の福祉に関する原理を明らかにするとともに、老人に対し、その心身の健康の保持および生活の安定のために必要な措置を講じ、もって老人の福祉を図ることを目的とする
基本的理念	● 老人は、多年にわたり社会の進展に寄与してきた者として、かつ、豊富な知識と経験を有する者として敬愛されるとともに、生きがいをもてる健全で安らかな生活を保障されるものとする
市町村が行う措置	● 市町村は、65歳以上で環境上および経済的理由で居宅において養護が困難なものを養護老人ホームに入所の措置をとる ● 市町村は、「やむを得ない理由」で、介護保険法に規定するサービスの利用が著しく困難な場合は、老人居宅介護等事業等の利用や特別養護老人ホームに入所の措置をとる
老人の日	● 老人の日：9月15日、老人週間：9月15日〜21日
市町村老人福祉計画	● 市町村は、市町村老人福祉計画を定めるものとする ● 市町村老人福祉計画は、市町村介護保険事業計画と一体のものとして作成されなければならない
老人クラブ	● 地方公共団体は、老人の福祉を増進することを目的とする事業の振興を図るとともに、老人クラブその他当該事業を行う者に対して、適当な援助をするように努めなければならない
老人福祉施設	● 老人デイサービスセンター、老人短期入所施設、養護老人ホーム、特別養護老人ホーム、軽費老人ホーム、老人福祉センターおよび老人介護支援センター
老人居宅生活支援事業	● 老人居宅介護等事業、老人デイサービス事業、老人短期入所事業、小規模多機能型居宅介護事業、認知症対応型老人共同生活援助事業および複合型サービス福祉事業

有料老人ホーム	定義	● 老人を入居させ（1人以上）、入浴、排泄もしくは食事の介護、食事の提供またはその他の日常生活上必要な便宜を提供する施設 （老人福祉施設、認知症対応型老人共同生活援助事業を行う住居等ではないもの）
	類型	● 「介護付」（介護保険の特定施設入居者生活介護の指定を受けたもの） ● 「住宅型」（外部のサービスを利用するもの） ● 「健康型」（介護が必要になった場合退去するもの）
	届出等	● 有料老人ホームの設置者は、施設を設置しようとする都道府県知事にあらかじめ届け出なければならない ● 事業を廃止・休止しようとするときは、1か月前までに、都道府県知事に届け出なければならない
	権利金、前払い金	● 権利金その他の金品（家賃、敷金および介護等の対価として受領する費用を除く）を受領してはならない ● 家賃等の一部を前払い金として受領するときは、必要な保全措置を講じなければならない

サービス付き高齢者向け住宅

サービス付き高齢者向け住宅	● 一定の基準を満たす住宅は、都道府県知事等の登録を受けることができる ● 登録を受けた場合には、有料老人ホームの届出は不要（有料老人ホームとみなされる） ● 要件を満たしたサービス付き高齢者向け住宅の建設や改修等に対しては、国の補助制度がある
入居者	● 単身高齢者または高齢者とその同居者（配偶者等） （高齢者：60歳以上または60歳未満の要支援者・要介護者）
規模・設備	● 居室は原則25㎡以上（台所などが共有の場合は18㎡以上） ● 各居室に、水洗便所、洗面設備、台所、収納、浴室（台所、収納、浴室は共用可） ● バリアフリー構造
サービス	● 少なくとも、状況把握サービス、生活相談サービスを提供すること
契約関係	● 権利金その他の金銭を受領しない契約であること ● 前払い家賃などの保全措置をとること ● 入居者に契約前に書面を交付して必要な説明を行う
指導監督	● 都道府県知事等は、事業者に対して報告を求め、立ち入り検査を行うことができる ● 事業者が登録基準に適合しないと認めるときなどは、登録を取り消すことができる
住所地特例の扱い	● 2015（平成27）年4月以降は、有料老人ホームに該当するサービスを提供するサービス付き高齢者向け住宅のうち、地域密着型特定施設に該当しない住宅はすべて特定施設に該当し、住所地特例の対象となった

福祉避難所

福祉避難所	● 災害発生時に、要配慮者を受け入れる避難所で、国のガイドラインによって各市町村で確保するよう求められている
指定避難所の基準	● 要配慮者の円滑な利用の確保、要配慮者が相談し、または助言その他の支援を受けることができる体制が整備された施設で、災害対策基本法施行令の基準を満たすもの
要配慮者	● 災害時において、高齢者、障害者、乳幼児その他の特に配慮を要する者
利用対象	● 身体等の状況が特別養護老人ホームまたは老人短期入所施設等へ入所するには至らない程度の者であって、避難所での生活において、特別な配慮を要する者およびその家族
介護サービス	● 避難所等において生活している高齢者等に対して、訪問介護や通所介護等の介護サービスを提供した場合、介護報酬の算定が可能

生活困窮者自立支援法

目的		● 生活困窮者自立相談支援事業の実施、生活困窮者住居確保給付金の支給その他の生活困窮者に対する自立の支援に関する措置を講ずることにより、生活困窮者の自立の促進を図る
生活困窮者の定義		● 就労の状況、心身の状況、地域社会との関係性などの事情により、現に経済的に困窮し、最低限度の生活を維持することができなくなるおそれのある者（要保護者以外の生活困窮者）
実施主体		● 福祉事務所を設置する自治体（都道府県、市、福祉事務所を設置する町村）
必須事業	自立相談支援事業	● 主任相談支援員、相談支援員、就労支援員を配置
		支援内容 ①生活困窮者からの相談に応じ、必要な情報の提供および助言 ②認定生活困窮者就労訓練事業の利用についてのあっせん ③「自立支援計画」の作成、自立支援に基づく支援
	住居確保給付金の支給	● 離職等により住宅を失った生活困窮者等に対し家賃相当の「住居確保給付金」を支給（原則3か月。最長9か月）
任意事業	就労準備支援事業（努力義務）	● 雇用による就業が困難な生活困窮者に対し、就労に必要な知識および能力の向上のために必要な訓練を行う事業（原則は1年を超えない期間）
	家計改善支援事業（努力義務）	● 収入、支出その他家計の状況を適切に把握することおよび家計の改善の意欲を高めることを支援するとともに、生活に必要な資金の貸付けのあっせんを行う事業
	一時生活支援事業	● 住居のない生活困窮者に対して一定期間宿泊場所や衣食の提供等を実施（原則3か月（必要と認める場合は6か月）を超えない期間）
	子どもの学習・生活支援事業	● 生活困窮者である子どもに対し、学習の援助を行う事業
就労訓練事業（中間的就労）		● 雇用による就業を継続して行うことが困難な生活困窮者に対し、就労の機会を提供するとともに、就労に必要な知識および能力の向上のために必要な訓練などを行う
支援会議の設置		● 都道府県等は、関係機関、都道府県等から生活困窮者自立相談支援事業等の委託を受けた者、生活困窮者に対する支援に関係する団体などにより構成される会議を組織することができる

育児・介護休業法(育児休業、介護休業等育児又は家族介護を行う労働者の福祉に関する法律)

育児休業制度	● 労働者（男女）は、申し出ることにより、子が1歳（保育所に入所できない場合等、一定の事由がある場合、最長2歳）に達するまでの間、育児休業を取得することができる ● 分割して2回まで取得することが可能 ● 父母がともに育児休業を取得する場合、1歳2か月までの間に、1年間、育児休業を取得することができる（パパ・ママ育休プラス）
産後パパ育休 （出生時育児休業）	● 男性の育児休業取得促進のため、子の出生後8週間以内に4週間まで取得することができる
子の看護休暇	● 小学校就学前の子を養育する労働者は、子1人の場合1年に5日（子2人以上の場合は1年に10日）まで、病気・けがをした子の看護のために、休暇を取得することができる（時間単位の取得も可能）
所定外労働の免除	● 事業主は、3歳に満たない子を養育する労働者が請求した場合は、所定労働時間を超えて労働させてはならない
保険料免除	● 産前産後休業、育児休業期間中の厚生年金・健康保険の保険料は、「事業主・被保険者」とも免除される

育児休業給付金	● 一定の条件を満たすと、雇用継続給付として育児休業期間中に育児休業給付金が支給される	
	支給額	● 休業開始時賃金日額×支給日数×50%（休業開始後180日までは67%）

介護休業制度	● 労働者は、申し出ることにより、要介護状態（2週間以上常時介護を必要とする状態）にある対象家族を介護するために介護休業を取得することができる ● 対象家族1人につき、期間は通算して93日まで（3回を上限として分割して取得できる）	
	対象家族	● 配偶者（事実婚関係の者を含む）、父母および子、配偶者の父母 祖父母・兄弟姉妹・孫
介護休暇	● 要介護状態にある対象家族の介護を行う労働者は、事業主に申し出ることにより、対象家族1人の場合1年に5日（2人以上の場合1年に10日）まで介護のために休暇を取得することができる（時間単位の取得も可能）	
所定外労働の免除	● 事業主は、当該対象家族を介護する労働者が請求した場合は、所定労働時間を超えて労働させてはならない	

介護休業給付金	● 一定の条件を満たすと、雇用保険から介護休業給付金が支給される	
	支給額	● 休業開始時賃金日額×支給日数×67% （支給対象家族について93日を限度に3回までに限り支給）

個人情報保護法（個人情報の保護に関する法律）

デジタル社会形成基本法に基づきデジタル社会の形成に関する施策を実施するため、個人情報保護制度においては、個人情報保護法、行政機関個人情報保護法、独立行政法人等個人情報保護法の3本の法律を1本の法律に統合し、全体の所管を個人情報保護委員会に一元化する等の改正が行われました（2022年4月施行）。

個人情報		● 生存する個人に関する情報であって、氏名や生年月日その他の記述等により特定の個人を識別することができるもの、または個人識別符号が含まれるもの
	個人識別符号	● 身体の一部の特徴を電子計算機の用に供するために変換した文字、番号、記号その他の符号（顔の骨格、声紋、指紋、DNA など） ● 役務の利用や書類において対象者ごとに割り振られる符号（基礎年金番号、免許証番号、マイナンバーなど）
	要配慮個人情報	● 本人の人種、信条、社会的身分、病歴、犯罪の経歴、犯罪により害を被った事実その他本人に対する不当な差別、偏見その他の不利益が生じないようにその取り扱いに特に配慮を要する記述等が含まれる個人情報
個人情報取扱事業者		● 個人情報データベース等をその事業活動に利用している者 （国の機関、地方公共団体、独立行政法人等を除く）
利用目的の特定・適正取得	利用目的の特定	● 個人情報取扱事業者は、個人情報を取り扱うにあたっては、その利用の目的をできる限り特定しなければならない
	利用目的による制限	● 個人情報取扱事業者は、法令に基づく場合などを除き、あらかじめ本人の同意を得ないで、利用目的の達成に必要な範囲を超えて、個人情報を取り扱ってはならない
	不適正な利用の禁止	● 個人情報取扱事業者は、違法または不当な行為を助長し、または誘発するおそれがある方法により個人情報を利用してはならない
	取得に際しての利用目的の通知等	● 個人情報取扱事業者は、個人情報を取得した場合は、あらかじめその利用目的を公表している場合を除き、速やかに、その利用目的を、本人に通知し、または公表しなければならない
安全管理装置		● 個人情報取扱事業者は、その取り扱う個人データの漏えい、滅失または毀損の防止その他の個人データの安全管理のために必要かつ適切な措置を講じなければならない
第三者提供の制限		● 個人情報取扱事業者は、次に掲げる場合を除くほか、あらかじめ本人の同意を得ないで、個人データを第三者に提供してはならない
	1	● 法令に基づく場合（令状による捜査の照会があった場合、税務署長に対する支払い調書等の提出の場合）
	2	● 人の生命、身体または財産の保護に必要であり、かつ、本人の同意を得ることが困難である場合
	3	● 公衆衛生・児童の健全育成に特に必要な場合
	4	● 国の機関等への協力（統計調査に協力、事業所が税務署の任意調査に個人情報を提出する場合）

社会福祉の過去問チェック

① ソーシャルワーク

問題 　26 =過去の出題回	解答

単元57 高齢者ケアの基本理念とソーシャルワーク

	問題	解答
□□ 1	集団援助では、グループで生じるメンバーの相互作用を意図的に活用する。 26	○
□□ 2	医療機関で行われる、難病の当事者による分かち合いの場の体験は、ソーシャルワークにおける集団援助である。 25	○
□□ 3	自治体職員による外国人に対する入院費用等の個別相談は、ソーシャルワークにおける地域援助技術である。 24	×（個別援助技術である）
□□ 4	インテーク面接では、クライエントが訪れた支援機関の機能や提供可能なサービスを説明する。 25	○
□□ 5	モニタリングとは、援助計画の進捗を定期的、継続的に観察して評価することである。 23	○
□□ 6	家族や地域住民は、アウトリーチの対象に含まれない。 25	×（含まれる）
□□ 7	意図的な感情表出とは、クライエントが感情を自由に表現できるように、意識してクライエントに接することである。 26	○
□□ 8	インフォーマルサポートは、画一的になりやすいものの、安定した供給が可能であるといわれている。 16	×（フォーマルサービス）
□□ 9	共感とは、クライエントの言動に対して、援助者自身の過去の重要な人との関係を投影することをいう。 25	×（クライエント自身がとらえるように理解する能力をいう）
□□ 10	傾聴とは、クライエントの支援計画を立てることである。 26	×（耳を傾けて聴くことである）
□□ 11	クローズドクエスチョンは、明確な回答を得たいときに用いる。 25	○
□□ 12	要約とは、クライエントの話をまとめて伝え返すことである。 24	○
□□ 13	直面化とは、クライエントが否認していることによって生じている話の矛盾点を指摘することをいう。 25	○

② 社会福祉制度

問題　　　　　　　　　　　　　　　　　　　　26 =過去の出題回	解答

単元58 生活保護

		問題	解答
☐☐	1	生活保護の申請は、要保護者、その扶養義務者又はその他の同居の親族が行うことができる。**26**	○
☐☐	2	保護は、要保護者の年齢別、性別、健康状態等を考慮して行うものとする。**26**	○
☐☐	3	生活保護制度は、生活困窮に陥った原因にかかわらず、無差別平等に受けることができる。**24**	○
☐☐	4	実施機関は、都道府県知事、市長及び福祉事務所を管理する町村長である。**26**	○
☐☐	5	介護施設入所者基本生活費は、介護扶助として給付される。**25**	×（生活扶助として給付される）
☐☐	6	教育扶助は、原則として、現物給付によって行われる。**25**	×（原則として、金銭給付によって行われる）
☐☐	7	葬祭扶助は、原則として、現物給付である。**23**	×（原則として、金銭給付である）
☐☐	8	福祉用具の利用は、生活扶助の対象である。**26**	×（介護扶助の対象である）
☐☐	9	医療扶助による医療の給付は、医療保護施設又は生活保護の指定医療機関に委託して行うことができる。**24**	○
☐☐	10	65歳以上の被保護者の介護保険料は、介護扶助として給付される。**22**	×（生活扶助として給付される）

単元59 障害者総合支援法

		問題	解答
☐☐	1	対象とする障害者には、難病の者も含まれる。**25**	○
☐☐	2	サービスの利用を希望する者は、都道府県に対して支給申請を行う。**25**	×（市町村に対して支給申請を行う）
☐☐	3	市町村は、介護給付費等の支給決定を行うにあたり、障害程度区分の認定を行う。**22再**	×（障害支援区分の認定を行う）
☐☐	4	障害者総合支援法による支援には、自立支援給付と地域生活支援事業が含まれる。**25**	○
☐☐	5	自立支援医療とは、育成医療、更生医療及び精神通院医療である。**25**	○
☐☐	6	補装具費の支給は、地域生活支援事業の一つである。**25**	×（自立支援給付の一つである）
☐☐	7	介護給付費の支給には、行動援護が含まれる。**22再**	○

単元60 成年後見制度

		問題	解答
☐☐	1	後見開始の申立は、本人の所在地を管轄する地方裁判所に行う。**23**	×（家庭裁判所に行う）
☐☐	2	法定後見制度は、本人の判断能力の程度に応じて、後見と補助の2類型に分かれている。**26**	×（後見、保佐、補助の「3類型」である）
☐☐	3	成年後見人の職務には、身上保護（身上監護）と財産管理が含まれる。**26**	○
☐☐	4	成年被後見人の法律行為は、原則として、取り消すことができる。**25**	○
☐☐	5	成年後見人は、家庭裁判所の許可を得ずに、成年被後見人の居住用不動産を処分することができる。**24**	×（家庭裁判所の許可なしに処分することはできない）
☐☐	6	任意後見制度では、判断能力を喪失した人に、保佐人や補助人をつけることができる。**25**	×（任意後見人をつけることができる）
☐☐	7	任意後見契約は、公正証書によってしなければならない。**22**	○
☐☐	8	任意後見人の配偶者、直系血族及び兄弟姉妹は、任意後見監督人となることができない。**23**	○

問題	26＝過去の出題回	解答

単元61 日常生活自立支援事業

	問題	解答
□□ **1**	日常生活自立支援事業の実施主体は、市町村社会福祉協議会である。 **17**	×（都道府県・指定都市社会福祉協議会である）
□□ **2**	具体的な支援内容には、苦情解決制度の利用援助や日常的金銭管理が含まれる。 **17**	○
□□ **3**	利用者は、居宅で生活している者に限られる。 **17**	×（入院、入所者も利用できる）
□□ **4**	初期相談から支援計画の策定、利用契約の締結までを担うのは、生活支援員である。 **17**	×（専門員である）
□□ **5**	運営適正化委員会の役割として、日常生活自立支援事業の適切な運営の監視が位置付けられている。 **17**	○

単元62 高齢者虐待

	問題	解答
□□ **1**	「高齢者」とは、75歳以上の者をいう。 **26**	×（65歳以上である）
□□ **2**	養護者が高齢者本人の財産を不当に処分することは、経済的虐待に該当する。 **26**	○
□□ **3**	『厚生労働省調査』における「養護者による高齢者虐待」の虐待者の続柄で最も多いのは、夫である。 **17**	×（息子である）
□□ **4**	養介護施設には、介護老人保健施設も含まれる。 **26**	○
□□ **5**	都道府県知事は、毎年度、養介護施設従事者等による高齢者虐待の状況等について公表するものとする。 **26**	○

単元63 その他の関連制度

	問題	解答
□□ **1**	後期高齢者医療制度の運営主体は、都道府県ごとにすべての市町村が加入する後期高齢者医療広域連合である。 **22再**	○
□□ **2**	後期高齢者医療制度は、生活保護を受けている者も、被保険者となる。 **22再**	×（被保険者とならない）
□□ **3**	後期高齢者医療給付には、高額療養費及び高額介護合算療養費の支給が含まれる。 **22再**	○
□□ **4**	生活困窮者自立支援制度の生活困窮者自立相談支援事業は、必須事業である。 **22**	○
□□ **5**	生活困窮者自立支援法の生活困窮者一時生活支援事業は、任意事業である。 **24**	○

第**5**章

問題形式の分析

ケアマネジャー試験の問題形式を
整理しましょう！

出題形式の分析

ケアマネジャー試験は、「5肢複択方式」で出題されます。近年は、「3つ選べ」の出題が多くなっています。

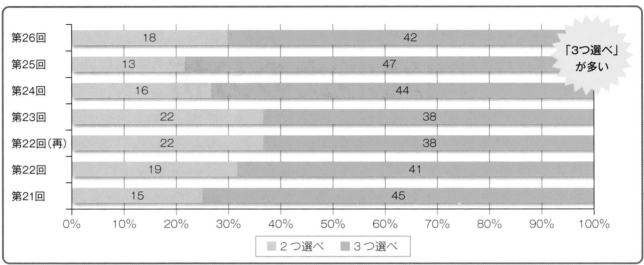

	2つ選べ	3つ選べ
第26回	18	42
第25回	13	47
第24回	16	44
第23回	22	38
第22回(再)	22	38
第22回	19	41
第21回	15	45

「3つ選べ」が多い

■ 2つ選べ　■ 3つ選べ

選択肢の形式の分析

選択肢の形式は、①文、②単語または文節、③組み合わせの3つの形式があります。近年の傾向として、介護支援分野で単語または文節の形式が増加しているのが特徴です。

分野	出題形式	出題年	21回	22回	22回(再)	23回	24回	25回	26回
介護支援分野	文	1 認定調査員に委託できる。 2 指定市町村事務受託法人に委託できる。 3 居宅サービス計画原案を示しながら行う。 4 利用者の有する能力を評価する。 5 利用者の置かれている環境等を評価する。	20	17	20	21	19	21	18
	単語文節	1 自立した日常生活 2 要介護状態等の軽減 3 医療との連携 4 利用者主体 5 介護の社会化	5	8	5	4	6	4	7
保健医療福祉サービス分野	文	1 悪性腫瘍や感染症が隠れていることがある。 2 心室性期外収縮は、健康な人ではみられない。 3 血圧測定は、下肢で測定してもよい。 4 飲酒や降圧剤の使用も原因となる。 5 内分泌の異常により血圧が高い状態をいう。	32	34	34	33	34	34	34
	単語文節	1 肺炎球菌ワクチン 2 子宮頸がんワクチン 3 インフルエンザワクチン 4 BCGワクチン 5 B型肝炎ワクチン	2	1	1	2	1	1	0
	組み合わせ	1 帯状疱疹 ————— 水痘 2 子宮頸ガン ————— ヒトパピローマウイルス 3 萎縮性胃炎 ————— ヘリコバクター・ピロリ菌 4 肺がん ————— ノロウイルス 5 肝細胞がん ————— A型肝炎ウイルス	1	0	0	0	0	0	1

難易度の分析

ケアマネジャー試験は、A（過去に出題されたことがない難しい問題）、B（繰り返し出題される問題）、C（易しい問題）に分類できます。

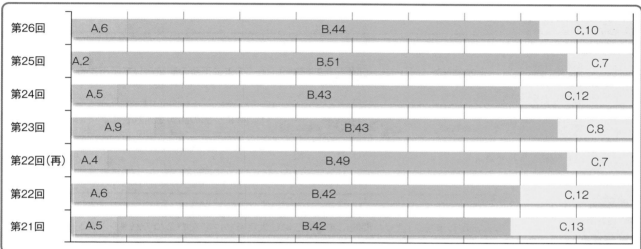

第26回	A,6	B,44	C,10
第25回	A,2	B,51	C,7
第24回	A,5	B,43	C,12
第23回	A,9	B,43	C,8
第22回（再）	A,4	B,49	C,7
第22回	A,6	B,42	C,12
第21回	A,5	B,42	C,13

ケアマネジャー試験は、約7割の得点で合格できますので、繰り返し出題される基本事項を確実に押さえることが合格への近道です。

正答番号の分析

直近16年間の正答番号の統計では、どの番号も20%前後の確率となっています。

直近16年間の平均正答番号

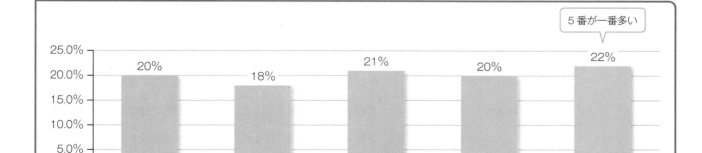

5番が一番多い

1	2	3	4	5
20%	18%	21%	20%	22%

問題作成の過程

効率よく受験勉強を進めていくために、ケアマネジャー試験の問題作成のパターンを整理してみましょう。

問題作成の一般的な流れ

```
正解の文章 ──→ 「正しい」問題 ──→ ①そのまま正解の問題として使用する

正解の文章 ──→ 「誤り」問題 ──→ ①巧妙に一部の語句を入れ替える
                              ②正解の文章を汚す
```

問題作成の一般的な流れは、まず「正解の文章」をもとに、「正しい」問題にするのか、「誤り」問題にするのかを決定します。「誤り」問題にする方法は、大きくわけて次の2つのパターンに分かれるようです。

「誤り」問題のパターン

過去の出題パターンを分析しますと、①一部の語句を入れ替える問題、②正解の文章を汚す問題は、さらにそれぞれ次のようにパターン化されています。

大区分		中区分	特徴
①一部の語句を「入れ替える」問題	1	実施主体（市町村・都道府県など）	●「市町村」「都道府県」「国」「社会福祉協議会」など、実施主体を入れ替える
	2	数字	●「〜号」「〜型」「〜年」「〜類」「〜%」など、数字を入れ替える
	3	固有名詞	●「一般会計⇔特別会計」など、対になる固有名詞を入れ替える
	4	頻度・程度	●「上昇」「高い」「多い」など、頻度や程度を入れ替える
	5	義務・努力規定	● しなければならない義務規定や努力規定などを入れ替える
②正解の文章を「汚す」問題	6	ある⇔ない	● 肯定形を否定形に変える。または否定形を肯定形に変える
	7	強調・断定・限定	●「〜のみ」「常に〜」など、ほかの要素を排除する表現にする
	8	「利用者」を大切にしない	● 利用者よりも「家族」や「介護支援専門員」など、ほかの人を優先する表現にする

×の選択肢の形式

大区分	中区分	出題	問題文	解答	×の根拠等
入れ替え問題	1 実施主体	26回	審査及び判定の基準は、市町村が定める。	×	⇔厚生労働大臣
		26回	都道府県に対し介護給付費交付金を交付する。	×	⇔市町村
	2 数字	26回	療養室入所者1人当たりの床面積は、5.0㎡以上とされている。	×	⇔8.0㎡
		26回	「高齢者」とは、75歳以上の者をいう。	×	⇔65歳
	3 固有名詞	26回	統合失調症の陰性症状とは、妄想や幻覚をいう。	×	⇔陽性症状
		26回	福祉用具の利用は、生活扶助の対象である。	×	⇔介護扶助
	4 頻度・程度	26回	男性では、加齢とともに低栄養傾向の者の割合は減少する。	×	⇔増加する
		26回	CRP（C反応性たんぱく質）は、体内で炎症が起きているときに低下する。	×	⇔上昇する
	5 義務・努力規定	26回	市町村は、包括的な支援体制を整備するため重層的支援体制整備事業を実施しなければならない。	×	⇔することができる
		26回	サービスの提供の責任者は、看護職員でなければならない。	×	⇔なくてもよい
文章を汚す問題	6 ある⇔ない	26回	生活保護の被保護者は、介護保険給付を受給できない。	×	⇔できる
		26回	運動不足の改善は、認知症の予防につながらない。	×	⇔つながる
	7 強調・断定・限定	26回	介護支援専門員の連絡調整の対象は、指定居宅サービス事業者に限定される。	×	⇔限定されない
		26回	介護保険施設は、入所者の更新認定の申請に限って代行することができる。	×	⇔限らず
	8 「利用者」を大切にしない	26回	介護支援専門員の選択に基づき、サービス提供が行われなければならない。	×	⇔被保険者
		26回	被保険者の置かれている環境に配慮せず提供されなければならない。	×	⇔配慮して

◯の選択肢に多い表現（黄金の法則）

> 黄金の法則は、主に「推論型」の問題で活用できることが多いようです。事例問題などを「早く」「正確に」解くためには多くの問題を解き、◯に多い表現、×に多い表現に慣れるとよいかもしれません。

黄金の法則	表現	表現例
美しさの法則 表現の法則 利用者が一番の法則	◯ プラスイメージの表現 あいまいな表現 利用者を大切にしている表現	「~場合がある」 「~ことがある」 「~もある」 「~などがある」 「~期待されている」 「~聞く、聴く、受容する」 「~配慮する」 「~を検討する」 「~は大切である」 「~の1つである」 「~あり得る、~なり得る」 「~を提案する」 「~を観察する」 「利用者の同意を得て~」…等
	× マイナスイメージの表現 過剰・くどい・断定表現 利用者を大切にしていない表現	「~ない」 「すべて~」 「いかなる場合でも~」 「常に~」 「一貫して~」 「~のみ、だけ」 「すべての~」 「~一任した」 「~限定する」 「必ず~」 「全く~」 「すぐに~」 「~任せる」 「説得する」 「励ます」 「介護支援専門員のみの判断で~」 …等

○に多い表現

大区分	中区分	出題	問題文	解答
表現の法則	〜ことがある	26回	運動に伴って低血糖発作が起こる<u>ことがある</u>。	○
		26回	重症の糖尿病性ケトアシドーシスの患者では、異常な呼吸がみられる<u>ことがある</u>。	○
		26回	異物をのどに詰まらせたときは、前かがみにさせて背中を強く叩くと排出する<u>ことがある</u>。	○
	〜も	26回	AST（GOT）は、肝臓以外の臓器の疾患で<u>も</u>上昇する。	○
		26回	起座呼吸は、気管支喘息の患者に<u>も</u>みられる。	○
		26回	サービスの提供方法等の説明には、利用日の行事及び日課等<u>も</u>含まれる。	○
		26回	養介護施設には、介護老人保健施設<u>も</u>含まれる。	○
	重要である	26回	介護支援専門員は、利用者の入院時に、退院後の利用者・家族の生活について医療機関に伝えることが<u>重要である</u>。	○
		26回	面接を行う部屋の雰囲気や相談援助者の服装などの外的条件は、円滑なコミュニケーションのために<u>重要である</u>。	○
		26回	面接の焦点を的確に定めることは、面接を効果的に実施する<u>上で重要である</u>。	○
	その他	26回	退院前カンファレンスに家族が参加する<u>場合もある</u>。	○
		26回	介護保険の特定施設は、看取りの場と<u>なり得る</u>。	○
		26回	近隣住民等による見守り体制が取れるかどうか民生委員に<u>相談する</u>。	○
		26回	Aさんの社会参加の状況や対人関係を<u>把握する</u>。	○
		26回	自分の意思で決定できるように支援することが<u>大切である</u>。	○
		26回	せん妄については、その発症に至ったきっかけで除去可能な要因がないか<u>検討する</u>。	○
		26回	成年後見人の職務には、身上保護（身上監護）と財産管理が<u>含まれる</u>。	○
		26回	夫が何を不安に感じているのかを<u>聴き取る</u>。	○
		26回	配偶者との死別による心理的苦痛を和らげるには、ソーシャルサポートが<u>有効である</u>。	○
		26回	予防方法の<u>一つに</u>、栄養管理がある。	○

入れ替え問題対策：数字編

入れ替え問題の「数字」で出題されそうなところをまとめてみました。まとめて整理することで確かな知識となっていきます。

数字	単位	内容
1	1号	第1号被保険者は市町村に住所を有する65歳以上の人
	1割	高所得者以外の保険給付は1割負担（居宅介護支援、介護予防支援は利用者負担なし）
	1月	居宅介護支援のモニタリングは1月に1回の訪問と記録
2	2年	「介護認定審査会」「介護給付費審査委員会」の委員の任期は2年
		記録の保存義務は2年
		保険料の徴収、保険給付を受ける権利の消滅時効は2年
	2割	第1号被保険者の高所得者は2割または3割負担
	2回	居宅療養管理指導で医師・歯科医師、薬剤師（病院）、管理栄養士は原則月2回まで
3	3年	介護保険事業（支援）計画は3年を1期
		介護保険審査会の委員の任期は3年
	3月	介護予防支援のモニタリングは3月に1回訪問（記録は1月に1回）
	Ⅲ	通所介護や介護保険施設の認知症（専門ケア）加算は認知症自立度Ⅲ以上が対象
	3人	共用型認知症対応型通所介護の利用定員は3人以下
4	4領域	介護予防支援のアセスメント領域は「運動および移動」「日常生活」「社会参加」「健康管理」の4領域
	4回	居宅療養管理指導で薬剤師（薬局）、歯科衛生士は原則月4回まで
	4日	短期入所計画は4日以上の利用の場合に作成
5	5年	介護支援専門員証の有効期間は5年
	5種類	社会保険の種類は、年金・医療・労災・雇用・介護の5種類
		高齢者虐待は、身体・心理・ネグレクト・性的・経済の5種類
	5%	調整交付金は、国が負担する費用の5%が財源
	5人	介護認定審査会の合議体は原則5人（条例で少なくすることもできる）
6	6年	事業所の指定の有効期間は6年
	6か月	「新規・変更」認定の有効期間は、原則6か月以内（12か月まで延長可）
	6種類	特定福祉用具購入の対象品目は、入浴補助用具、簡易浴槽、腰掛便座、特殊尿器、排泄予測支援機器、リフトつり具の6種類
	6区分	障害者総合支援法の障害支援区分は6区分
7	7区分	要介護・要支援認定の区分は、要支援1〜要介護5の7区分
8	8種類	生活保護の種類は8種類（出産、教育、生業、住宅、生活、医療、介護、葬祭）
9	9人	認知症対応型共同生活介護の1ユニットは定員5〜9人以下
10	10万円	特定福祉用具の支給限度基準額は、年間10万円
12	12か月	要支援、要介護「更新」認定の有効期間は原則12か月以内
	12人	認知症対応型通所介護の利用定員は12人以下
12.5	12.5%	介護保険財源のうち市町村の負担割合は12.5%

数字	単位	内容
13	13 種類	福祉用具貸与の品目は、歩行補助杖、歩行器、手すりなど 13 種類
14	14 日	要介護認定を受けている人は転入後 14 日以内に申請が必要（受給資格証明証に基づき認定）
		訪問看護のターミナルケア加算は死亡日および死亡前 14 日以内に 2 回以上
		訪問看護の特別指示書は 14 日に限り医療保険が適用される
16	16 種類	介護保険の「特定疾病」の種類は、16 種類
17.5	17.5%	施設等給付費の都道府県の負担割合は 17.5%
18	18 万円	年金額（老齢・障害・遺族年金）が 18 万円以上の人は特別徴収
	18 人	地域密着型通所介護、療養通所介護の定員は、18 人以下
20	20 万円	住宅改修費の支給限度基準額は 1 住宅につき 20 万円（3 ランクアップでもう一度）
	20%	施設等給付の「国」の負担割合は 20%
	20 人	単独型の短期入所生活介護は定員 20 人以上
23	23 項目	居宅介護支援のアセスメントは基本情報・アセスメント領域の 23 項目
25	25%	居宅給付費、介護予防・日常生活支援総合事業の「国」の負担割合は 25%
27	27%	第 2 号被保険者の負担率は 27%
29	29 人	地域密着型特定施設・地域密着型介護老人福祉施設、小規模多機能型居宅介護の定員は 29 人以下
30	30 日	認定結果は申請から原則 30 日以内（遅れる場合は通知が必要）
		居宅介護支援事業者などは遅くとも 30 日前に更新申請の支援の援助をしなければならない
		短期入所サービスは、連続利用の場合は 30 日が上限
40	40 歳	第 2 号被保険者は、40 歳以上 65 歳未満の医療保険加入者
44	44 件	介護支援専門員の一人あたりの標準担当件数は 44 件
48	48 か月	要介護更新認定の有効期間は最大 48 か月まで延長可能
60	60 日	更新申請は、認定の有効期限の 60 日前から受付
65	65 歳	第 1 号被保険者は、市町村に住所を有する 65 歳以上
		高齢者虐待防止法の高齢者の定義は 65 歳以上
74	74 項目	要介護認定における調査項目は 74 項目
80	80 項目	障害支援区分の認定調査は 80 項目
90	90%	訪問系サービスの同一建物の利用者のサービス提供は基本報酬の 90% を算定
100	100 万円	認定調査員の守秘義務違反は、1 年以下の懲役または 100 万円以下の罰金
	100 人	施設の人員基準では入所者 100 人まで介護支援専門員 1 以上
110	110 分	要介護 5 の認定の基準時間は 110 分以上（−20 分で要介護 4）
1／4	1／4	社会福祉法人減免は、利用者負担の 1／4 が原則
1／3	1／3	財政安定化基金の費用負担は、国・都道府県・市町村がそれぞれ 1／3 を負担
1／2	おおむね半数	短期入所サービスの利用は、認定期間のおおむね半数が目安

索引

編 集 元 紹 介

いとう総研資格取得支援センター

「ITO方式」という独自の学習方法で、介護支援専門員（ケアマネジャー）、社会福祉士、精神保健福祉士、介護福祉士試験などのDVD講座、ネット配信講座、通学講座で毎年多くの合格者を輩出している。

➡ **令和6年度のいとう総研主催**ケアマネジャー受験対策講座**はホームページに掲載**しています。

いとう総研ホームページ **https://www.itosoken.com/**

ITO方式で「9割」得点を
目指しましょう！

■ **2024年介護保険制度改正について**
本書発刊後に明らかになった、2024（令和6）年施行の介護保険制度改正の内容のうち、本書に関連するものについて、弊社ホームページにおいて順次紹介していきます。下記 URL でご確認ください。
https://www.chuohoki.co.jp/foruser/manager/

■**本書に関する訂正情報等について**
弊社ホームページ（下記 URL）にて随時お知らせいたします。
https://www.chuohoki.co.jp/foruser/manager/

■**本書へのご質問について**
下記の URL から「お問い合わせフォーム」にご入力ください。
https://www.chuohoki.co.jp/contact/

見て覚える！ ケアマネジャー試験ナビ 2024

2024年　3月20日　発行

編　集　　　いとう総研資格取得支援センター
発行者　　　荘村明彦
発行所　　　中央法規出版株式会社
　　　　　　〒110-0016　東京都台東区台東 3-29-1　中央法規ビル
　　　　　　TEL 03-6387-3196
　　　　　　https://www.chuohoki.co.jp/
印刷・製本　株式会社太洋社
本文デザイン　株式会社ジャパンマテリアル
装幀デザイン　株式会社デジカル
装幀キャラクター　坂木浩子

定価はカバーに表示してあります。

ISBN978-4-8058-8967-1